Dos Letramentos
escravidão, escolas e professores no Brasil oitocentista

Iamara da Silva Viana, Isadora Moura Mota, Antônio Carlos Higino da Silva, Higor Ferreira, Bárbara Canedo, Alexandre Ribeiro Neto, Leandro Duarte Montano e Flávio dos Santos Gomes

Dos Letramentos
escravidão, escolas e professores no Brasil oitocentista

Todos os direitos desta edição reservados à Malê Editora e Produtora Cultural Ltda.
Direção: Francisco Jorge & Vagner Amaro

Dos letramentos, escravidão, escolas e professores no Brasil oitocentista
ISBN: 978-65-87746-86-9
Capa: Dandarra de Santana
Edição: Vagner Amaro
Revisão: Louise Branquinho
Diagramação: Maristela Meneghetti
Ilustração da Capa: FONTE: Harper's Weekly (June 23, 1866), p. 392. Periódico "Harper's Weekly: A Journal of Civilization" com sede em Nova Iorque, publicado pela Harper & Brothers, funcionando de 1857 até 1916. in: *http://www.slaveryimages.org*

Texto revisado segundo o novo Acordo Ortográfico da Língua Portuguesa.
Proibida a reprodução, no todo, ou em parte, através de quaisquer meios.

```
     Dados Internacionais de Catalogação na Publicação (CIP)
            (Câmara Brasileira do Livro, SP, Brasil)

   Dos letramentos : escravidão, escolas e
      professores no Brasil oitocentista. --
      Rio de Janeiro : Malê Edições, 2022.

      Vários autores.
      Bibliografia.
      ISBN 978-65-87746-86-9

      1. Educação - História 2. Escolas - Aspectos
   sociais 3. Escravidão - Historiografia - Brasil
   4. Letramento - Brasil 5. Professores - Brasil.

 22-118137                                    CDD-370.981
          Índices para catálogo sistemático:

   1. Educação : Brasil : História      370.981

   Aline Graziele Benitez - Bibliotecária - CRB-1/3129
```

2022
Editora Malê
Rua do Acre, 83, sala 202, Centro, Rio de Janeiro, RJ
contato@editoramale.com.br
www.editoramale.com.br

Sumário

Apresentação: Por histórias intelectuais negras: agendas e pesquisas 7
Iamara Viana e Flávio Gomes

1. "Papelinhos," "papeluchos," jornais e cartas: letramento e insurreições negras no Brasil imperial 25
Isadora Moura Mota

2. Letramento, escravidão e mocambos: livros encontrados num rancho quilombola no Espírito Santo Oitocentista 55
Iamara da Silva Viana e Flávio dos Santos Gomes

3. "O arante da liberdade dos povos": a trajetória de Otaviano Hudson entre experiências de instrução no Rio de Janeiro (1872-1886) 73
Bárbara Canedo

4. Vestígios da escolarização de libertos no Vale do Paraíba: o testamento da Condessa do Rio Novo e a criação de escolas nas terras da Fazenda do Cantagalo 123
Alexandre Ribeiro Neto

5. A regra e o compasso na consolidação acadêmica da engenharia nacional 155
Antônio Carlos Higino da Silva

6. Instrução e Emancipação: o caso de Abel da Trindade na escola noturna e gratuita da Cancela..................179
Higor Ferreira

7. Nas entrelinhas da escravidão: literacia e agência histórica oitocentista..................201
Leandro Duarte Montano

8. Para não "cavilar os sentidos" ou "sem designar cores": narrativas, eventos e sujeitos no (do) ensino de história – notas sobre racialização e cidadania no Brasil Império..................241
Iamara da Silva Viana e Flávio dos Santos Gomes

Biografia dos autores 255

Por histórias intelectuais negras: agendas e pesquisas

Iamara Viana e Flávio Gomes

Com perspectivas diversas, a historiografia da escravidão e da pós-emancipação tem realizado importantes percursos. Consolidou-se vigorosa com publicações clássicas e universos teóricos inovadores. Autores, problemáticas, suportes empíricos e tratamentos analíticos – ora recentes e ora revisitados, posto que esquecidos em revisões geracionais – apareceram abundantes, sugerindo escolas, influências e legados. Não há mais dúvidas sobre a força teórica de uma História Social, incluindo, ao mesmo tempo, uma História dos Conceitos (muitas vezes escondida) desde a década de 1960, articulada aos impactos das investigações empíricas, descortinando acervos e fontes que explodiram nos anos 80.

Mas ainda precisamos avançar numa história intelectual que construa elos e interfaces dessa historiografia no Brasil, considerando biografias, contextos, inflexões e rupturas. Sob o risco de simplificar em demasia, podemos dizer que, até meados do século XX, falava-se no Brasil de uma *escravidão* genérica, perspectiva quase a-histórica, visto que é homogênea. Nos anos 60, um debate necessário e comparativo ganhou força com a emergência de modelos teóricos que redefiniram a *plantation*, ampliando uma ideia de *escravismo* e as paisagens do *capitalismo histórico* com *sociedades escravistas* e com *sociedades com escravos* no Brasil.

A partir do referido debate, faces escravistas puderam ser entendidas através de *sistemas socioeconômicos*, articulados e estruturais. A oferta teórica de tais modelos foi substituída por abordagens que apostaram em lentes e olhares que pudessem abrir espaços para localizar sujeitos históricos escravizados. Universos de uma escravidão generalizante (esvaziada nos seus *espaços* e *tempos*) e a cristalização teórica de um *escravismo* (e há exceção de obras e autores) cederam a vez para as *Histórias dos Escravizados*. Houve ganhos, perdas, simplificações críticas, saltos analíticos, esquecimentos autorais e exageros (ou silêncios) críticos nesta história da historiografia da escravidão e da pós-emancipação.[1]

Mais do que tomar partidos historiográficos baseados em sedes universitárias regionais, a obsessão de refundar escolas, o exercício exegético de desidratar autores ou a simplificação de fortunas críticas sob tom moralizante, faz-se necessário reconhecer, sob todas as direções e com perspectivas teóricas internacionais, a ampliação das temáticas sobre a escravidão e a incorporação das complexas e plurais *experiências negras*. Dessa maneira, pontua-se que, nas últimas décadas, renovadas gerações de historiadores têm se debruçado em fontes, acervos, categorias, conceitos e suportes

---

[1] São importantes as reflexões críticas que aparecem em Marquese (2012, 2013 e 2019), Rafael B. "A história global da escravidão atlântica: balanço e perspectivas". *ESBOÇOS* (UFSC), v. 26, 2019, p. 14-41; "As desventuras de um conceito: capitalismo histórico e a historiografia sobre a escravidão brasileira". *Revista de História* (USP), v. 169, 2013, p. 223-253; "Capitalismo & escravidão e a historiografia sobre a escravidão nas Américas". *Estudos Avançados* (USP. Impresso), v. 26, 2012, p. 341-354 e em Marquese & Silva Jr. (2018). e MARQUESE, Rafael B. & SILVA JR., Waldomiro Lourenço. "Tempos históricos plurais: Braudel, Koselleck e o problema da escravidão negra nas Américas". *História da Historiografia*, v. 11, 2018, p. 44-81.

analíticos.² Visto isso, para reflexões futuras e necessárias sobre história intelectual desta historiografia será fundamental conectar as mudanças de enfoques e os contextos da sua produção também numa esfera internacional em termos intelectuais. ³

Nas Américas – e aqui poderíamos tomar de empréstimo a noção de *Américas Negras* de Roger Bastide – é fundamental alinhar mudanças dentro e fora da universidade, considerando Guerra Fria, luta pelos direitos civis, descolonização no continente africano, revoluções na América Latina, redemocratização e outras agendas.⁴ Os processos de inclusão (e representação) da população negra e suas diásporas na narrativa historiográfica foram movimentos da história desses grupos sociais e de pessoas. Outras concepções de história e multivocalidade negra surgem. De quem e de qual história falamos?⁵

A coletânea *Dos Letramentos: Escravidão, escolas e professores no Brasil Oitocentista* reúne pesquisas recentes de um grupo de pesquisadores do projeto "Escrita, escolarização, cor e letrados

---

² SLENES, Robert W.A. "O que Rui Barbosa não queimou. Novas fontes para o estudo da escravidão no século XIX". *Estudos Econômicos*. Instituto de Pesquisas Econômicas, São Paulo, v. 13, n.1, 1983, p. 117-149 e "Escravos, Cartórios e Desburocratização: O que Rui Barbosa não Queimou Será Destruído Agora?" *Revista Brasileira de História* (Impresso) v. 5, 1985, p. 166-196.

³ RAMOS, Stephane; & GOMES, Flávio dos Santos. Dossiê Temático: Ecos das Narrativas: Ego-História e Biografias Intelectuais – Um Repertório de (das) Historiadoras Negras no Brasil (1990-2020). Revista ABPN, v. 13, 2021.; DOMINGUES, Petrônio; & GOMES, Flávio dos Santos. Dossiê Temático "Intelectuais Negros e Negras, Séculos XX-XXI: Desafios, Projetos e Memórias". *Revista ABPN*, v. 10, 2018. e GOMES, Flávio dos Santos. "História, historiadores, ensino e pesquisa em História da Escravidão e da Pós-emancipação". *Revista ABPN*, v. 8, 2016, p. 296-315.

⁴ PAIXÃO, Marcelo. *A lenda da modernidade encantada: por uma crítica ao pensamento social brasileiro sobre relações raciais e projeto de Estado-Nação*. Curitiba: Ed CRV, 2013.

⁵ ASSUNÇÃO, Marcello Felisberto de Morais; PEREIRA, Allan Kardec; OLIVEIRA, Felipe Alves de; SOUSA, Fernando dos Santos Baldraia; & GENEROSO, Lídia Maria de Abreu. Dossiê: Intelectualidades negras e a escrita da história. REVISTA DE TEORIA DA HISTÓRIA, v. 22, 2019; ASSUNÇÃO, Marcello Felisberto de Morais & TRAPP, Rafael Petry. "É possível indisciplinar o cânone da história da historiografia brasileira? Pensamento afrodiaspórico e (re)escrita da história em Beatriz Nascimento e Clóvis Moura". Revista Brasileira de História (ONLINE), v. 41, 2021, p. 229-252 e SILVA, Mário Augusto Medeiros da. "Órbitas Sincrônicas: Sociólogos e Intelectuais Negros em São Paulo, anos 1950-1970". Revista Sociologia e Antropologia, v. 8, 2018, p. 109-131.

no Brasil da escravidão e da pós-emancipação (1860-1908) – as experiências de escravizados, libertandos, libertos e seus descendentes", Edital Universal do CNPq. Na perspectiva dos debates contemporâneos sobre ensino de história (lei 10.639, sobre o ensino de História da África e dos afrodescendentes, assim como formulações sobre a Educação Quilombola), há poucas indicações e mesmo silêncios sobre as experiências de letramento e escolarização no Brasil da escravidão e da pós-emancipação.[6]

Desde a segunda metade do século XIX, os debates, as ideologias e as narrativas da emancipação incorporaram imagens e ideias de liberdade, educação e ensino.[7] A perspectiva do projeto foi reunir pesquisadores, estimulando ampla investigação sobre as experiências históricas de letramento, de educação, de escolas e de ensino para os escravizados, libertandos, libertos e seus descendentes entre 1860 e 1908, fim da época da primeira geração recém-egressa da escravidão.[8]

Entre as várias conexões com a historiografia da escravidão, as temáticas relativas à educação, letramento, ensino e escolas começam a se desenvolver em estudos tanto das áreas de História

---

[6] GRAHAM, Sandra Lauderdale. "Writing from the Margins: Brazilian Slaves and Written Culture." *Comparative Studies in Society and History*, 49:3 (2007): 611-636; KRUEGER, Robert. "Brazilian Slaves Represented in their Own Words." *Slavery & Abolition*, 23:2 (2002), 169-186; MOTTA, Isadora Moura. "Social Life and Civic Education in the Rio de Janeiro City Jail," by Prof. Amy Chazkel, Queens College, NY. Published in Portuguese by Rocco Press (2010) e WISSENBACH, Maria Cristina Cortez. "Cartas, procurações, escapulários e patuás: os múltiplos significados da escrita entre escravos e forros na sociedade oitocentista." *Revista Brasileira de História da Educação*, n. 4, jul./dez., 2002, 103-122.
[7] VIANA, Iamara da Silva; RIBEIRO NETO, Alexandre & GOMES, Flávio dos Santos. "Escritos insubordinados entre escravizados e libertos no Brasil". Estudos Avançados, v. 33, 2019, p. 155-177.
[8] DOMINGUES, Petrônio J. & GOMES, Flávio dos Santos. (Org.). Experiências da emancipação: biografias, instituições e movimentos sociais no pós-abolição (1890-1980). São Paulo: Summus Editorial, 2011; MACHADO, Maria Helena PT. & GOMES, Flavio dos Santos. " Da Abolição ao pós-emancipação: ensaiando alguns caminhos para outros percursos". In: Tornando-se livre: agentes históricos e lutas sociais no processo de abolição. São Paulo: EDUSP, 2015, p. 19-42 e RIOS, Ana Maria Lugão & MATTOS, Hebe. "O pós-abolição como problema histórico: balanços e perspectivas". Topoi (Rio de Janeiro), Rio de Janeiro, v. 5, n.8, 2004, p. 170-198.

como de Educação. Na História da Educação as temáticas das Escolas e das Instituições de ensino já estão consolidadas com importantes estudos.[9] Tem surgido aqui ou acolá estudos sobre a escrita de escravizados, mas ainda são fortes as imagens de setores escravos sem alfabetização e escolarização. Não obstante, os temas da educação e das escolas surgiram fortes nos debates da emancipação nas décadas de 60 e 70, junto à ideologia de progresso, civilização e imigração, e posteriormente apareceram as imagens de incompatibilidade da escravidão com a modernização. E esta passava pelo argumento da necessidade de capacitação para o trabalho e a cidadania via escolarização.

Não necessariamente através de políticas públicas com fomento, surgiram iniciativas de criação de escolas nas áreas urbanas com professores negros. Surgiram ainda projetos de colônias – quase que militarizadas – para trabalhadores libertos (ex-escravos) com o foco na criação de escolas.[10]

Para além da raridade, pensando no conjunto populacional do império, o certo é que sabemos pouco sobre os universos –

---

[9] BARBOSA, Marialva. *Escravos e o Mundo da Comunicação: oralidade, leitura e escrita no século XIX.* Rio de Janeiro: Ed. Mauad X, 2016; GOMES, Flávio dos Santos, MAC CORD, Marcelo Mac Cord e ARAUJO, Carlos Eduardo Moreira de. *Rascunhos cativos: educação, escolas e ensino no Brasil escravista.* Rio de Janeiro, Editora 7Letras, 2017; FONSECA, M. V. A. A educação dos negros: a nova face do processo de abolição da escravidão no Brasil. Bragança Paulista-SP: EDUSF, 2002; MORAIS, Christianni Cardoso. "Ler e escrever: habilidades de escravos e forros? Comarca do Rio das Mortes, Minas Gerais, 1731-1850". *Revista Brasileira de Educação,* v. 12, n. 36, set./dez. 2007.

[10] BARBOSA, Marialva. *Escravos e o Mundo da Comunicação: oralidade, leitura e escrita no século XIX.* Rio de Janeiro: Ed. Mauad X, 2016; BORGES, Angélica. *A urdidura do magistério primário na Corte Imperial: um professor na trama de relações e agências.* Tese de Doutoramento em Educação, Faculdade de Educação, São Paulo: UFF, 2014; COSTA, Ana Luiza Jesus da. *O educar-se das classes populares oitocentistas no Rio de Janeiro entre a escolarização e a experiência.* Tese (Doutorado – Programa de Pós-Graduação em Educação. Faculdade de Educação da Universidade de São Paulo. São Paulo, 2012; GONDRA, José G. e SCHUELER, Alessandra. Educação, poder e sociedade no império brasileiro. São Paulo: Cortez, 2008; SILVA, José Cláudio Sooma; SCHUELER, Alessandra Frota Martinez de. *Obrigatoriedade Escolar e Educação da Infância no Rio de Janeiro no Século XIX.* In: VIDAL, Diana Gonçalves; SÁ, Elizabeth Figueiredo de; SILVA, Veral Lucia Gaspar da. (Org.). *Obrigatoriedade Escolar no Brasil.* 1 ed. Cuiabá: EdUFMT, 2013, v. 1, p. 243-257 e VEIGA, Cynthia Greive. *Escola Pública para os negros e os pobres no Brasil: uma invenção imperial.* Revista Brasileira de Educação, v. 13, p. 502-517, 2008.

étnicos, escolares, professorais etc. – das Escolas de Primeiras Letras, ainda mais em municípios recônditos. Há muitas evidências de iniciativas de grandes fazendeiros – mais propriamente do vale do Paraíba – na criação de escolas e contratações de professores leigos nas suas propriedades. Em meio aos debates da emancipação nos anos 70 e 80, o tema da Educação apareceu forte nas evocações sobre os sentidos e significados de liberdade.[11] Não obstante, há uma farta documentação a ser compilada sobre o tema. Destacam-se os relatórios ministeriais da Agricultura, onde aparece o acompanhamento dos debates e implicações da educação para os trabalhadores libertos. Para além dos casos exemplares, iniciativas rurais de fazendeiros e aquelas urbanas de professores negros, há inúmeras e complexas experiências de letramento, escolarização, ensino e educação para a população negra.

Nas décadas seguintes à abolição, o tema da Educação aparecerá menos ligado ao trabalho – no caso, preparação do trabalhador – e mais ao sentido moral, posto que os ex-escravos serão associados a marginais e desqualificados para o trabalho livre. Em parte, um importante debate sobre a suposta transição do trabalho escravo para o trabalho livre, numa perspectiva de linearidade, pouca atenção deu para o tema da Educação e da escolarização.

Esta coletânea começa com o estudo inovador, com pesquisas empíricas instigantes, de Isadora Mota. Ela perscruta rumores e planos de revoltas no Sudeste para auscultar sentimentos, tensões, expectativas e universos de insurgentes letrados. Num exercício metodológico inovador, a autora nos convida a seguir

---

[11] CHALHOUB, Sidney. "The Politics of Ambiguity: Conditional Manumission, Labor Contracts, and Slave Emancipation in Brazil (1850s-1888)". International Review of Social History, v. 60, 2015, p. 161-191 e CHALHOUB, Sidney. "Precariedade estrutural: o problema da liberdade no Brasil escravista (século XIX)". História Social (UNICAMP), v. 19, 2010, p. 33-69

pistas e manter uma acuidade auditiva e visual tanto para ouvir vozes como para ler bilhetes e cartas, e mesmo reler jornais, seguindo os mesmos caminhos que fizeram autoridades apreensivas e senhores assustados ao verificarem práticas de letramento entre cativos que faziam eclodir insurreições. Assim, Isadora nos ensina a sermos menos obtusos que parte significativa da historiografia, por tão somente ter reproduzido a ladainha de que sociedade escravista, especialmente os negros, estava totalmente isolada dos universos das culturas escritas.

A autora sugere uma interpretação ímpar no sentido de localizar os sentidos do letramento e a sua articulação com as lutas pela emancipação a partir das expectativas dos escravizados e libertos. Mais do que um símbolo de comunicação, era apreendida como prática social. Distribuindo "papelinhos" de forma clandestina, elaborando senhas e propondo leituras coletivas de jornais da época, escravizados no sudeste escravista interpretaram os debates emancipacionistas construindo um projeto de abolicionismo negro. Cultura escrita, oralidade e projetos políticos não seriam quimera, mas, sim, estratégias possíveis e pensáveis na cultura política das senzalas. Se os escravizados apreenderam faces do letramento para organizar seus mundos com ou sem escravidão, Isadora nos oferece pistas metodológicas para que possamos seguir rastros escritos, tradições orais e aprender a ler textos, subtextos e, sobretudo, a "voz dos insurgentes registrada nas margens da documentação de cunho policial". Eles reinterpretavam as páginas dos jornais tanto pelo que liam como pelo que ouviam. Discursos, narrativas, vozes, silêncios, sons e desejos reverberavam entre escritas e leituras.

Tudo isso poderia aparecer em lugares inusitados, para além das senzalas e casebres, distante de gabinetes, palácios, varandas senhoriais, bibliotecas pessoais ou ambiências urbanas de cafés. Escritos e mesmo livros chegavam (ou saíam) dos quilombos. É isso que oferecem Iamara Viana e Flávio Gomes a partir de fonte inédita localizada no Arquivo Público do Espírito Santo. Ao apresentarem esse documento, revelam a localização de livros e manuscritos num rancho de quilombolas. Diante de evidência arquivística e quase surreal de livros encontrados em quilombos, evocam questões a respeito das expectativas de alfabetização e posse de livros entre escravizados, quilombolas e libertos. Assim, mostram em que medida algumas expectativas de letramento alcançavam mocambos e seus habitantes para além dos escravizados da casa grande e próximos a senhores e sinhás. Os autores reforçam, dessa forma, os argumentos dos estudos sobre quilombos que criticam a ideia de seu isolamento. Pelo contrário, livros, escritas e ideias conectavam senzalas, mocambos e os *mundos atlânticos*. São o que mostram sobre os objetos encontrados num quilombo em Nova Almeida: livros, incluindo folhetos, cartilhas e compêndio, "entregues como pertencentes a um quilombola".

Tais universos da cultura escrita podiam adentrar escolas e ter a coordenação de intelectuais negros. Barbara Canedo explora a trajetória de Octaviano Hudson na Corte Imperial nas últimas décadas da escravidão. Quase desconhecido, ela localiza um intelectual articulado com operários, republicanos, jornais e, sobretudo, na produção de manuais didáticos. Nascido na primeira metade do século XIX, numa sociedade carioca cercada de escravidão e tráfico ilegal de africanos, Hudson se envolveu em disputas eleitorais no interior da província, do partido progressista e dos debates sobre a Guerra do Paraguai até a vinculação com a Liga Operária na década de 1870.

Muito próximo de Machado de Assis, Hudson, também poeta e republicano, acabaria sendo perseguido com a polêmica sobre a edição de um método de alfabetização adotado por escolas públicas e privadas, o chamado *Méthodo Hudson oferecido à infância e ao povo*. Contudo, foi acusado de plágio e conheceu uma campanha de difamação sem tréguas. O racismo e o estigma racial logo se apresentaram na arena jornalística e literária da época. O jogo era pesado. O debate acerca de seu *Méthodo* e de sua atuação intelectual alcançavam associações e agremiações promotoras da instrução no Império, muitas das quais monarquistas e que ofereciam cursos noturnos voltados para os trabalhadores. Hudson foi um personagem da intelectualidade negra, associado aos debates sobre instrução, educação e escolas, articulando os universos de artistas, operários e suas expectativas de instrução e escolarização.

O foco nas cidades e as culturas urbanas envolventes produziram armadilhas para entendermos as searas de letramentos nas paisagens rurais que dominavam os mundos sociais e econômicos da escravidão oitocentista. Com a excelente pesquisa de Alexandre Neto, vamos para o Vale do Paraíba e adentramos no cenário rural.[12] Onde encontramos escolas e projetos educacionais na Fazenda do Cantagalo, em Paraíba do Sul. Tudo teria começado com as apostas da Condessa do Rio Novo. Na atmosfera dos debates sobre emancipação na década de 1860, incidindo sobre a Lei do

---

[12] CONDURU, R. L. T.; RIBEIRO NETO, A. "Entre os pés de café: múltiplas faces do processo de escolarização de crianças negras em Vassouras, 1890-1930". *Educere et Educare*, volume 9, p. 293, 2014; RIBEIRO NETO, A. "Em busca dos Sujeitos: o processo de escolarização de crianças negras em Vassouras no período de 1889 a 1930". In: OLIVEIRA, Iolanda de Oliveira. (Org.). *Relações Raciais no contexto Social, na Educação e na Saúde: Brasil, Cuba, Colômbia e África do Sul*. Rio de Janeiro/Niterói: Quartet/EdUFF, 2012, pp. 217-237; RIBEIRO NETO, A. *O Fio do Novelo: o processo de escolarização de crianças negras em Vassouras, 1889-1930*. Revista Alpha, v. 13, p. 189-198, 2012 e RIBEIRO NETO, A. *TENHA PIEDADE DE NÓS: uma análise da educação feminina do Educandário Nossa Senhora da Piedade em Paraíba do Sul - 1925- 1930*. 1. ed. Rio de Janeiro: Letra Capital, 2013.

Ventre Livre (1871), ela expressaria tanto a liberdade definitiva dos filhos dos escravizados como o desejo de ver em sua fazenda, a "expensas do rendimento dela", o estabelecimento de "duas escolas para educação dos menores da colônia, de ambos os sexos, que serão franqueadas também aos menores da circunvizinhança". Escolas para libertos e seus filhos. Assim surgiria, em 1884, o Educandário Nossa Senhora da Piedade.

Analisando o processo de escolarização de crianças negras, Alexandre Neto revisita os principais estudos a respeito da história da educação do negro no Brasil. Com uma abordagem sofisticada, ele viaja na memória local, nas narrativas de fracassos da primeira metade do século XX e no surgimento do Colégio Estadual Condessa do Rio Novo, em Três Rios, atual município emancipado, além de outros sentidos de apagamentos, silêncios e memórias sobre a pós-emancipação na região e seus legados de escolarização das gerações negras. O testamento, que registrou não apenas bens materiais e imateriais, apresentou desejos e condições a serem cumpridos no *post mortem* de Mariana Claudina Pereira de Carvalho, a Condessa do Rio Novo.

O autor, ao apontar a complexidade que envolvia o processo de educação para negros em Paraíba do Sul, demonstra, por meio dos vestígios documentais, o quão relevante poderia ser dominar as primeiras letras, inserir-se num mundo no qual negros foram excluídos por meio da legislação, mas que, ainda assim, construíram conhecimentos e foram além, desenvolvendo letramento específico, uma leitura de mundo peculiar sobre a relevância do acesso à escolarização nos mundos da escravidão e da liberdade. Ser liberto continha a marca da escravização de antepassados africanos a partir da diáspora forçada, e tal fato não passava incólume aos que desejavam a liberdade.

Ao analisar o testamento da Condessa, Alexandre Neto nos apresenta as vontades e condições senhoriais impostas aos libertos para que pudessem ter acesso legítimo aos bens deixados como herança. Indo de sua devoção à Nossa Senhora da Piedade – uma tradição familiar – ao desejo de educar os ingênuos, filhos de escravizadas nascidos após a lei de 18 de setembro de 1871, a fonte histórica impõe questionamentos. Importa mencionar as questões apresentadas pelo autor acerca do direito à memória e à história, estas não vinculadas aos alunos e alunas da escola para libertos, uma vez que seus nomes não constam nos documentos oficiais. De modo oposto, cabe ressaltar que as homenagens póstumas à Condessa estão presentes em monumentos e instituições no tempo presente. Da sociedade escravista e suas hierarquizações raciais no século XIX ao higienismo e a eugenia do século XX, o capítulo aponta para silenciamentos de memórias e histórias acerca da escolarização da população negra, que resistiram por meio dos diferentes sujeitos que também compunham e compõem a sociedade brasileira.

Voltamos para os cenários urbanos oitocentistas para encontrar um personagem conhecido, mas com marcas de trajetórias apagadas. Antonio Carlos Higino da Silva nos oferece caminhos seguros. Vamos acompanhar faces e fases da formação em engenharia de André Rebouças e seus projetos de urbanização na Corte Imperial, especialmente nos debates sobre a Companhia das Docas Dom Pedro II. Rebouças travou uma batalha com argumentos técnicos e investimento tecnológico, adquiridos em formação e viagens à Europa e aos EUA. Só apresentado como monarquista e abolicionista negro, parte da biografia de Rebouças, assim como mais três irmãos dele, permanece escondida. Sua formação educacional e a elaboração de seus projetos de urbanização e engenharia no Brasil são pouco conhecidos.

A abordagem de Higino nos permite entender uma atmosfera de debates sobre modernização, aparato tecnológico e mundos do trabalho com a interlocução de um importante intelectual negro numa sociedade ainda marcada pela exclusão e cercada de escravidão. Nesse sentido, Antonio Carlos Higino destaca que a Engenharia, enquanto curso formativo de nível superior, constituía um dos tripés dos principais cursos acadêmicos no segundo reinado, as outras duas seriam o Direito e a Medicina. Neste cenário, o autor nos apresenta reflexões acerca da relação complexa entre um indivíduo negro e sua profissão, bem como os atravessamentos necessários ao percorrer os anos em uma universidade e também nos mundos do trabalho. Tensões e disputas acerca da intelectualidade e do conhecimento somente adquirido por um número ínfimo de homens.

Do sentido lexicográfico ao sociológico, ser engenheiro no século XIX, como nos aponta Higino, representava exercer "profissões lucrativas" e "práticas" que, mesmo "sem serem cultas", "eram as escolhas mais adequadas aos indivíduos livres e aos espíritos independentes". Portanto, frequentar a escola superior de Engenharia seria privilégio dos homens livres, sendo a premissa da criação, em 1872, do Instituto Polytechnico dedicar-se "a matérias científicas vislumbrando desvencilhar-se das atividades 'mecânicas'", estas relacionadas à escravidão. Rebouças era um homem livre, mas negro, e como nos aponta o autor, a questão racial incidiu nas disputas por projetos, saberes e intelectualidade, tensões expostas em jornais de grande circulação na corte imperial. Ainda segundo o autor, "o racismo praticado apresentava-se como uma sórdida medida ante a impossibilidade de negar a praticidade, a lucratividade e a propriedade intelectual do projeto" desenvolvido pelo engenheiro André Rebouças.[13]

Se a Escola de Engenharia era um espaço de debates técnicos e que talvez escondessem as diferenças raciais de alguns de seus alunos e as expectativas deles de mobilidade social, outros universos educacionais significavam verdadeiras plataformas. Assim adentramos a Escola Noturna Gratuita da Cancela e o episódio em torno de Abel da Trindade. Higor Ferreira (2012 e 2018) investe nos espaços e nos significados das escolas na Corte, nas expectativas dos alunos e no debate sobre instrução.[14] O que podia significar adentrar uma escola ou ter acesso ao letramento numa sociedade escravista? Em fins de 1880, o cativo Abel recebia do diretor daquela escola sua carta de alforria. Tinha sido garantida por doações de abolicionistas e "vários cavalheiros". Abel era mais que um símbolo, tinha méritos e mesmo um exemplo. Como cativo, tinha frequentado a escola e em um ano "passou de analfabeto" ao posto de "novo cidadão", como o chamaram depois da alforria.

Localizada na freguesia de São Cristóvão, a Escola Noturna Gratuita da Cancela foi fundada em 1879. Era uma instituição de

---

[13] Ver os estudos recentes, como: GLEDHILL, Sabrina et al. (Org.). *(Re)apresentando Manuel Querino - 1851/1923*: um pioneiro afro-brasileiro nos tempos do racismo científico. Salvador: Sagga, 2021; GLEDHILL, Sabrina. *Travessias no Atlântico Negro*: reflexões sobre Booker T. Washington e Manuel R. Querino. Salvador: Edufba, 2020; e JESUS, Matheus Gato. Raça, literatura e consagração intelectual: Leituras de Astolfo Marques (1876-1918). In: _____ Matheus Gato de Jesus. (Org.). *O Treze de Maio*: E outras estórias do pós-Abolição. São Paulo: Fósforo Editora, 2021.
[14] FERREIRA, Higor. "Em tintas negras: educação, ensino e a trajetória de Pretextato dos Passos e Silva, na Corte imperial -- novas evidências" *Revista ABPN*, volume 10, 2018, pp. 26-42; FERREIRA, Higor. "Educando negros a duras penas (Rio de Janeiro, 1853-1883)." *Caderno Universitário de História (UFRJ)*, volume 18, 2012, pp. 18-26.

ensino primário masculino criada por republicanos do Club de São Cristóvão. Com destaque na iniciativa, fomento e primeiros anos de direção, figurava José do Patrocínio. Em sua abordagem, Higor esquadrinha tal instituição, mostrando seu funcionamento, com quase 60 alunos presentes em 1880, embora tivesse alcançado mais de 200 matrículas logo que inaugurou. O cativo Abel talvez não fosse ave rara, no sentido de escravizados e libertos que procuravam letramento em várias escolas noturnas e gratuitas que funcionavam na Corte Imperial. Aliás, ele já tinha anteriormente se matriculado num curso noturno situado na Rua São Luiz Durão. Enfim, uma trajetória única que esconde dezenas de outros homens e mulheres negros que sonhavam com uma liberdade, que poderia ser a possibilidade de estudar e frequentar uma escola à noite. Ademais, eles encontravam apoio de vários professores negros, como Israel Soares, e outros muitos também ex-escravos.

O que poderia significar escolarização e letramento numa sociedade escravista?[15] Tais questões aparecem nos dois capítulos que fecham esta coletânea. Leandro Duarte Montano remonta cenários da Corte da segunda metade do Oitocentos e nos transporta ao cenário urbano por meio de uma comédia em um ato escrito por Machado de Assis e originalmente publicado no jornal carioca *A marmota* no ano de 1860. A cena que compõe o cenário do Carnaval do ano de 1859 apresenta tensões, conflitos e disputas entre diferentes atores da sociedade escravista, principalmente entre um proprietário e seu escravizado.

---

[15] FERREIRA, Ligia Fonseca. Lições de resistência: artigos de Luiz Gama na imprensa de São Paulo e do Rio de Janeiro. São Paulo: Edições SESC São Paulo, 2020 e, Com a palavra Luiz Gama. Poemas, artigos, cartas, máximas. São Paulo: Imprensa Oficial do Estado de São Paulo, 2011 e FERREIRA, Ligia Fonseca. Lições de resistência: artigos de Luiz Gama na imprensa de São Paulo e do Rio de Janeiro. São Paulo: Edições SESC São Paulo, 2020 e Com a palavra Luiz Gama. Poemas, artigos, cartas, máximas. São Paulo: Imprensa Oficial do Estado de São Paulo, 2011

O autor nos mostra reflexões acerca de uma possível alteração de lugares entre os personagens, afinal, como poderia um escravizado ler o principal jornal da corte e ir além, discutir políticas que intervinham no cotidiano daquela sociedade? E não só! O escravizado Bento questionava o porquê de seu proprietário ficar à margem das discussões postas pela mídia escrita. Estariam as máscaras trocadas? Desta forma, Leandro Montano descortina cenas da complexidade da pretendida ordem escravocrata, trazendo à margem o escravizado que, a despeito de todos os infortúnios do cativeiro, aprendera a ler as letras e a sociedade na qual estava inscrito.

Por meio da comédia Machadiana, o autor tece reflexões complexas, levando-nos a conjeturar sobre as possíveis brechas de liberdade roubadas pelo escravizado de seu cotidiano, de modo que "suas posições são demarcadas pela ordem senhorial, patriarcal e escravista, mas ainda assim eles conseguem fugir ao lugar-comum e imprimir a sua marca na história". Seriam estas possibilidades somente exequíveis num conto ou em uma comédia? Seriam as fugas de lugares sociais determinados pela escravização de africanos e seus descendentes elementos presentes na realidade daquela sociedade? Machado de Assis apresenta por meio de sua escrita percepções peculiares da sociedade escravista brasileira do século XIX. Ainda, conforme aponta o Montano, Assis descreve "um mundo de escravidão, de aparências, de intrigas e de jogos de poder. Esses 'jogos de poder' envolvem personagens de classes sociais, de gêneros e de raças distintas".

Além do mais, segundo Leandro Montano, a escrita de Machado, tecendo fios de diferentes personagens, nos ajuda a entender o cenário ora apresentado e não de modo aleatório, isso porque, devido a sua origem negra e pobre e o acesso que teve ao mundo das letras, "ele consiga transitar por espaços sociais diversos, porém conectados, como aqueles das elites e das classes populares do Império". Costurando cenas cotidianas por meio de palavras, História e ficção, Machado de Assis deixou um legado para além do mundo letrado, intelectual e literário ao nos brindar com personagens e suas possíveis vivências, estratégicas, dissimulações e aprendizados na sociedade escravista do oitocentos brasileiro.

Com mais um capítulo, Iamara Viana e Flávio Gomes encerram esta coletânea revisitando um episódio sobre participação eleitoral e os estigmas raciais no século XIX. Quem podia votar e quem era votado? A Reforma Eleitoral de 1881 passou a exigir a alfabetização para participar como eleitor e ser classificado como votante. Mas, muito antes, em 1860, o Conselho de Estado do Império recebia uma consulta sobre a legislação eleitoral. Ela vinha de um Juiz de Mariana (MG), que indagava aos conselheiros se os "libertos podem ser vereadores". Segundo os pareceristas Visconde de Sapucaí, Marquês de Olinda e José Antônio Pimenta Bueno, sim, os "libertos podem votar", e não era verdade que a "Constituição exclui os libertos do cargo de eleitor". Mas a lei parecia ser letra morta quando se tratava de produzir listas eleitorais e reorganizar as cartografias de domínio e exclusão, mesmo numa sociedade na qual a cor era um estigma enquanto identidade, uma exclusão naturalizada.

Enfim, experiências de trabalho compulsório e *racialização* estavam nas mentalidades e mundos sociais. E isso inclui educação, escolarização e letramento. Reunir estas experiências e processos históricos nos conecta com agendas e repertório de pesquisas recentes, possibilitando releituras do passado por meio de personagens como André Rebouças, Machado de Assis ou Otaviano Hudson, intelectuais que produziram saberes e conhecimentos registrados pelas memórias e histórias. Mas, também, daqueles silenciados, como os estudantes da escola para libertos, pensada e garantida em inventário pela Condessa do Rio Novo, ou o quilombola, que levou consigo fragmentos de uma gramática para ensinar as primeiras letras. Além disso, não podemos deixar de mencionar os papeizinhos escritos por escravizados que se organizavam e se rebelavam, causando espanto entre os letrados das classes mais abastadas. Afinal, dominar códigos de escrita e leitura pertencia ao mundo da liberdade, branco e masculino, e esta coletânea apresenta por meio das pesquisas que a compõem os que romperam tais paradigmas forjados desde a diáspora forçada da África até as construções que conectam o chamado Atlântico Negro.

Capítulo 1

"Papelinhos," "papeluchos," jornais e cartas: letramento e insurreições negras no Brasil imperial

Isadora Moura Mota

Quando falamos sobre o ativismo negro no Brasil imperial, ainda raramente incluímos as práticas de letramento comuns entre escravizados, libertos e livres como parte da história. Seja pela presunção do quase completo analfabetismo entre os negros, seja pela força da visão racista da elite senhorial que registrou nos documentos de época a suposta incapacidade negra de navegar intelectualmente o universo da cultura escrita, perpetuou-se o silêncio sobre o papel do letramento na luta pela abolição ao longo do século XIX. Não se trata apenas de reconhecer que alguns cativos lograram aprender a ler e/ou escrever ao arrepio das expectativas de seus senhores e usaram seus conhecimentos para conseguir a alforria. Refiro-me aqui à possibilidade de interpretar a alfabetização de forma ampla como processo de comunicação e prática social empregada por pessoas escravizadas para se engajarem criticamente com o seu entorno e com a história de seu tempo.[1] Assim, por exemplo, cativos e libertos organizaram insurreições pela liberdade nas mais diversas partes do Brasil através da distribuição de "papelinhos" ou senhas, da leitura coletiva do noticiário jornalístico ou "papeluchos" e da troca de cartas que, não raro, eram ditadas e depois lidas em voz alta para os que não sabiam ler. Dito de outra forma, o abolicionismo negro em muito se baseou na interface entre a oralidade e a escrita, no ouvir ler e no escrever de ouvido.[2]

Nas páginas que se seguem, revisitam-se conspirações negras no Brasil oitocentista para explorar a relação entre o letramento e a construção de perspectivas políticas sobre o fim da escravidão. Com base na voz dos insurgentes registrada nas margens da documentação de cunho policial, abordam-se tais conspirações como momentos de elaboração dos significados da liberdade a partir do encontro entre o oral e o escrito. Ainda que o Brasil imperial fosse uma sociedade semiletrada, em que a maior parte da população – branca ou negra – vivia imersa na oralidade, a palavra escrita circulava para além dos limites determinados

---

[1] FREIRE, Paulo; Donaldo P. Macedo. Literacy: Reading the Word and the World. South Hadley, MA: Bergin & Garvey, 1987, p. 35; HAGER, Christopher. *Word by Word*: Emancipation and the Act of Writing. Cambridge, Mass.: Harvard University Press, 2013; TERRA, Márcia Regina. Letramento & letramentos: uma perspectiva sócio-cultural dos usos da escrita. *DELTA*, São Paulo, v. 29, n. 1, 2013, p. 29-58; BARTON, David; HAMILTON, Mary; IVANIC, Roz. (Eds). *Situated Literacies*: Reading and Writing in Context. London & New York: Routledge, 2000.

[2] Para exemplos da nova historiografia sobre o letramento negro no Brasil, ver: KRUEGER, Robert. Brazilian Slaves Represented in their Own Words. *Slavery & Abolition*, v. 23, n. 2, p. 169-186, 2002; FONSECA, Marcus. *A educação dos negros*: a nova face do processo de abolição da escravidão no Brasil. Bragança Paulista-SP: EDUSF, 2002; GRAHAM, Sandra Lauderdale. Writing From the Margins: Brazilian Slaves and Written Culture. *Comparative Studies in Society and History*, v. 49, n. 3, 2007, p. 611-636; WISSENBACH, Maria Cristina. Teodora Dias da Cunha: construindo um lugar para si no mundo da escrita e da escravidão. In: XAVIER, Giovana; FARIAS, Juliana Barreto; GOMES, Flávio dos Santos. (Org). *Mulheres negras no Brasil escravista e do pós-emancipação*. São Paulo: Selo Negro, 2012, p. 228-243; GOMES, Flávio dos Santos; MAC CORD, Marcelo; ARAÚJO, Carlos Eduardo Moreira. (Org.). *Rascunhos cativos*: educação, escolas e ensino no Brasil escravista. Rio de Janeiro, Editora 7 letras, 2017; PINTO, Ana Flávia Magalhães. *Escritos de liberdade*: literatos negros, racismo e cidadania no Brasil Oitocentista. Campinas, SP: Editora Unicamp, 2018; VIANA, Iamara da Silva; NETO, Alexandre Ribeiro; GOMES, Flávio. Escritos insubordinados entre escravizados e libertos no Brasil, *Estudos Avançados*, v. 33, n. 96, p. 155-177, 2019.

pelo Estado. De acordo com o primeiro censo nacional, as taxas de alfabetização giravam em torno de 15,75% em 1872, mas tal estimativa dificilmente dá conta da experiência cotidiana com os códigos escritos.[3] Entre os negros, a difusão do letramento se dava geralmente fora do ambiente institucional que facilita a contabilização pelo historiador. Muitos adquiriam conhecimento sobre letras e números informalmente para exercer seus ofícios, participar de práticas religiosas ou se comunicar com suas famílias. No espaço privado ou público, escravizados e libertos encontravam maneiras de ter acesso a materiais impressos sem necessariamente colecioná-los. Assim, muitos liam ou ouviam a leitura de jornais por onde passavam ou trabalhavam, uma prática social que informou a organização de diversos levantes ao longo do século XIX. Deixando para trás noções lineares de alfabetização que a equiparam à aquisição de um conjunto de habilidades cognitivas específicas, procura-se neste artigo esboçar uma compreensão do termo que possa abarcar suas múltiplas manifestações na vida associativa dos negros no Brasil. Enfatizam-se, portanto, os "entre lugares da oralidade e da escrita" em busca de uma história social do abolicionismo negro gerada a contrapelo da subalternização de mentes e corpos negros que estruturavam o império brasileiro.[4]

---

[3] O censo nacional de 1872 estimou que apenas uma em cada mil mulheres escravizadas e dois em cada mil homens escravizados sabiam ler e escrever. No total, cerca de 15,75% da população brasileira (incluindo escravos) se qualificava oficialmente como letrada na época. BRASIL, Diretoria Geral de Estatística. Recenseamento da População do Império do Brasil em 1872. Rio de Janeiro, 1872.

[4] CASTILLO, Lisa. *Entre a oralidade e a escrita:* a etnografia nos candomblés da Bahia. Salvador: SciELO, EDUFBA, 2008, p. II; DUBOIS, Laurent. An Enslaved Enlightenment: Rethinking the Intellectual History of the French Atlantic. *Social History*, v. 31, n. 1, 2006, p. 1-14.

Uma insurreição "à vista do que ouvia" Agostinho e os "papelinhos" de Evaristo

Nas páginas dos jornais oitocentistas, encontrava-se de tudo um pouco: discussões parlamentares sobre projetos emancipacionistas, o noticiário internacional, folhetins em que figuravam personagens escravizados, anúncios para compra, venda ou resgate de escravizados fugidos, relatórios de repartições policiais, além de cartas particulares versando sobre os mais variados detalhes do cotidiano das relações escravistas no Brasil. Escritas para o público letrado e pagante de subscrições, as folhas impressas cumpriam também funções para além do que o seu alinhamento com a ordem social vigente parecia sugerir. Da leitura que afrodescendentes delas faziam, surgiam interpretações alternativas sobre a vida política do império e as possibilidades de emancipação. Ao transformar o futuro da escravidão em matéria de debate, a imprensa contribuiu para o desenvolvimento do abolicionismo negro já no terceiro quartel do século XIX.[5]

A cobertura jornalística das tensões anglo-brasileiras em torno do fim do tráfico atlântico, em particular, galvanizou a atenção de leitores e ouvintes escravizados. Notícias sobre a presença de cruzeiros britânicos em águas brasileiras ou dos embates entre a Coroa britânica e o governo imperial sobre o futuro dos africanos

---

[5] CASTILHO, Celso T. The Press and Brazilian Narratives of Uncle Tom's Cabin: Slavery and the Public Sphere in Rio de Janeiro, ca. 1855. *The Americas*, v. 76, n. 1, 2019, p. 77-106. Ver também: YOUSSEF, Alain El. *Imprensa e escravidão*: política e tráfico negreiro no império do Brasil. Rio de Janeiro, 1822-1850. São Paulo: Editora Intermeios, 2016; ALONSO, Ângela. *Flores, votos e balas*: o movimento abolicionista brasileiro (1868-88). São Paulo: Companhia das Letras, 2015; GODOI, Rodrigo Camargo. *Um editor no Império: Francisco de Paula Brito (1809-1861)*. São Paulo, SP: Edusp, 2016; BARBOSA, Marialva. *Escravos e o mundo da comunicação*: oralidade, leitura e escrita no século XIX. Rio de Janeiro: Mauad X, 2016; MOREL, Marco; BARROS, Mariana Monteiro de. *Palavra, imagem e poder*: o surgimento da imprensa no Brasil do século XIX. Rio de Janeiro: DP&A, 2003.

livres reverberaram rapidamente entre comunidades negras que há muito ponderavam se a escravidão só seria destruída através de uma guerra emancipatória com apoio internacional.[6] Para alguns escravizados, a pressão britânica contra o tráfico soava mesmo como um sinal do apoio à causa da abolição no Brasil. Assim, faziam brindes aos ingleses, solicitavam proteção contra maus-tratos nos consulados e planejavam rebeliões na expectativa de apoio militar da Inglaterra. Ainda que senhores e autoridades imperiais insistissem em vilificar os estrangeiros como incitadores de insurreições no Brasil, afrodescendentes partiam do contexto de suas próprias culturas políticas para reinterpretar o abolicionismo britânico e o que imaginavam ser a iminência da abolição. Vejamos um exemplo.

Em março de 1848, conspirações negras pela liberdade emergiram na região da tripla fronteira entre as províncias do Rio de Janeiro, São Paulo e Minas Gerais.[7] Do lado paulista, a região de cafeicultura que crescia ao longo do Vale do Paraíba incluía o município de Lorena, onde escravizados organizavam uma rebelião para junho, mês dos festejos de São João, com braços nas vilas de

---

[6] Tal crença existia por todas as Américas. Ver, por exemplo: QUEIROZ, Suely Robles Reis de. *Escravidão negra em São Paulo*: um estudo das tensões provocadas pelo escravismo no século XIX. Rio de Janeiro: Livraria J. Olympio Editora, 1977; CAMARGO, Luís Fernando Prestes. *1848: o grande medo senhorial*. O papel da insurgência escrava na abolição do tráfico africano. Dissertação de mestrado (História), UNICAMP, 2013; MAMIGONIAN, Beatriz. *Africanos Livres*: a abolição do tráfico de escravos no Brasil. São Paulo: Companhia das Letras, 2017; COSTA, Emilia Viotti. *Coroas de glória, lágrimas de sangue*: a rebelião dos escravos de Demerara em 1823. São Paulo: Companhia das Letras, 1998; FINCH, Aisha K. *Rethinking Slave Rebellion in Cuba*. La Escalera and the Insurgencies of 1841-1844. Chapel Hill: University of North Carolina Press, 2015, p. 137; MATTHEWS, Gelien. *Caribbean Slave Revolts and the British Abolitionist Movement*. Baton Rouge: Louisiana University Press, 2006.

[7] Sobre a extinção do tráfico negreiro e o protesto escravo, ver: CHALHOUB, Sidney. *Visões da Liberdade*: uma história das últimas décadas da escravidão na Corte. São Paulo: Companhia das Letras, 1990, p. 186-212; RODRIGUES, Jaime. *De costa a costa*: escravos, marinheiros e intermediários do tráfico negreiro de Angola ao Rio de Janeiro, 1780-1860. São Paulo: Companhia das Letras, 2005; SLENES, Robert W. A Árvore de Nsanda transplantada, Cultos Kongo de aflição e identidade escrava no Sudeste brasileiro (século XIX). In: LIBBY, Douglas Cole; FURTADO, Júnia. (Eds.). *Trabalho livre, trabalho escravo*: Brasil e Europa, séculos XVIII e XIX. São Paulo: Annablume, 2006, p. 273-314; FERREIRA, Roquinaldo. *Cross-Cultural Exchange in the Atlantic World*: Angola and Brazil During the Era of the Slave Trade. New York: Cambridge University Press, 2012.

Areias, Cunha, Guaratinguetá, Queluz e Silveiras. Em Lorena, também se produzia algodão, fumo e a cana-de-açúcar, bem como cereais para consumo interno, mas a economia crescia graças ao influxo de trabalhadores africanos para a lavoura cafeeira.[8] Com eles, chegavam também informações sobre a dimensão atlântica do combate ao tráfico e o avanço da emancipação pelas Américas.

Em março de 1848, a polícia de Lorena prendeu todos considerados líderes da revolta: o ferreiro liberto Agostinho, o crioulo Vicente e o africano Francisco. Na cadeia local, eles contaram ao juiz municipal José Rodrigues de Souza que o levante tinha raízes na interpretação que os negros faziam sobre as relações entre Brasil e Inglaterra. Descrente de que escravos pudessem desenvolver percepções estratégicas por si mesmos, Souza pressionou os interrogados a revelarem os nomes daqueles que os incitavam à rebelião. O juiz buscava mapear a presença de "agentes dos princípios abolicionistas da escravidão" em Lorena ou de qualquer outra "influência estrangeira, que conspire a colocar a Administração em circunstâncias difíceis para depois impor-lhe condições".[9] Esta era uma preocupação comum entre as autoridades brasileiras, isto é, a ideia de que os ingleses destruiriam o escravismo brasileiro por meio da sua atuação capilar no império, revoltando os cativos e forçando o governo do Brasil a negociar.

Ainda que afirmasse agir em causa própria, Vicente acabou mencionando o "suíço ou francês" Jacques Troller, "homem republicano de Nação" e amigo do fazendeiro Antônio Gaspar

---

[8] MOTTA, José Flávio; MARCONDES, Renato Leite. O comércio de escravos no Vale do Paraíba paulista. Guaratinguetá e Silveiras na década de 1870. *Estudos Econômicos*, v. 30, n. 2, abr./jun., 2000, p. 267-299.
[9] Bernardo José Pinto Gavião Peixoto a José Rodrigues de Sousa, 28 de março de 1848. Documento citado em: GONÇALVES, Marcos Couto. Papéis Avulsos: A insurreição dos escravos no Vale do Paraíba. *Revista Acervo Histórico*, Assembleia Legislativa de São Paulo, v. 3, 2005, p. 68.

Martins Varanda, de quem Agostinho havia sido pajem antes de ser alforriado com a morte do senhor.[10] Em seu depoimento, Vicente falou sobre "Jacob" após outro insurgente apontar a influência de um mascate francês que andava em Lorena:

> [...] declarou um mais comprometido que se acha preso, que n'esta Vila pessoa livre não tem aconselhado e nem é entrado no plano, porém que nos Silveiras havia um estrangeiro, que mandava recados, e os dirigia, porém que o não conhecia, e nem sabia de sinais alguns característicos que este estrangeiro se correspondia com Agostinho, como o verdadeiro diretor, este Agostinho foi que evadiu-se, e sobre quem os outros lançam toda a culpa, e como falasse em estrangeiro tornei a fazer chegar à minha presença o escravo Vicente, que o considero o mais comprometido, e que mais parte tem tomado, para interrogá-lo a respeito do estrangeiro, ele confessou, que além do primeiro que tinha declarado havia outro de nome Jacob no distrito dos Silveiras, que deu o plano, e que aconselhou o escravo Agostinho para este rompimento de quem era muito amigo, e que lhe declarou o escravo Agostinho do rompimento ser dirigido por branco, e que assim teria bom êxito, e por esse motivo ele entrou, e começou a convidar pretos da Fazenda [...].[11]

O juiz José Rodrigues de Souza concluiu que o perigo morava, de fato, na correspondência entre Troller e Agostinho, um forro "muito sagaz" e "atilado" que sabia ler e escrever.[12] Naquele ano em que a França abolira a escravidão pela segunda vez em

---

[10] Francisco Lourenço de Freitas ao presidente de São Paulo Domiciano Leite Ribeiro, 8 de junho de 1848. GONÇALVES, *op. cit.*, p. 70. No processo-crime instaurado em Lorena, o nome citado é Jacques Frosser. Arquivo Histórico e Biblioteca Municipal de Lorena. Processo-crime número 0155, 22/02/1848, caixa número 07, tombo 3587. Apud: CAMARGO, 2013, p. 68.
[11] Ofício de José Rodrigues de Souza, Juiz Municipal de Lorena, ao Vice-Presidente de São Paulo, Bernardo José Pinto Gavião Peixoto, 7 de março de 1848. GONÇALVES, 2005, p. 65.
[12] Francisco Lourenço de Freitas ao presidente de São Paulo Domiciano Leite Ribeiro, 8 de junho de 1848. GONÇALVES, op. cit., p. 70.

suas colônias, franceses e britânicos se misturavam na imaginação dos escravizados que buscavam aliados na luta pela emancipação. Na avaliação das autoridades, porém, Jacques Troller era o branco que dirigia a revolta, típico "haitianista" que, em visitas constantes à fazenda de Varanda, lia o noticiário internacional na frente de todos, fazendo "observações relativas ao estado atual do Brasil, reprovando a escravidão, e ponderando as consequências, que podiam seguir-se a semelhança das da Ilha de S. Domingos".[13] Folheando o *Jornal do Commercio* em voz alta, Troller também disseminava notícias sobre a campanha inglesa contra o tráfico e a atuação da Royal Navy nas costas brasileiras. Assim a emancipação virava assunto que, inscrita no mundo dos impressos, se propagava através da oralidade.

Por trás da pecha fácil sobre a existência de franceses haitianistas em São Paulo, vale a pena considerar alguém como Jacques Troller, fazendeiro radicado no Brasil há pelo menos uma década, como mediador dos significados do abolicionismo atlântico no Brasil.[14] Ao difundir o discurso dos jornais, Troller garantia a continuidade do Haiti como referência histórica entre insurgentes como Agostinho, que projetou um levante "à vista do que ouvia" num ato claro de interpretação política.[15] Era em torno de conversas casuais sobre o avanço da emancipação nas Américas e da

---

[13] Idem. Troller evocava o estereótipo do haitianismo, uma expressão oitocentista usada para descrever o abolicionismo revolucionário inspirado no exemplo da Revolução Haitiana. O vocábulo tinha cunho negativo e circulava desde a década de 1830 como forma de desqualificar adversários políticos no Brasil imperial. Neste caso, o estrangeiro era acusado de pregar a república com a liberdade dos escravos. SOARES, Carlos Eugênio Líbano; GOMES, Flávio. Sedições, haitianismo e conexões no Brasil escravista: outras margens do atlântico negro. *Novos Estudos Cebrap*, São Paulo, n. 63, jul., 2002, p. 131-144.

[14] MOREL, Marco. *A Revolução do Haiti e o Brasil escravista:* o que não deve ser dito. Jundiaí, SP: Paco, 2017, p. 27.

[15] Francisco Lourenço de Freitas ao presidente de São Paulo Domiciano Leite Ribeiro, 8 de junho de 1848. GONÇALVES, 2005, p. 70. Sobre a interpretação que cativos e libertos fizeram da Revolução Haitiana no Brasil, ver: REIS, João José; GOMES, Flávio dos Santos. Repercussions of the Haitian Revolution in Brazil, 1791-1850. In: GEGGUS, David Patrick; FIERING, Norman. (Eds.). *The World of the Haitian Revolution*. Bloomington: Indiana University Press, 2009, p. 284-315; MOTT, Luiz. A revolução dos negros do Haiti e o Brasil. *História: Questões e Debates*, Curitiba, jun.,1982, p. 55-62.

transmissão imperfeita destas informações a terceiros, que nasciam os rumores de liberdade entre os escravizados. Como forma de comunicação oral em cadeia, rumores não eram desinformação. Muito pelo contrário, eles expressavam o esforço dos insurgentes em conferir sentido à assimetria das relações de poder que governava as relações escravistas. Eram, por assim dizer, o meio através do qual escravizados interpretavam sua realidade e construíam vínculos políticos a fim de transformá-la.[16]

Mesmo negando tal dinâmica interna do ativismo negro e atribuindo a conspiração de Lorena "à mais desmedida ambição, egoísmo, ou a inveja e ciúme que excita o Brasil a algumas Nações",[17] José Rodrigues de Souza acabou por registrar o que pensavam os rebeldes de 1848:

> [...] declaram serem convidados para pegarem em armas para o fim de haverem suas liberdades por meio da força, para que os Ingleses os coadjuvarão visto que o Brasil acha-se bastante empenhado para com aquela Nação da Inglaterra, e tanto mais por haver cessado o tráfico da escravatura, e outras proposições desta natureza, não próprias de escravos que nem sabem ler.[18]

---

[16] Sobre rumores ver, dentre outros: MACHADO, Maria Helena P. T. *O plano e o pânico:* os movimentos sociais na década da abolição. São Paulo: EDUSP, 1994; AZEVEDO, Célia Marinho de. *Onda negra, medo branco:* o negro no imaginário das elites, século XIX. Rio de Janeiro: Paz e Terra, 1987; GHOSH, Anjan. The role of rumour in History Writing. *History Compass*, v. 6, n. 5, 2008, p. 1235-1243; SHARPLES, David. *The World That Fear Made:* Slave Revolts and Conspiracy Scares in Early America. Philadelphia: The University of Pennsylvania Press, 2020; COAST, David; FOX, Jo. Rumour and Politics. *History Compass*, v. 13, n. 5, 2015, p. 222-234; GUHA, Ranajit. *Elementary Aspects of Peasant Insurgency in Colonial India.* Durham: Duke University Press, 1999; HAHN, Steven. Extravagant Expectations of Freedom: Rumour, Political Struggle, and the Christmas Insurrection Scare of 1865 in the American South. *Past and Present*, n. 157, nov., 1997, p. 122-58; BECKLES, Hilary. The Wilberforce Song: How Enslaved Caribbean Blacks Heard British Abolitionists. *Parliamentary History*, n. 26, Supplement, 2007, p. 113-126.

[17] Francisco Lourenço de Freitas ao presidente de São Paulo Domiciano Leite Ribeiro, 8 de junho de 1848. GONÇALVES, 2005, p. 70.

[18] José Rodrigues de Sousa a Bernardo José Pinto Gavião Peixoto, 11 de abril de 1848. GONÇALVES, *op. cit.*, p. 68.

Para o juiz, a possibilidade de escravizados produzirem conhecimento sobre as relações anglo-brasileiras esbarrava na pressuposição de alfabetismo que ele equiparava à ignorância. É interessante notar que a questão do letramento também veio à tona em Lorena na forma de uma carta recebida por José Rodrigues de Souza, dando conta da existência de "estatutos do plano para essa insurreição, sendo o autor dos mesmos um Francês".[19] Senhores paulistas acreditavam que os estatutos orientavam a atividade de "clubs" de escravizados nas fazendas de café da região e, no mês de abril, armaram a Guarda Nacional para combatê-los em Lorena e Silveiras.

Em junho, o juiz da vizinha vila de Guaratinguetá considerou que a inquietação negra poderia ser filha de sugestões vindas de alguma Sociedade Gregoriana ou "Sansimoniana"[20], referindo-se, respectivamente, ao caráter abolicionista das ideias do abade francês Henri Grégoire (1750-1831) e ao pensamento de um dos fundadores do socialismo utópico francês, Henri de Saint-Simon (1760-1825).[21] Muito se falou da onda revolucionária francesa nos jornais brasileiros em 1848. Os cônsules franceses circularam sem demora o decreto do governo provisório de 27 de abril de 1848, marcando o prazo dentro do qual os franceses residentes em países estrangeiros deveriam se desfazer dos escravizados que possuíssem.[22] Notícias sobre a emancipação também se espalharam

---

[19] Idem.
[20] Ofício do Juiz de Guaratinguetá, Francisco Lourenço de Freitas ao Presidente da Província de São Paulo, 8 de junho de 1848. GONÇALVES, 2005, p. 70.
[21] O abbé Grégoire foi uma das figuras políticas mais importantes da Revolução Francesa. Ele presidiu a Assembleia Francesa no dia da queda da Bastilha em 1789 e apoiava abertamente a Revolução Haitiana, cujo reconhecimento pela França ele ajudou a mediar em 1825. MOREL, 2017. Sobre Saint-Simon, ver: ADALMIR, Leonídio. Utopias sociais e cientificistas no Brasil, no final do século XIX. *História, Ciências, Saúde-Manguinhos*, v. 14, n. 3, 2007, p. 921-946.
[22] *Correio da Tarde*, 29 dez. de 1848, p. 1.

pelo Brasil através da fronteira norte do Amapá com a Guiana Francesa, onde a fuga em massa para o país vizinho se tornou comum.

Jacques Troller, o suíço-francês acusado de encabeçar a rebelião de Lorena, nunca teve sua participação provada e foi absolvido em 1848. Ao que tudo indica, ele contou com o apoio de magistrados influentes em São Paulo devido a sua amizade com fazendeiros locais.[23] Agostinho permaneceu fugido até o ano seguinte, quando se apresentou às autoridades e foi sentenciado a quinhentos açoites e uso de colar no pescoço por três anos. Vicente e Francisco também sofreram punições exemplares de 1.400 açoites cada, além do uso de colares de ferro no pescoço por três anos. Como temiam as autoridades paulistas, as confissões extraídas de mais de vinte escravizados confirmaram que os ventos de rebelião haviam se espalhado para o sul de Minas Gerais. Uma carta anônima mais uma vez alertou a polícia sobre a existência de um francês suspeito em Minas, levando à descoberta de uma conspiração coordenada por escravizados fugidos em Baependi com reverberações em São Thomé das Letras, Lavras, Pouso Alto, Capivari, São João del Rei e Aiuruoca. Dessa forma, a palavra escrita servia tanto para organizar como para destruir insurreições negras no Brasil imperial.

Desde o início de 1848, quilombolas estavam em conflito com a população de Baependi. O presidente de Minas Gerais assim descreveu os primeiros indícios de que algo maior estava por rebentar:

---

[23] No jornal *Correio da Tarde*, de 5 de julho de 1848, um assinante assim explicou o caso ao se referir ao discurso anual do presidente Vicente Pires da Motta à Assembleia Provincial: "O Sr. Motta fez um discurso acerca de uma tentativa de insurreição de escravos na vila de Lorena, e concluiu pedindo informações ao Governo. (O Sr. 2º secretário, Flamino Lessa, ficou pálido e titubeante, lembrando-se de 800$ rs. que ganhou defendendo o Francês que andava metido nesta insurreição... Não é verdade patriota?)."

> Alguns negros fugidos e acoitados no município de Baependi província de Minas Gerais, entraram numa casa do campo e assassinaram duas famílias inteiras que moravam na mesma casa – e chegando nessa ocasião de fora um filho de uma das famílias, recebeu dois tiros e oito facadas que imediatamente expirou. A polícia apareceu no dia seguinte e apenas encontrou o horrível espetáculo da mortandade feita, e uma menina de uma tenra idade, que havia escapado, como por milagre por entre algumas roupas sujas, e que informou de todo acontecido.[24]

Esta teria sido apenas a primeira invasão de uma propriedade rural em São Thomé das Letras, onde os quilombolas assassinaram o fazendeiro Manoel José de Carvalho, pessoas de sua família e uma escravizada. Pouco depois, o grupo seguiu para a fazenda de José Joaquim Bernardino, onde enforcaram uma escravizada que vigiava a casa grande. A polícia de Baependi abriu um inquérito para investigar os crimes e um informante presente durante os interrogatórios apontou o crioulo Evaristo como cabeça de uma revolta que estava por vir.

Evaristo fugira da casa de um cobrador do Barão de Antonina em São João d'El Rei após ser vendido em dezembro de 1847. Insatisfeito com o novo arranjo, ele voltou para a fazenda de seu antigo senhor em Angahi, Aiuruoca, onde possuía parentes e amigos. De lá, Evaristo passou a rondar as fazendas vizinhas falando sobre insurreição e organizando aqueles que decidiam participar por escrito:

> A cada um dos associados dava ele como uma espécie de senha, um papelinho pouco maior que um selo de três patacas, de um lado do qual se via escrito o nome do escravo que o recebia, e no

[24] *O Diário Novo*, 20 mar. 1848, p. 1.

centro o nome do senhor do escravo. Este perverso e astucioso crioulo ensinava aos associados que além de livres em sua terra o eram mais por declaração do Imperador, quando abdicara; e que por isso cumpria fazer-se um esforço no interesse de se haver a liberdade que lhes pertencia. Havia mesmo indicado o lugar e tempo da reunião, que devia ser em um valinho da fazenda Boa Vista, que está no centro daquelas outras, e por ocasião da festa da quaresma em que os fazendeiros deviam estar entretidos e mesmo fora das fazendas.[25]

Ao mencionar a abdicação de D. Pedro I, é possível que Evaristo tenha associado o evento também à lei Feijó, que aboliu o tráfico de africanos no mesmo ano de 1831. Seja como for, ele parecia falar diretamente aos africanos, lembrando-lhes que eram "livres em sua terra". Quanto aos "papelinhos" que distribuía, podiam muito bem serem passaportes forjando a assinatura de senhores para garantir o deslocamento dos insurgentes quando do irromper da revolta. Evaristo foi preso enquanto aguardava o melhor momento para dar início ao movimento depois de saber da repressão aos quilombolas de São Thomé das Letras e Baependi. O governo provincial enviou tropas para bater o quilombo, recomendou a requisição de passaportes a todos os viajantes que passavam por Minas e pediu vigilância estreita aos estrangeiros, escravizados, africanos livres ou libertos. Em meio ao clima de repressão, Evaristo fugiu da cadeia e acabou preso novamente na fazenda Pitangueiras, perto da Boa Vista, local escolhido como epicentro da rebelião. A polícia o encontrou portando um saco cheio dos tais "papelinhos" e verificou que todos os onze escravizados presos como suspeitos em 1848 traziam consigo o "papelinho" distribuído por Evaristo.

---

[25] Carta de Baependi de 20 de março republicada no *Correio da Tarde*, em 22 abr. 1848, p. 4.

As notícias que "eram publicadas por negros que liam vários jornais para os outros ouvirem"[26]

Homens e mulheres escravizados eram tanto produtores como consumidores da palavra escrita. Como vimos nos exemplos de 1848, notícias impressas ou "papelinhos" não forneciam uma mensagem única, sendo sempre modificados ao longo do processo de transmissão por seus interlocutores. Em meio ao processo de extinção do tráfico atlântico, insurgentes encontraram nos jornais indícios de que a emancipação era uma possibilidade, seja como ato do Imperador, de legislação do Estado ou de intervenção estrangeira, ainda que sempre dependente da coadjuvação armada dos negros. Redes multigeracionais de informação e memória mantiveram tais ideias vivas na segunda metade do século XIX, mas num novo contexto. Durante a década de 1860, a crise do escravismo nas Américas se tornou ainda mais patente no noticiário. A Guerra de Secessão norte-americana, o aprofundamento da crise diplomática entre Brasil e Inglaterra e, finalmente, o envolvimento brasileiro na Guerra do Paraguai se entrelaçaram com uma longa tradição de protesto negro para reforçar as conexões entre letramento e emancipação.

Alguns escravizados e libertos sabiam ler o suficiente para entender as manchetes das folhas diárias; outros escreviam o bastante para compor uma mensagem, e muitos se tornavam mediadores dos sentidos sociais da escrita ao espalhar o que ouviam dizer. Richard Burton, cônsul britânico em Santos na década de 1860, descreveu uma cena comum no mundo urbano de Minas Gerais que diz muito sobre a popularidade da imprensa:

---

[26] Idem.

> Como os livros e revistas ainda são raros e caros, o jornal é o mais importante alimento literário em toda Minas. Em qualquer loja ou armazém, desde o nascer do dia, o senhor ou seus caixeiros ["the master or his men," no original em inglês] podem ser vistos perdendo o tempo – como dizem os estrangeiros – com a leitura dos periódicos. Como o cidadão dos Estados Unidos, o brasileiro acha amplo deleite em um copo de água, que aqui não é gelada, um cigarro, às vezes fumo para mascar, e um jornal. Atrevo-me a observar uma notável semelhança entre a mais elevada forma da sociedade europeia e a do Império e da República Ocidental. Que membro da alta sociedade, especialmente a parisiense, jamais leu alguma coisa, a não ser um jornal ou revista? Quem, na alta roda de Londres, jamais teve tempo de virar uma página, a não ser de diários, semanários ou revistas mensais? Em quantas casas de campo não se encontram os livros, em cima das mesas ou nas estantes, sem serem tocados, a não ser pelo espanador?[27]

Na situação registrada por Burton, vemos que os jornais não eram apenas veículos de transmissão de conhecimento, mas, também formadores de sociabilidades.[28] Como na Europa, a notícia era lida em voz alta em tavernas, igrejas, ruas e reuniões políticas no Brasil, proporcionando ao público não alfabetizado acesso à cultura impressa em expansão e estendendo a circulação dos periódicos muito além do número de exemplares publicados. As distinções convencionais entre a palavra escrita e falada ainda apenas se esboçavam na experiência de uma sociedade semiletrada como

---

[27] BURTON, Richard. *Viagem do Rio de Janeiro ao Morro Velho*. Brasília: Senado Federal, Conselho Editorial, 2001, p. 481.
[28] GRAFF, Harvey J. *Literacy and Historical Development*: A Reader. Carbondale: Southern Illinois University Press, 2007, p. 128; CHARTIER, Roger. Leisure and Sociability: Reading Aloud in Early Modern Europe. In: ZIMMERMAN, Susan; WEISSMAN, Ronald E.F. (Eds). *Urban Life in the Renaissance*. Newark: University of Delaware Press, 1989, p. 103-20; GILMARTIN, Kevin. *Print Politics*: The Press and Radical Opposition in Early Nineteenth-Century England. Cambridge [England]: Cambridge University Press, 1996.

a do Brasil imperial. Os atos de falar e escrever constantemente se sobrepunham, assim como a recepção coletiva da palavra impressa desafiava o controle da elite sobre assuntos públicos que poderiam alterar a ordem social.²⁹

Um exemplo interessante nos chega de Pernambuco. Em 1862, a imprensa figurou no centro de uma conspiração negra ao se combinar com a violência diária das relações escravistas nos engenhos de açúcar e quilombos de Muribeca, subúrbio do Recife.³⁰ No início do ano, alguns escravizados começaram a desaparecer dos engenhos Guararapes, Conceição e Recreio após o severo castigo de Pomposa.³¹ Escravizada no Engenho Recreio, ela fora transferida em 9 de fevereiro para o tronco em Guararapes "a fim de ser punida por atos desrespeitosos praticados contra seu Senhor, que havia resolvido vendê-la". Contrária à transação, Pomposa teria dito que a morte de "sua Senhoria estava reservada" e passou o domingo apanhando até que Claudino a resgatou e levou para o quilombo organizado num canavial do engenho.³²

Os administradores de Guararapes seguiram os rastros de Claudino na companhia de alguns de seus escravizados e moradores

---

[29] Sobre a relação entre a fala, jornais e a luta de escravizados pela emancipação, ver: OGBORN, Miles. *The Freedom of Speech:* Talk and Slavery in the Anglo-Caribbean World. Chicago; London: The University of Chicago Press, 2019; SORIANO, Cristina. *Tides of Revolution:* Information, Insurgencies, and the Crisis of Colonial Rule in Venezuela. Albuquerque: University of New Mexico Press, 2018.

[30] A relação entre letramento e protesto negro em Recife já foi bastante documentada. CARVALHO, Marcus J. M. de. Fácil é serem sujeitos de quem já foram senhores: O ABC do Divino Mestre. *Afro-Ásia,* n. 31, 2004, p. 327-338; REIS, João José; GOMES, Flávio dos Santos; CARVALHO, Marcus Joaquim de. *O alufá Rufino:* tráfico, escravidão e liberdade no Atlântico negro, 1822-1853. Rio de Janeiro: Companhia das Letras, 2010.

[31] Por volta de 1856, o município de Recife com suas periferias (Recife, Santo Antônio, São José, Boa Vista, Graça, Afogados, Poço da Panela, Várzea, São Lourenço da Mata, Jaboatão e Muribeca) somava perto de 100 mil moradores, dos quais 33.270 eram livres ou libertos e 7.707 escravizados. CARVALHO, Marcus J. M. de. De portas adentro e de portas afora: trabalho doméstico e escravidão no Recife, 1822-1850. *Afro-Ásia,* n. 29/39, 2003, p. 44-45; *Liberdade:* rotinas e rupturas do escravismo, Recife, 1822-1850. Recife: Ed. Universitária da UFPE, 2001, capítulo 3.

[32] ANRJ, SÉRIE JUSTIÇA, IJ maço 332, Ofício do Promotor Público ao Chefe de Polícia, 16 fev. 1862.

locais com a intenção de destruir o quilombo. Ao chegarem ao canavial, encontraram:

> [...] o mulato Claudino do Tenente Coronel Mariano de Sá e Albuquerque e a negra Pomposa do Senhor Nesceu de Sá e Albuquerque seu irmão, aquele mulato, assim como quatro dos outros escravos fugidos, estavam armados de bacamarte, estes conseguiram evadir-se, mais aquele não querendo abandonar a negra, não os pode acompanhar, nem quis deixar-se prender, e não obstante todos os meios brandos que seu Senhor, seus manos e cunhado empregaram, conservou-se sempre armado, e lançando mão de uma navalha degolou a negra Pomposa e imediatamente a si em presença dos Senhores Capitão Augusto de Sá e Albuquerque, Doutor Francisco do Rego Barros de Lacerda e Manoel Joaquim Batista.[33]

A esse incidente dramático, seguiu-se o varejo das senzalas dos engenhos Guararapes, Engenho Novo, São Bartolomeu, Muribequinha, Santana, Salgadinho, São Salvador, Secupeminha, Capelinha, Salgadinho e Penanduba, onde a polícia encontrou pólvora, bacamartes e "três jagunços".[34] Doze insurgentes foram postos no tronco e quatro pessoas livres acabaram presas na Casa de Detenção de Recife: o pedreiro e pintor João Ferreira da Trindade, o trabalhador "a jornal" Cirilo da Silva, o negociante Paulino Fidélis de Araújo e a rendeira Maria José Ramos do Espírito Santo. Os escravizados planejavam começar a rebelião pelo Engenho Guararapes com um ataque à "casa de bagaço, e quando o incêndio lavrasse e os senhores acudissem, matá-los a golpes, evitando-se o uso de armas de fogo no princípio da execução por prevenir que

---

[33] ANRJ, Série Justiça, IJ maço 332, Ofício do Promotor Público ao Chefe de Polícia, 10 fev.1862.
[34] *Ibid.*, 15 e 16 fev. 1862.

desfrutassem a atenção dos vizinhos".³⁵ Os insurgentes de Muribeca também disseram contar com o apoio de escravizados do Recife e de moradores das cercanias dos engenhos.

Januário, africano de nação Rebolo então com 30 anos e escravizado no Engenho Conceição, revelou que a rebelião fora organizada "para pedir aos Senhores o reconhecimento da liberdade" que era devida aos escravizados. Seus companheiros – Feliz Bernardo da Costa, pertencente ao Conselheiro Albuquerque, e Domingos, de propriedade do Engenho Guararapes – já haviam espalhado entre os negros a notícia de "que haviam sido alforriados pelo Governo, e que seus Senhores deviam entregar-lhes as cartas".³⁶ Tais ideias de liberdade, adicionou Januário, "eram *publicadas* [grifo nosso] por negros que liam vários jornais para os outros ouvirem".³⁷ Para Atanásio Manoel da Trindade, o subdelegado de Muribeca perguntou, então, se ele "não costumava ler jornais e papeluchos aos escravos da fábrica do Engenho Guararapes".³⁸ Este, temendo por sua sorte, negou. Já o pardo Joaquim Boi do Engenho Guararapes, preso com pólvora e balas, confirmou a relação entre a rebelião e a imprensa. Disse ele que "em virtude de jornais que foram lidos a vários escravos por outros a quem ele respondente não conhece de nomes, espalhou-se a notícia de que todos estavam livres". Joaquim ponderou, no entanto, "que uma vez que o Governo que os faria livre, devia partir do Recife a ordem de liberdade para serem intimados".³⁹ Para os insurgentes, a disseminação oral de um texto

---

³⁵ *Ibid.*, 16 fev. 1862.
³⁶ ANRJ, Série Justiça, IJ-332, Interrogatório de Januário Rebolo, 15 fev. 1862.
³⁷ Idem.
³⁸ ANRJ, Série Justiça, IJ-332, Auto de perguntas feitas a Atanásio Manoel da Trindade, 25 fev. 1862.
³⁹ ANRJ, Série Justiça, IJ-332, Interrogatório do pardo Joaquim, 15 fev. 1862. Andrew Pettegree interestingly notes this kind of phenomenon around the emergency of the newspaper in early modern Europe. "It is significant that in this age to 'publish' meant to voice abroad, verbally; books were merely 'printed'". PETTEGREE, William. *The Invention of the News*: How the World Came to Know About Itself. New Haven:

escrito equivalia a um ato de publicação e encorajava o engajamento na discussão pública da emancipação. Mesmo que de forma indireta, os periódicos oitocentistas alimentavam o abolicionismo negro que tomava corpo nas senzalas, quilombos, tavernas e estradas do Brasil.

Em preparação para o levante em Muribeca, Januário visitou a fábrica do Engenho Conceição com Eusébio, onde outro emblema de negociação política foi utilizado. Eusébio levara consigo uma bandeira que deveria servir para a marcha dos rebeldes em direção a Guararapes e indicar aos senhores que o único objetivo dos escravizados era obter a confirmação de sua liberdade. Portanto, era para ser um símbolo de paz, embora todos esperassem fazer guerra contra os brancos. Aqui vemos um artefato iconográfico que extrapolava tanto a oralidade quanto a escrita, um elemento da cultura material dos escravizados que não sobreviveu ao tempo apesar de fazer parte da história da abolição. Herculano, escravo de Nereu de Sá e Albuquerque, revelou ainda que a bandeira havia sido cosida pessoalmente por Eusébio, cargueiro do Guararapes.[40] Irmão do falecido Claudino, Herculano tentou matar-se ao ser encontrado pela polícia, abrindo com uma faca o ventre acima do umbigo, pelo qual lhe saíram as tripas.[41] Levado preso apesar dos ferimentos, ele descreveu a manumissão como ideia publicada pelos jornais em 1862:

> [...] vagando desde muito o boato de que todos os escravos vão ser libertados, ideia esta que se dizia publicada pelos jornais, procuraram vários escravos dos Engenhos Guararapes, Conceição e Recreio combinar entre si um meio de obrigar os

---

Yale University Press, 2014, p. 11. On the intersection of written and verbal reporting and its connection to popular rebellions, see also: SORIANO, Cristina. *Tides of Revolution:* Information, Insurgencies, and the Crisis of Colonial Rule in Venezuela. Albuquerque: University of New Mexico Press, 2018.

[40] *Diário de Pernambuco*, 7 fev. 1862, p. 4.
[41] ANRJ, Série Justiça, IJ maço 332, Auto de corpo de delito feito ao preto Herculano, 11 fev. 1862.

respectivos senhores a lhes entregar as cartas, a menos que não se quiserem expor a sofrer. Para este fim deviam lançar fogo às casas de bagaços, e quando o incêndio chegasse a manifestar-se, matar aqueles que se opusessem às suas intenções e não os reconhecessem como homens livres.[42]

Desde 1860, propostas emancipacionistas eram discutidas no parlamento brasileiro – cujas sessões eram publicadas nos jornais provinciais de cunho oficial – e inspiravam o debate sobre a liberdade entre os escravizados. Em 1860, por exemplo, o senador Silveira da Motta apresentou um projeto para proibir a venda de escravizados em leilões comerciais e a separação das famílias em tais transações. Em Muribeca, os insurgentes contavam tanto com a chancela da legislação quanto com o apoio de uma potência estrangeira. No final de fevereiro de 1862, o subdelegado José Antônio de Albuquerque alertou o chefe de polícia de Pernambuco para o fato de que os "escravos persuadidos de que a Inglaterra os protegerá logo que eles se puserem em campo e de que o Governo também os apoia" podiam ainda se insurgir a qualquer momento.[43] Parte dos escravizados fugidos havia se aquilombado novamente em matas próximas aos engenhos Santana e Novo.

Em março, o crioulo Geraldo, do Tenente-coronel Mariano de Sá e Albuquerque, foi preso na Freguesia da Boa Vista por um inspetor de quarteirão. Repetiu como os demais que "com o escravo David planejavam se reunirem no Rio Formoso a fim de adquirir a liberdade, por isso que os escravos Miguel, Constâncio e David liam um jornal e diziam que o Governo os protegia nessa empresa."[44]

---

[42] Ibid., Auto de perguntas feitas ao preto Herculano, 19 fev. 1862.
[43] Ibid., Ofício de José Antônio de Albuquerque a José Antônio Vaz de Carvalhaes, 20 fev. 1862.
[44] Ibid., Auto de perguntas feitas a Geraldo, 4 mar. 1862. Geraldo afirmou não saber ler ou escrever.

Em 1862, o chefe de polícia reclamou duramente "dos tribunos das praças e dos jornais incendiários" que teimavam em afetar a ordem pública na província.[45] Para o Ministro da Justiça Francisco de Paula de Negreiros Sayão Lobato, o levante em Pernambuco apontava para a preocupante onda insurrecional negra que se alastrava pelo nordeste do império. "Note-se que em fim do ano passado houve movimento insurrecional no Maranhão, agora é em Pernambuco; e em ambos os casos a ideia é – que o Governo concedeu a liberdade, e os senhores não obedecem ao Governo. O escravo presume-se apoiado e com facilidade aventura-se ao crime."[46] O ministro citava assim a revolta escrava de Anajatuba, sufocada em setembro de 1861 e inspirada pela presença de navios dos EUA que espalhavam informações sobre a Guerra de Secessão norte-americana em São Luís.[47]

Entre 1862 e 1863, escravizados voltaram a citar com frequência a possibilidade de uma aliança militar com os britânicos. Benedito, escravo de Joaquim Policarpo Aranha em Campinas, por exemplo, ouvira falar dos ingleses na casa de negócio do homônimo Benedito, escravo de Pedro Taques, onde fora algumas vezes para receber um dinheiro que lhe cabia. Passando pela venda no domingo antes do carnaval de 1863,

> [...] o dito Benedito perguntou-lhe se não sabia das novidades que haviam, e nessa ocasião contou a ele respondente que estando na Aparecida ouvira ler uma folha em que se dizia que os Ingleses tinham exigido uma grande soma de dinheiro

---

[45] *Ibid.*, Ofício de José Antônio Vaz de Carvalhaes para Francisco de Paula de Negreiros Sayão Lobato, 16 maio 1862.
[46] *Ibid.*, Despacho do Ministro da Justiça, Francisco de Paula de Negreiros Sayão Lobato, 3a Seção, n. 34, 12 e 13 de março de 1862.
[47] MOTA, Isadora Moura. Other Geographies of Struggle: Afro-Brazilians and the American Civil War. *Hispanic American Historical Review*, 100.1, feb., 2020, p. 35-62.

de todos os Senhores de Escravos, e que quando esses não dessem este dinheiro, que eles fariam uma revolução para darem liberdade aos Escravos, por isso que os mesmos Ingleses tinham uma Princesa que já tinha vinte e um anos e que não podia ser batizada sem que todos os Escravos fossem libertados.[48]

Benedito Taques se referia ao imbróglio conhecido como Questão Christie, o ponto culminante dos conflitos diplomáticos anglo-brasileiros em torno do fim do tráfico atlântico.[49] Em fins de 1862, o Ministro da Legação britânica na Corte William D. Christie exigiu uma indenização e pedido oficial de desculpa ao governo imperial depois do naufrágio da barca inglesa *Prince of Wales* no Albardão, Rio Grande do Sul, e da prisão de três marinheiros ingleses no Rio de Janeiro por desordem. Christie culpava os brasileiros pelo desaparecimento de parte da tripulação do *Prince of Wales* e considerava escandalosa a prisão de súditos ingleses pelo país que há décadas se esquivava do cumprimento de tratados bilaterais para a extinção da importação de africanos.[50] Seguindo-se à recusa do então Ministro dos Negócios Exteriores, o Marquês de Abrantes, em ceder às demandas de reparação, Christie ordenou

---

[48] Arquivo Público do Estado de São Paulo (APESP), Secretaria de Polícia da Província, Caixa 2500, Interrogatório de Benedito, escravo de Joaquim Policarpo Aranha, 15 mar. 1863.

[49] Sobre a Questão Christie, ver: MANCHESTER, Alan. *British Preeminence in Brazil: Its Rise and Decline*. Chapel Hill: University of North Carolina Press, 1933; GRAHAM, Richard. Os fundamentos da ruptura de relações diplomáticas entre o Brasil e a Grã-Bretanha em 1863. A "Questão Christie". *Revista de História*, v. 24, n. 49, jan./mar., 1962, p. 117–137, 379–400; BETHELL, Leslie. *The Abolition of the Brazilian Slave Trade*: Britain, Brazil and the Slave Trade Question, 1807-1869. Cambridge [Eng.]: University Press, 1970; CONRAD, Robert. Neither Slave nor Free: The Emancipados of Brazil, 1818-1868. HAHR, v. 53, n. 1, 1973, p. 50–70; MAMIGONIAN, Beatriz. Building the Nation, Selecting Memories: Vitor Meireles, the Christie Affair and Brazilian Slavery in the 1860s. In: COTTIAS, Myriam; ROSSIGNOL, Marie-Jeanne (eds.). *Distant Ripples of the British Abolitionist Wave*: Africa, Asia, and the Americas. Trenton, NJ: Africa World Press, 2017; YOUSSEF, Alain El. Questão Christie em perspectiva global: pressão britânica, Guerra Civil norte-americana e o início da crise da escravidão brasileira (1860-1864). *Rev. Hist*. (São Paulo), n. 177, 2018, p. 1-26; RYAN, Maeve. British Antislavery Diplomacy and Liberated African Rights as an International Issue. In: ANDERSON, Richard; LOVEJOY, Henry B. (Eds.) *Liberated Africans and the Abolition of the Slave Trade, 1807-1896*. Rochester, NY: University of Rochester Press, 2020, p. 215-237.

[50] CHRISTIE, William D. *Notes on Brazilian Questions*. London, Cambridge: Macmillan and co., 1865.

o bloqueio do porto do Rio em 31 de dezembro de 1862. Em poucos dias, a marinha britânica capturou cinco navios mercantes brasileiros em águas nacionais, gerando por todo o Brasil rumores de que uma guerra entre os dois países estava para começar.

Os dois Beneditos de São Paulo, portanto, revelaram o que pensavam sobre esse momento de inflexão na política externa brasileira que acabou levando D. Pedro II a romper relações com a Inglaterra entre 1863 e 1865. A leitura em voz alta dos jornais da época suscitou uma interpretação alternativa da Questão Christie por parte dos escravizados que participavam direta ou indiretamente da cultura letrada. Embora a represália naval britânica tenha sido propalada como desafio à soberania nacional por proprietários e cidadãos livres, no entender de parte da população cativa, a intervenção inglesa sinalizava apoio à causa da abolição, já que questionava a ordem política que sustentava o escravismo no Brasil. Embora a referência à princesa inglesa não seja clara, o certo é que os escravizados de Campinas planejavam se rebelar por volta da Semana Santa por acreditar contar com a ajuda militar da Inglaterra e com a piedade abolicionista da princesa. A conspiração de que os Beneditos fizeram parte espalhou-se em 1863 pelos municípios de Belém, Constituição, Limeira, Vila da Piedade, Amparo e Indaiatuba, onde viviam cerca de trinta mil escravizados.[51]

No ano seguinte, em Minas Gerais, os insurgentes do Serro e Diamantina planejaram uma rebelião de forma similar após ler e ouvir falar que os jornais repercutiam debates parlamentares sobre a emancipação e notícias sobre a Guerra de Secessão (1861-1865)

---

[51] XAVIER, Regina Célia Lima. *Tito de Camargo Andrade:* religião, escravidão e liberdade na sociedade campineira oitocentista. Tese de Doutorado (História), UNICAMP, 2002, p. 79.

nos Estados Unidos.⁵² José Cabrinha, pedreiro letrado na liderança do movimento que reuniu escravizados e libertos das fazendas, minas de diamante e quilombos do Vale do Rio Jequitinhonha, explicou o levante como "um plano para haver a liberdade, pois que estavam lendo as folhas, e por ela, viam que todos os escravos estavam livres, mas que os brancos ocultavam isso, para não chegar ao conhecimento dos escravos".⁵³ Pelos autos criminais de 1864, vemos que os escravizados Demétrio, Cabrinha e David sabiam ler e escrever, tendo escrito diversas cartas que conectaram os participantes nas cidades vizinhas de Serro e Diamantina. Sebastião disse "ler muito mau [sic] a letra redonda"⁵⁴, enquanto Adão e Nuno não especificaram seu grau de letramento, tendo este último pelo menos a habilidade de ler.⁵⁵ Além deles, o liberto Herculano Manoel de Barros declarou "saber ler e escrever mal".⁵⁶ Dentre vários níveis de educação, é bem possível que os insurgentes tenham "perdido tempo", como disse Richard Burton, lendo as manchetes de jornais como *O Jequitinhonha* nas vendas do norte mineiro, concluindo que a abolição era iminente no Brasil.

    O levante reuniu mais de quatrocentos escravos, quilombolas e libertos na sua maioria crioulos, mas também africanos. Planejada com antecedência desde maio de 1864, ele foi articulado por

---

⁵² MOTA, Isadora Moura. Rebelião Escrava nos Sertões Diamantinos. *Revista do Arquivo Público Mineiro*, v. 50, n. 1, jul./dez., 2014, p. 62-77; BARBOSA, Silvana Motta. A imprensa e o Ministério: escravidão e Guerra de Secessão nos jornais do Rio de Janeiro (1862-1863). In: CARVALHO, José Murilo; CAMPOS; Adriana Pereira. (Org.). *Perspectivas de cidadania no Brasil Império*. Rio de Janeiro: Civilização Brasileira, 2011, p. 139-141.
⁵³ ANRJ, processo-crime de insurreição, José Cabrinha (escravo), 1865, Terceiro interrogatório feito ao escravo Adão, 21 nov. 1864. fls. 75.
⁵⁴ *Ibid.*, Interrogatório ao réu Sebastião, 23 nov. 1864, fls. 98.
⁵⁵ Em uma das diversas contradições encontradas em seus interrogatórios, Adão afirmou que "José Cabrinha lhe mandara por Leonel uma carta, que ele interrogado rasgou e não leu". ANRJ, processo-crime de insurreição, José Cabrinha (escravo), 1865, fls. 79.
⁵⁶ *Ibid.*, José Cabrinha (escravo), 1865, Auto de Qualificação do réu Herculano Manoel de Barros, fls. 7.

escravizados com ofícios especializados através de reuniões secretas nas senzalas, de conversas nas tavernas e da troca de cartas. A data marcada era o dia 30 de outubro de 1864, quando todos os envolvidos esperavam se reunir no morro da Igreja do Rosário que ficava no centro do Serro. O plano era provocar um incêndio nas casas de dois negociantes de diamantes da cidade, dentre eles, o tenente-coronel que guardava todo o armamento da Guarda Nacional. Os insurgentes previam roubar o arsenal para enfrentar a população assim que ela viesse acudir o incêndio.

A rebelião acabou tomando um rumo um pouco diferente do planejado, porém, já que no início de outubro um dos participantes denunciou o movimento às autoridades do Serro. Como a liderança na cidade foi imediatamente presa, o levante acabou eclodindo de fato nas duas minas de diamantes mais ricas de Diamantina, as chamadas lavras do Barro e do Duro, que se localizavam no arraial de São João da Chapada. Ajudados pelos quilombolas, os insurgentes resistiram armados por mais de dois meses ao cerco policial. José Cabrinha, interrogado diversas vezes por seu papel como leitor dos jornais e autor de cartas entregues por Demétrio e Leonel aos demais, foi sentenciado à pena de galés por vinte anos. Outros sete escravizados sofreram penas de açoites combinados com o uso de ferro no pescoço. A severidade das penas refletia a preocupação das autoridades em punir exemplarmente escravizados cujo letramento avaliavam como sinônimo de rebeldia.

Planejada na época da Secessão norte-americana, a insurreição do Serro foi sufocada com a prevenção e força cabíveis a um país em estado de guerra. A eclosão do conflito contra o Paraguai levantou novamente os ânimos da população negra, assim como o temor da elite proprietária mineira, que procurou identificar inimigos externos para explicar o clamor de liberdade que advinha sobretudo dos cativos da zona rural. Tão cedo quanto em janeiro de 1865, temores de insurreição surgiram no termo de Juiz de Fora. Fazendeiros locais enviaram uma carta ao delegado, fazendo crer que existiam entre seus escravizados emissários ocultos – sobretudo italianos e judeus – aconselhando-os à insubordinação.[57] Em Conceição, no norte mineiro, além de supostos agentes mandados pelo governo paraguaio, os senhores lutavam contra a conhecida influência dos jornais, profusos em notícias da guerra:

> A imprensa da Corte que, talvez imprudentemente, tem publicado a tomada de escravos de propriedade brasileira pelos nossos inimigos do Paraguai, e Uruguai, de alguma sorte pode concorrer para o exaltamento dessa gente, que abunda neste Município, composto em sua quase totalidade, de fazendas agrícolas, de criação, e de fábricas de ferro, aonde são empregados muitas centenas de escravos, e a prudência aconselha, não somente todas as cautelas, como que estejamos de sobreaviso, para não sermos surpreendidos por alguma insurreição, que certamente agravará a lamentável situação por que passamos.[58]

Tais observações foram encaminhadas ao delegado de Conceição pela câmara municipal da cidade, reunida em sessão extraordinária durante abril de 1865. Se o planejamento efetivo de um levante ainda permanecia incerto, não pairava dúvida de que os escravizados sabiam que "os inimigos do país em suas correrias, e depredações, lançam mão dos de sua classe".[59] Em Taquaruçu e

---

[57] ANRJ, Ofícios da Presidência da Província (MG), IJ1, maço 778, Ofício enviado por Justino Ferreira Carneiro a Pedro de Alcântara Cerqueira Leite, 29 jan. 1865.
[58] APM, Seção Provincial, maço 1093 (1865 - 1º trimestre), Ofício enviado pelo delegado de polícia de Conceição, Antônio da Silva Pereira a Pedro de Alcântara Cerqueira Leite, 4 mar. 1865.
[59] *Ibid.*, Representação dirigida pela Câmara Municipal de Conceição ao presidente de Minas Gerais, Pedro

Jaboticatubas, distritos de Caeté, corriam boatos semelhantes. O capitão João Batista dos Santos descobriu, em fevereiro daquele ano, que escravizados de sua fazenda em combinação com outros de pelo menos mais quatro propriedades esperavam apenas a ocasião certa para um levante. Em suas conversas, insurgentes diziam "que a guerra atual era a favor deles, que, se os nossos contrários vencessem, e os brasileiros perdessem, que eles escravos ficariam libertos, e os brancos do Brasil cativos".[60] No termo de Santo Antônio de Paraibuna, o assassinato de todos os brancos sob a liderança de escravizados letrados "que viviam como se fossem livres" era esperado para o dia 17 de outubro, quando a Guarda Nacional se reuniria na cidade.[61]

Em março de 1866, desta feita em Pernambuco, escravizados das cercanias de Recife organizaram outro levante para exigir que as autoridades apresentassem suas cartas de alforria. Insurgentes dos Engenhos Belém, Condado e Ora em parceria com quilombolas do município de Pau d'Alho pegaram em armas para "gritar a liberdade dos escravos" e "se tomar o papel da Liberdade que estava em poder do Tenente Coronel Luís de Albuquerque Maranhão".[62] A liberdade era um ideal que possuía materialidade, inscrita como era em documentos almejados por tantos insurgentes ao longo do século XIX. Muitos imaginavam que a emancipação seria outorgada pelo governo imperial, talvez por entender que o Estado, assim como os ingleses, paraguaios, italianos, judeus e tantos outros ofereciam

---

de Alcântara Cerqueira Leite, 6 mar. 1865.
[60] *Ibid.*, Ofício enviado pelo delegado de Caeté, Caetano de Souza Telles Guimarães a Pedro de Alcântara Cerqueira Leite, 19 fev. 1865.
[61] *Ibid.*, Ofício enviado pelo delegado de Paraibuna, Justino Ferreira Carneiro a Pedro de Alcântara Cerqueira Leite, 18 set. 1865.
[62] ANRJ, Série Justiça, IJ1 mação 336, Auto de perguntas feitas ao mulato de nome Leandro, escravo do Capitão Jacinto Gomes Borges Uchoa, pelo delegado Cristóvão dos Santos Cavalcante, 8 mar. 1866.

um contrapeso ao poder de seus senhores. À autoridade da palavra escrita, portanto, juntava-se a imaginação geopolítica dos negros sobre quem eram os amigos da liberdade no mundo atlântico.

Considerações finais

Rastros escritos e tradições orais se mesclavam na experiência cotidiana de escravizados e livres ao longo do século XIX. Qualquer separação rígida entre as duas esferas obscurece o fato de que a consciência histórica de agentes subalternos se fazia para além dos sentidos registrados em textos produzidos por pessoas letradas. A ideia de que o que vale é aquilo que está escrito, de que uma fonte corresponde à transcrição do passado em seu estado original, está na base de uma visão elitista da história do letramento no Brasil. O mergulho na cultura política dos escravizados, portanto, diversifica nossa compreensão do período imperial ao demonstrar que os sentidos da liberdade eram também concebidos na intersecção entre a oralidade e a palavra escrita. As narrativas orais sobre a iminência da emancipação que circulavam no dia a dia da escravidão, por exemplo, são uma forma de documentar e historicizar identidades negras. Em suas conversas, escravizados e libertos partilhavam conhecimento sobre os eventos que consideravam culturalmente significativos, inscreviam o noticiário de seu tempo em rituais religiosos ou outras práticas de resistência, e construíam a memória de si mesmos como comunidade insurgente, ainda que sempre perpassada por tensões internas. Em outras palavras, há evidências históricas a serem encontradas nas práticas negras de lembrar e transmitir informações oralmente.

Nas páginas dos jornais que liam ou ouviam ler quase sempre tempos depois de sua data original de publicação, insurgentes confirmavam expectativas de que a emancipação não tardaria. Suas visões de liberdade eram corroboradas não apenas pelas notícias sobre a diplomacia inglesa ou o avanço da abolição nas Américas, mas também pela retórica política doméstica de que mudanças repentinas na escravidão brasileira virariam o mundo de cabeça para baixo. Advertências impressas de que a abolição radical destruiria a organização agrícola do país, de que a propaganda abolicionista comprometia os direitos de propriedade ou de que o gradualismo era tudo que o Estado imperial podia arcar sem comprometer a ordem pública em muito alimentaram o abolicionismo negro. Perspectivas insurgentes sobre o mundo político oitocentista, no entanto, eram distintas do que transpareciam literalmente na imprensa: escravizados frequentemente radicalizaram discursos impressos para reivindicar o fim imediato – e não gradual – do cativeiro.

O rumor, gênero de discurso que registrava como escravizados antecipavam o resultado político de suas lutas, pode ser visto, então, como chave interpretativa da relação entre letramento e ativismo negro. Expressão da consciência política de trabalhadores pobres, ele viabilizava a circulação textual entre um contrapúblico que assim formava redes de solidariedade e transmissão de conhecimento através das gerações. Por meio da leitura ativa, aprendia-se sobre as ideias que mobilizariam outras pessoas na busca pela liberdade. Através da carta de alforria escrita, materializava-se a manumissão. A oralidade transcrita em papel ou a escrita transmitida e reinventada pela palavra falada incorporavam trabalhadores pobres e escravizados num mundo letrado supostamente reservado somente aos brancos.

Capítulo 2

Letramento, escravidão e mocambos: livros encontrados num rancho quilombola no Espírito Santo oitocentista

Iamara da Silva Viana e Flávio dos Santos Gomes

Neste capítulo apresentamos um documento inédito revelando a localização de livros e manuscritos num rancho de quilombola. São evocadas questões iniciais a respeito das expectativas de alfabetização e posse de livros entre escravizados e libertos. Horizontes de letramento podiam estar próximos não só de cativos que trabalhavam na casa grande, mas também de senzalas e mocambos. Mesmo nos quilombos, não havia isolamentos sociais que excluíam o acesso às senzalas, as trocas mercantis e a circulação de notícias atlânticas. Diante das questões de ensino da História da África, da escravidão e da pós-emancipação, assim como do reconhecimento dos territórios, culturas ancestrais e a possibilidade de implementar políticas públicas, oferecemos reflexões sobre o passado da escravidão e o presente da educação quilombola.

O ensino de História tem encontrado muitos desafios. Interesses crescentes por patrimônios materiais e imateriais possibilitam a inclusão de renovados conteúdos ao currículo escolar.¹ Precisamos mais do que leis para adicionar conhecimento acerca das populações negras, das experiências da escravidão e dos legados africanos como partes fundamentais da história do Brasil. Perspectivas dialógicas entre história, poder e identidades apontam para a relevância de investigações sobre formações coloniais e pós-coloniais.²

Neste breve artigo apresentamos reflexões preliminares sobre possíveis conexões entre letramento, alfabetização e liberdade a partir de uma fonte inédita, o registro policial a respeito de investigações numa invasão de um rancho no século XIX, na província do Espírito Santo. O principal objetivo desta transcrição é chamar a atenção para investigações e abordagens que possam perseguir indícios e significados de letramento e educação para africanos, seus descendentes, cativos, libertos ou livres em diversos contextos da sociedade escravista.

Do documento: silêncios, relações de poder e especulação

Produzida pelas autoridades policiais de Nova Almeida, distrito do que é atualmente o município de Serra, a correspondência de 20 de agosto de 1861 – depositada no Arquivo Público do Estado do Espírito Santo – descreve uma invasão em um rancho quilombola. Não eram incomuns ações de repressão – levadas a

---

[1] Ver entre outros as pesquisas articulando memória social, educação e comunidades quilombolas: ANDRADE, Patrícia Gomes Rufino. *A educação no quilombo e os saberes do quilombo na escola*. Curitiba: Appris Editora, 2018; ANDRADE, Patrícia Gomes Rufino. Práticas culturais afro-brasileiras: construindo referências em educação quilombola. In: MERLER, Alberto; FOERSTE, Erineu; PAIXÃO, Laura Maria Bassani Muri; CALIARI, Rogério. (Org.). *Diálogos interculturais em terras capixabas*. Vitória: EDUFES, 2012, p. 362; ANDRADE, Patrícia Gomes Rufino. Discutindo inclusão nas perspectivas da Educação das Relações Étnico-Raciais (ERER) afro-brasileiras. In: SILVA, Circe Mary Silva da; WAGNER, Vânia Maria Santos; MARCILINO, Ozirlei Teresa; FOERSTE, Erineu. (Org.). *Metodologia da pesquisa em educação do campo*. Vitória: EDUFES, 2009, p. 13-89; GUIMARÃES, Aissa A.; OLIVEIRA, Osvaldo Martins. *Jongos e Caxambus*: culturas afro-brasileiras no Espírito Santo. Vitória: PROEX/UFES, 2018

[2] TROUILLOT, Michel-Rolph. *Silenciando o passado*: poder e a produção da História. Curitiba: Huya, 2016.

cabo por autoridades ou mesmo por fazendeiros e seus agregados – localizando acampamentos provisórios e improvisados quilombos já estabelecidos nas terras ou fronteiras de grandes propriedades. Em Nova Almeida, naquela ocasião, a novidade ficou por conta dos objetos então encontrados e "entregues como pertencentes a um quilombola". No rancho cercado e invadido, havia "um folheto da segunda coleção de cartas para meninos aprenderem a ler", "uma cartilha", "dois pedaços de Compêndio de Orthografia", além dos "translados de escrituras de Liberdade". O quilombola perseguido era acusado de roubos e mesmo de assassinatos. Teria mesmo invadido senzalas e efetuado saques? Imagens de quilombos – redutos de heróis obtusos – ou de escravizados sem cultura política têm sido criticadas em vários estudos e pesquisas. Sempre houve conexões entre senzalas, quilombos, revoltas, leis emancipacionistas e contextos atlânticos. Também registros sobre escolas, letramento, alfabetização e a respeito de escravizados que sabiam ler e escrever começam a ser descortinados.

Mas o que fazia um quilombola com livros e escritos escondidos em seu rancho? Teria simplesmente roubado? Um especial interesse por escritos, posto ter algum conhecimento de leitura? Tentava se apoderar de algo rentável para futuras trocas com escravizados, outros quilombolas e mesmo a população livre negra? Pouco sabemos. Há uma referência nesta correspondência policial que sugere pensar que os "livros", "folhetos", "cartilhas" e "compêndio" encontrados no rancho eram mesmo de propriedade e uso do quilombola, pois constava, segundo a declaração da índia Maria Genoveva, "que o quilombola a prepara com a escrita [?] no quitungo de sua [ilegível]". A informação "prepara com a escrita" nos leva a supor a existência de práticas de escrita e algum treinamento.

Não foi incomum aparecerem informações de cativos letrados até mesmo em anúncios de fugidos, mencionando as dificuldades de captura. Episódio interessante aconteceu com o "bem falante e habilidoso" pardo João, que sabia "ler e escrever", além de "tocar flauta, gaita, viola, ajudar na missa e trabalhar sofrivelmente de carpinteiro e alfaiate". As peripécias e mesmo a ousadia da sua fuga são contadas pelo padre Manoel Gomes de Figueiredo, seu proprietário, um carrancudo dono de engenho no termo do Divino Espírito Santo de Inhambupe, província da Bahia. Sua fuga acorreu nos últimos dias de 1846, talvez na noite de Natal, depois da missa. No início de 1847, João já era praça na charrua "Corvóia" e, logo depois, grumete na corveta "Bertioga". Adoeceu e foi parar no Hospital de Marinha da Corte. Descoberto, tratou novamente de fugir. Com o nome falso de José de Figueiredo, parecia que estava agora em Macaé, no interior do Rio de Janeiro, de onde tinha a audácia de escrever cartas para o seu senhor e mesmo para outros escravizados. Nelas, ridicularizava a possibilidade de ser capturado, alegando que estava bem protegido em Pernambuco, e incentivava outros escravizados a fugirem. Os carimbos do correio denunciaram o pardo João, que, entretanto, continuaria longe das mãos do desmoralizado padre e seu senhor. Este, ainda em 1853, pedia às autoridades para localizá-lo.[3]

No caso de Nova Almeida no Espírito Santo, o fato de Maria Genoveva ser "uma índia" reforça as dimensões complexas das sociabilidades entre indígenas e africanos (assim como os descendentes de ambos) em diferentes contextos. É possível especular que os quilombolas, ao se interiorizarem, podem ter

---

[3] A fonte encontra-se no Arquivo Público do Estado do Rio de Janeiro, Fundo Secretaria de Polícia da Província (SPP), coleção 166, documento 07, 13 out. 1853.

ajudado a expandir as variações das "línguas gerais" e depois a língua portuguesa, a catequese e mesmo formas de escrita junto às populações indígenas. Um exemplo vem do Mato Grosso colonial. Havia ali um grande quilombo desde meados do século XVIII chamado *Quariterê*, depois conhecido como *Piolho*. Por volta de 1770, foi atacado e considerado destruído. Nele foram capturados entre homens, mulheres e crianças mais de 100 quilombolas, sendo 30 indígenas. Mas ele foi reconstruído e voltou a sofrer ataques em 1795 numa expedição comandada pelo bandeirante Francisco Pedro de Mello. Uma tropa, reunindo um pouco mais de 50 pessoas, entre guias, carregadores e soldados, embarcou no porto de Vila Bela, descendo o rio Guaporé. Numa expedição que durou meses, foram descobertos consideráveis mocambos formados por muitos indígenas e negros. Ao todo foram capturados 54 quilombolas, sendo 6 negros, 27 índios e 21 "caborés" (denominação para os descendentes dos índios miscigenados com os negros). Contaram-se 24 homens e 30 mulheres, incluindo crianças, sendo ali encontrados remanescentes do quilombo do Quariterê atacado em 1770. Havia apenas "seis vivos presentemente, os quais eram os regentes, padres, médicos, pais e avós do pequeno povo que formava o atual Quilombo". Assim, a população deste mocambo entre 1770 e 1795 ganhara nova conformação. Era comandado por alguns negros – entre os quais remanescentes dos antigos mocambos –, mas tinha uma população preponderante de indígenas e caborés. Ali "os caborés e índios de maior idade sabiam alguma doutrina cristã que aprenderam com os negros, e que se instruíram ela suficientemente e com gasto nesta capital [Vila Bela] onde se falaram português com a mesma inteligência dos pretos, de que aprenderam e com todos estavam prontos para receber o batismo".

Se a historiografia apresentou produção significativa sobre os quilombolas, houve pouco investimento em análises sobre diferentes sociabilidades e visões que podiam incluir expectativas de letramento. Um exemplo ainda pouco explorado é de Cosme Bento das Chagas, ex-escravo que comandou a maior revolta popular camponesa no Brasil Imperial, a Balaiada, no Maranhão, entre 1838 e 1841. Consta que nasceu escravo no alvorecer do século XIX, na Capitania do Ceará, em Sobral. Havia ali também uma conhecida irmandade negra de Nossa Senhora do Rosário, que já tentava organizar escravizados para que obtivessem alforria e a escolarização dos libertos e filhos destes. Cosme vai conquistar sua alforria no final da década de 1820. Como liberto, ele vai migrar para a então província do Maranhão, sendo preso e depois se refugiando nos quilombos que existiam em várias partes daquela província. As repercussões da revolta Balaiada chegam até os vários quilombos, fazendo aumentar a movimentação deles. Escapando da cadeia em São Luís, Cosme vai engrossar as fileiras rebeldes, logo se tornando uma liderança. Muitas vezes chamado de "Dom Cosme Bento das Chagas, Tutor e Imperador da Liberdade Bem-Te-Vi", Cosme vai comandar tropas de mais de três mil quilombolas, que estavam instalados no conhecido quilombo em Lagoa Amarela, nas margens do rio Itapecuru. Cosme teria tentado organizar no quilombo também uma escola para alfabetização, talvez seguindo os exemplos que pode ter conhecido na irmandade do Rosário, em Sobral.[4]

Uma abordagem preliminar a respeito dos achados no rancho quilombola capixaba ajuda a evocar estratégias possíveis

---

[4] Agradecemos as indicações de Mundinha Araujo, Matthias Assunção e Raimundo Nonato de Souza.

desenvolvidas por quilombolas para o acesso ao letramento e à liberdade. Dominar os códigos de escrita e leitura na sociedade oitocentista poderia significar muito mais do que *saber*, poderia constituir uma das várias possibilidades de pensar a liberdade. A correspondência de 1861 sugere interessantes questões, entre as quais as dimensões simbólicas entre escrita, oralidade, leitura, documentos ditados pelos escravizados etc. Não podendo ter acesso à escolarização formal, podemos inferir o valor de uma cartilha e de um compêndio de ortografia para escravizados e seus descendentes. Assim, o terceiro elemento encontrado com o quilombola acusado de roubos e assassinatos – os "translados de escrituras de Liberdade" – se tornou uma ferramenta naquele Brasil escravista oitocentista. Dominando tais códigos, teriam acesso à legislação, podendo interferir em negociações possíveis. Da mesma forma, abordagens recentes se depararam com um documento escrito pelos libertos de Paty de Alferes à Rui Barbosa, em abril de 1889, requerendo que os 5% do Fundo de Emancipação fosse utilizado para a educação de seus filhos.[5]

Embora com recortes temporais diferentes, ambos os documentos podem auxiliar na compreensão dos significados do letramento na sociedade escravista do século XIX. Em 1861, em que medida os achados de escritos com um quilombola causaram preocupação às autoridades locais? Afinal, exigia-se

---

[5] Documento localizado pela historiadora Wlamyra Albuquerque no acervo da Fundação Casa de Rui Barbosa. Sobre o documento escrito pelos onze libertos de Paty de Alferes, ver: RIBEIRO NETO, Alexandre, VIANA, Iamara da Silva; GOMES, Flávio dos Santos. Escritos insubordinados entre escravizados e libertos no Brasil. *Estudos Avançados*, v. 33, Instituto de Estudos Avançados/USP, 2019, p. 55-177. A respeito de letramento e abolicionismo, ver: MACHADO, Maria Helena; GOMES, Flávio dos Santos. Eles ficaram "embatucados", seus escravos sabiam ler: abolicionistas, senhores e cativos leitores no alvorecer da liberdade. In: MAC CORD, Marcelo; ARAÚJO, Carlos Eduardo Moreira de; GOMES, Flávio dos Santos. (Org.). *Rascunhos Cativos*: educação, escolas e ensino no Brasil escravista. Rio de janeiro: 7 Letras, 2017, p. 253-283.

"dar providências" segundo o delegado que recebeu a denúncia. Sociabilidades demonstram o quão articulados poderiam ser os quilombolas nos cenários escravistas. Ser "acoitado" não significava ser protegido somente pelos seus, mas provavelmente por quem poderia ter ou obtinha lucros com a produção dos quilombos. Avaliar contextos, documentos escritos e inscrições sociais e políticas estava em jogo, também no passado da escravidão e dos quilombolas, entre silêncios e discursos.[6]

É essencial revisitar arquivos. Mais do que verdades cristalizadas – escondidas ou perdidas –, localizamos fontes, narrativas e fundamentalmente podemos especular frente aos limites dos arquivos para o conhecimento histórico. Nos deslocamos entre o "tédio da busca" e as formas de engajamento diante daquilo desconhecido ou mesmo incontornável de possibilidades cognitivas formais. É impossível a recuperação total de sujeitos e processos, e também avaliamos como as estruturas de poder naturalizadas dos arquivos podem criar armadilhas ou quem sabe sugerir epistemologias, diante de formas de experimentar narrativas perante silêncios e negações.[7]

Dos remanescentes: educação, história e cidadania

No Brasil contemporâneo, nas questões mais atuais, se destaca o tema das comunidades remanescentes de quilombos

---

[6] Ver: SCOTT, James C. *A dominação e a arte da resistência:* discursos ocultos. Letra Livre, Lisboa, 2013, capítulo 1.
[7] Dialogamos aqui com FERRER, Ada. Slavery, Freedom, and the Work of Speculation, *Small Axe*, v. 23, n. 58, 2019, p. 220-228; GIKANDI, Simon. Rethinking The Archive of Enslavement, *Early American Literature*, v. 50, n. 1, 2015, p. 81-102; HARTMAN, Saidiya. Lose Your Mother: A Journey along the Atlantic Slave Route. Nova Iorque, Farrar, Straus and Giroux, 2007; SMALLWOOD, Stephanie E. The Politics of the Archive and History's Accountability to the Enslaved. *History of the Present 6*, n. 1, 2016, p. 117-132.

e dos direitos constitucionais de titulação de suas terras.[8] Com ele, os significados de pensar a escravidão, a pós-emancipação e o ensino de história.[9] No Brasil – nas suas faces rurais – várias paisagens se formaram e continuam se desenvolvendo a partir das experiências de um campesinato negro originado na escravidão. Estudiosos de várias áreas do conhecimento – História, Educação, Geografia, Linguística, Sociologia, Antropologia e Direito – têm se mobilizado para entender os quilombos do passado e do presente. Que microssociedades criaram? Como foram as suas culturas? De que formas conseguiram se reproduzir em diferentes *tempos, espaços e territórios*? Estas são algumas das indagações antigas e atuais em várias pesquisas. Mais do que isso, os quilombos atuais têm se organizado em entidades, associações e lideranças para defender seus direitos e memórias.

---

[8] Sobre quilombos, patrimonialização, história da África e movimentos sociais: DOMINGUES, Petrônio; GOMES, Flávio dos Santos. História dos quilombos e memórias dos quilombolas no Brasil: revisitando um diálogo ausente na lei 10.639/03. *Revista da Associação Brasileira de Pesquisadores(as) Negros(as) - ABPN*, v. 5, 2013, p. 5-28; MATTOS, Wilson Roberto; GOMES, Flávio dos Santos. Em torno de Áfricas no Brasil: bibliografias, políticas públicas e formas de ensino de História. In: FEITOSA, Lourdes Conde; FUNARI, Pedro Paulo; ZANLOCHI, Terezinha Santarosa. (Org.). *As veias negras do Brasil*: conexões brasileiras com a África. Bauru: Editora da Universidade do Sagrado Coração, 2012, p. 45-78; SILVA, Ana Carolina Lourenço; GOMES, Flávio dos Santos. A lei 10.639 e a patrimonialização da cultura: quilombos, Serra da Barriga e Palmares – primeiros percursos. In: CHEVITARESE, André; GOMES, Flávio dos Santos. (Org.). *Dos artefatos e das margens:* ensaios da história social e cultura material no Rio de Janeiro. Rio de Janeiro: 7 Letras, 2018, p. 146-157.

[9] A área de ensino de História tem crescido quantitativa e qualitativamente, possibilitando novas visões e reflexões acerca do tema. Diferentes historiadores têm investido seriamente em pesquisas relativas às diversas possibilidades de construção do ensino histórico, dentre os quais destacamos: BARRA, Sérgio; MELLO, Juçara. Ensino de história, patrimônio cultural e memória social: desafios e possibilidades de uma comunidade escolar em Madureira/RJ. *Revista Brasileira de História da Educação*. Maringá, Paraná, v. 17, n. 4 (47), out./dez., 2017, p. 132-162; MELLO, Juçara S. B. de; VIANA, Iamara da Silva. Educação Patrimonial e Ensino de História: diálogos. Revista Encontros, número 20, janeiro/julho de 2013. Rio de Janeiro: Colégio Pedro II, 2013.; BITTENCOURT, Circe Maria Fernandes. *Ensino de História: fundamentos e métodos*. São Paulo: Cortez, 2011; MONTEIRO, Ana Maria. *Professores de História:* entre saberes e práticas. Rio de Janeiro: Mauad, 2007; XAVIER, Giovana. Já raiou a liberdade: caminhos para o trabalho com a história da pós-abolição na Educação Básica. In: MONTEIRO, Ana Maria; PEREIRA, Amilcar Araújo. *Ensino de História e culturas afro-brasileiras e indígenas*. Rio de Janeiro, Pallas, 2013; ALBERTI, Verena. Algumas estratégias para o ensino de história e cultura afro-brasileira. In: MONTEIRO; PEREIRA, 2013; MATTOS, Ilmar Rohloff. "Mas não somente assim!" Leitores, autores, aulas como texto e o ensino-aprendizagem de História. *Tempo*. Rio de Janeiro, v. 11, n. 21, p. 5-16.

Os quilombos foram uma das principais faces da história das formações camponesas negras. Nunca se mantiveram isolados. Improvisadamente sólidos se moviam, e, sobretudo, se articulavam com as diversas paisagens ecológicas e humanas, com alianças circunstanciais com populações indígenas, aquelas ribeirinhas, povoados e vilas, estabelecendo trocas mercantis. Em muitas dessas áreas, quilombolas seriam ao mesmo tempo agricultores, pescadores e criadores de gado. Desse modo – posto que múltiplos –, quilombolas se tornariam invisíveis, nunca isolados, mas relacionados a setores livres (muitos negros e mestiços) e escravizados. Senzalas, casebres de camponeses em suas vilas, libertos, população pobre (parte da qual descendente de indígenas), mocambos e quilombolas se articulariam em territórios grandes, médios, pequenos, volantes e provisórios.[10]

Fugas coletivas, doações de terras, migrações de comunidades negras rurais (originadas da população negra já livre) e *quilombos* formariam novas paisagens atravessando séculos. Tais paisagens ficariam protegidas parte do tempo, não da fauna e flora de florestas temperadas, mas do olhar do poder público. Nos séculos XX e XXI, os *quilombolas* nunca desapareceram, porém se tornaram invisíveis posto que não percebidos – enquanto nomenclaturas e reconhecimento de serem antigos mocambos/quilombos – pelas

---

[10] Sobre as definições de quilombos: ARIZZA, Marília; MACHADO, Maria Helena, GOMES, Flávio dos Santos. Quilombos. In: BURNARD, Trevor. (Org.). *Oxford Bibliographies – Atlantic History.* Oxford: Oxford, 2019; EXALTAÇÃO, Edmeire; GOMES, Flávio dos Santos. Remanescente de Quilombo (verbete). In: MOTTA, Márcia. (Org.). *Dicionário da Terra.* Rio de Janeiro: Civilização Brasileira, 2005, p. 398-401; GOMES, Flávio dos Santos. Quilombos e remanescentes de quilombos. In: SCHWARCZ, Lilia Moritz; GOMES, Flávio dos Santos. (Org.). *Dicionário da Escravidão e Liberdade:* 50 textos críticos. São Paulo: Companhia das Letras, 2018, p. 367-376; GOMES, Flávio dos Santos. Quilombola (verbete). In: MOTTA, 2005, p. 382-384; GOMES, Flávio dos Santos. Terra de Preto (verbete). In: MOTTA, *op. cit.*, p. 467-468.

políticas públicas de recenseamentos, de apoio à agricultura e de créditos rurais.

Muitas comunidades ficaram isoladas, não em termos econômicos, geográficos, culturais ou sociais, mas sim estigmatizadas pelo preconceito uma vez associado somente a famílias negras, supostamente reativas a integração ou mistura. Estas foram imagens racializadas que não conseguiram destruir inúmeras culturas comunitárias, de múltiplas gerações e com o passado na escravidão africana que se desenvolveriam em várias partes do Brasil. No Espírito Santo não seria diferente.[11]

Certamente em várias partes capixabas e junto às memórias geracionais de suas populações negras surgiriam comunidades rurais cujos habitantes descendem diretamente de grupos de escravizados fugidos e mesmo de libertos e negros livres a eles articulados. "Remanescente de quilombos" foi o termo cristalizado na Constituição Brasileira de 1988, com destaque para os artigos 68 dos ADCT (Atos das Disposições Constitucionais Transitórias) da Constituição Federal e 216 da Cultura.[12] A definição abrangente

---

[11] Ver sobre quilombos no Espírito Santo no período da escravidão: MOREIRA, Vânia Maria Losada. Entre índios e escravizados armados: alianças interétnicas e formação de quilombos na província do Espírito Santo, 1808-1850. *Luso-Brazilian Review*, v. 51, 2014, p. 36-67; SOARES, Geraldo Antônio. Quando os escravizados fugiam: Província do Espírito Santo, últimas décadas da escravidão. *Estudos Ibero-Americanos*, Porto Alegre, v. XXIX, n. 1, 2003, p. 53-72. Ver também: MARTINS, Sandra; GOMES, Flávio dos Santos. Dos horizontes e das políticas da memória: sobre a história e o ensino de história da escravidão e da pós-emancipação no Brasil. In: CAMPOS, Adriana Pereira; SILVA, Gilvan Ventura da Silva, MOTTA, Kátia Sausen da. (Org.). *O Espelho negro de uma nação*: a África e sua importância na formação do Brasil. Vitória: EDUFES, 2019, p. 191-220; MOTTA, Márcia M.; GOMES, Flávio dos Santos. Terras e territórios da liberdade: notas de pesquisas sobre posseiros, camponeses negros e remanescentes de quilombos. In: CAMPOS, Adriana Pereira; SILVA, Gilvan Ventura da. (Org.). *Da África ao Brasil*: itinerários históricos da cultura negra. Vitória: Universidade, 2007, p. 159-205; GOMES, Flávio dos Santos. Paisagens, cenários e memórias: roceiros e camponeses na escravidão e na pós-emancipação no Brasil. In: CAMPOS, Adriana Pereira; SILVA, Gilvan Ventura da. (Org.). *A Escravidão Atlântica*: do domínio sobre a África aos movimentos abolicionistas. Vitória, ES: GM, 2011, p. 73-90.

[12] É fundamental reconhecer as pesquisas pioneiras de Glória Moura na década de 1970 e início dos anos de 1980. Ver: MOURA, Glória. Os Quilombos Contemporâneos e a Educação. *Humanidades*, Brasília, v. 47, 1999.

e operacional se transformou em ferramenta no sentido do reconhecimento dos direitos sobre a posse da terra e a cidadania. Porém, muitas comunidades encontraram (ainda encontram) obstáculos para garantir direitos.

Nas últimas décadas, pesquisadores – tanto investigando experiências históricas dos quilombos nos séculos XVII, XVIII e XIX, como realizando etnografias contemporâneas – têm sugerido a ampliação da definição de "quilombo", assim como das comunidades remanescentes. Tem havido mesmo um movimento – do qual fazem parte igualmente os habitantes e as lideranças das próprias comunidades e sua luta por reconhecimento – identificado como de ressemantização do significado de quilombos. Tanto a acepção do termo "remanescente" quanto a política elaborada para os membros destas comunidades podem ser analisadas a partir de quatro suportes: memória, etnicidade, território e cidadania.[13]

Considerações finais

Para pensar cidadania, diretrizes educacionais e políticas públicas dos remanescentes, podemos considerar os significados – históricos, rituais, simbólicos e cosmogônicos – dos domínios dos códigos de leitura e escrita para os quilombolas do passado e os do presente na manutenção de suas identidades, culturas e memórias.[14]

Atualmente, as comunidades negras rurais remanescentes de quilombos no Espírito Santo já somam dezenas, isso fruto de

---

[13] Ver: ALMEIDA, Alfredo Wagner Berno de. Quilombos: sematologia face a novas identidades. In: *Frexal: Terra de Preto*. Quilombo reconhecido como Reserva Extrativista. São Luís: SMDDH/CCN, 1996, p. 11-19.

[14] Sobre as possibilidades de leituras de documentos coloniais e pós-coloniais articulados às lutas dos remanescentes de quilombos, ver: YABETA, Daniela; GOMES, Flávio dos Santos. Memória, cidadania e direitos de comunidades remanescentes (Em torno de um documento da história dos quilombolas da Marambaia). *Afro-Ásia* (UFBA. Impresso), v. 47, 2013, p. 79-117.

várias investigações reunindo pesquisadores e a conexão com a sociedade civil. Antropólogos, historiadores, geógrafos, fotógrafos e, sobretudo, pesquisadores não acadêmicos das associações quilombolas, articulados ou não a UFES e às organizações não governamentais, têm procurado acessar – reconstituir – as memórias e as histórias dos quilombos no Espírito Santo.[15]

As novas gerações de pesquisadores – e se destacam aqueles das áreas de Educação, História, Antropologia e Geografia – estão desafiadas a conectar memória e história para relocalizar as narrativas dessas comunidades negras rurais no Espírito Santo e em outras partes do Brasil.[16] Destaque para o Núcleo de Estudos Afro-brasileiros da Universidade Federal do Espírito Santo com inúmeros projetos e iniciativas de pesquisas (incluindo formação continuada de professores, orientação de Iniciação Científica, Mestrado e Doutorado).

No que tange à construção do ensino escolar de história e suas peculiaridades, as culturas quilombolas ainda não ocuparam o lugar desejado por uma parcela significativa de educadores, de pesquisadores e da sociedade brasileira.[17] A cultura, material e imaterial, negra e afrodescendente ganhou destaque nas últimas

---

[15] Pesquisas sobre comunidades negras rurais e remanescentes quilombolas no Espírito Santo podem ser acessadas por meio das dezenas de artigos, capítulos de livros, relatórios e livros dos antropólogos Osvaldo Oliveira e Sandro Silva. Ver entre outros. OLIVEIRA, Osvaldo Martins. *Projeto político de um território negro*. memória, cultura e identidade quilombola em Retiro, Santa Leopoldina - ES. Vitória: Milfontes, 2019; OLIVEIRA, Osvaldo Martins; AMORIM, Cleyde. R. (Org.) *Africanidades e seus zeladores*: identidades, religiosidades e patrimônio cultural. Vitória, UFES - Proex, 2017; SILVA, Sandro J. *Cartografia social das comunidades quilombolas e do carvão no Sapê do Norte*. Vitória, UFES, 2013.

[16] Sobre as abordagens entre quilombo e luta antirracista, ver: MORAES, Walacce; IORUBA, Togo (Gérson Theodoro); GOMES, Flávio dos Santos. Dos quilombos ao quilombismo: por uma história da luta antirracista no Brasil (notas para um debate), *Revista ABPN*, v. 8, 2016, p. 215-238.

[17] Destacam-se as iniciativas do Centro de Cultura Negra do Maranhão (CCNM) de educação quilombola no final da década de 1970 sob a coordenação da educadora e historiadora Maria Raimunda Araújo – com a *Cartilha Esta História eu Não conhecia*, que ensinava história e cidadania com material produzido e impresso que chegavam até as comunidades negras rurais do Maranhão.

décadas do século passado, mas ainda se encontra aquém do almejado. Embora a Constituição Federal tenha ampliado, por meio do seu artigo 216, a noção de patrimônio cultural brasileiro – bens de natureza material ou imaterial que referenciem "a identidade, a ação, a memória dos diferentes grupos formadores da sociedade brasileira" –, nem todos os grupos têm suas histórias e memórias contadas nos materiais didáticos.

O Decreto n. 3.551, de 4 de agosto de 2000, ao instituir o Registro de Bens Culturais de Natureza Imaterial e o Programa Nacional do Patrimônio Imaterial (PNPI), apresentou novas perspectivas: tornar atual as práticas de preservação do patrimônio cultural brasileiro e atender a necessidade de democratização do mesmo.[18] Já a Lei n. 10.639, de 2003, modificou o artigo 26 da Lei de Diretrizes e Bases da Educação de 1996, que, posteriormente, foi também alterada pela Lei n. 11.645, ao incluir a relevância do ensino da cultura indígena.[19] Nesse sentido, como inserir conhecimentos históricos a respeito da população escravizada e seus descendentes, dos mundos da escravidão e da pós-abolição nos atuais currículos?[20]

---

[18] Para renovadas questões, ver: ALMEIDA, Alfredo Wagner Berno de. Museus indígenas e quilombolas: os novos significados do conceito de processo de patrimonialização. *Revista do Patrimônio Histórico e Artístico Nacional*, Rio de Janeiro, IPHAN, v. 37, 2018, p. 39-57.

[19] Há uma consolidada bibliografia teórica e metodológica sobre currículo. Há também uma extensa contribuição de pesquisas (muitas bem recentes) que contemplam a questão étnica e antirracista na educação brasileira. Ver, entre outros: GOMES, Nilma Lino. O movimento negro brasileiro indaga e desafia as políticas educacionais. *Revista ABPN*, v. 11, 2009, p. 141-162; Libertando-se das amarras: reflexões sobre gênero, raça e poder. *Currículo sem Fronteiras*, v. 19, 2019, p. 609-627; Raça e Educação Infantil: À procura de Justiça. *Revista E-Curriculum (PUCSP)*, v. 17, 2019, p. 1015-1044; SILVA, Petronilha Beatriz Gonçalves e; GOMES, Nilma Lino. (Org.). *Experiências étnico-culturais para a formação de professores*. Belo Horizonte: Autêntica, 2006; SILVA, Petronilha Beatriz Gonçalves e. Crianças negras entre a assimilação e a negritude. *Revista Eletrônica de Educação (São Carlos)*, v. 9, 2015, p. 161-188; VERRANGIA, Douglas; SILVA, Petronilha Beatriz Gonçalves e. Cidadania, relações étnico-raciais e educação: desafios e potencialidades do ensino de ciências. *Educação e Pesquisa (USP. Impresso)*, v. 36, 2010, p. 705-718.

[20] Para uma abordagem pioneira em meados da década de 1980, ver: SILVA, Petronilha Beatriz Gonçalves e. A Educação no Limoeiro: uma comunidade de trabalhadores rurais negros. *Cadernos de Pesquisa (Fundação Carlos Chagas)*, v. 9, 1986, p. 121-131.

No processo de transformação social e na perspectiva de implementar diferentes leis acerca da cultura afrodescendente, os professores da Educação Básica têm ocupado lugar de destaque, posto que atuam na formação de cidadãos brasileiros mais conscientes da importância da África na nossa história. Organizar novas práticas, formas dinâmicas e eficazes de relacionar a educação patrimonial aos conteúdos canônicos se faz necessário no contexto de uma realidade em que a carga horária reservada à disciplina de História se apresenta reduzida. Questão igualmente relevante é a relação estabelecida com o universo cultural dos alunos. Tais ações concorrem para uma apreensão significativa de assuntos considerados de difícil compreensão, por sua distância no tempo e no espaço, pois que apropriados pelos discentes a partir de suas referências culturais.[21] Na medida em que essas referências são conhecidas, a memória torna-se refletida, e as lembranças, experiências, permitindo uma melhor assimilação da natureza histórica dos acontecimentos, contribuindo para a formação cidadã dos educandos.[22]

Apresentando e transcrevendo este documento original – do Fundo de Secretaria de Polícia, acervo do Arquivo Público do Estado do Espírito Santo –, a intenção foi divulgar registros históricos ímpares que proporcionam evocar as experiências de

---

[21] OLIVEIRA, Kiusam Regina de. O Mundo no Black Power de Tayó: entre a pedagogia da ancestralidade, a literatura do encantamento e o empoderamento negro. In: OLIVEIRA, Alexsandra Flávia Bezerra de; NUNES, Cícera; JUNIOR, Henrique Cunha; DOMINGOS, Reginaldo Ferreira. (Org.). *Artefatos da cultura negra*. Educação afropensada: repensar o currículo e construir alternativas de combate ao racismo. Curitiba: CRV, 2016, p. 83-90.

[22] Sobre o ensino de crianças e livros didáticos: OLIVEIRA, Regina Célia Rosário de; GOMES, Flávio dos Santos. Do quilombo ao quilombola. *Ciência Hoje das Crianças*, v. 240, 2012, p. 2-6; SANTOS, Lucimar Felisberto dos; GOMES, Flávio dos Santos. Personagens e Paisagens da escravidão no Brasil. In: SANTOS, Patrícia Teixeira. (Org.). *Os africanos dentro e fora da África*. Curitiba: Positivo, 2016, p. 15-48 e YABETA, Daniela; GOMES, Flávio dos Santos. Na escola quilombola. *Ciência Hoje das Crianças*, v. 251, 2013, p. 7-9.

escravizados, de livres, de libertos, de quilombolas e de assenzalados. Lições e aprendizados do passado-presente.

Anexo

Ilustríssimo Senhor

Tendo nesta data prestado ao Delegado do termo a informação que tenho a honra de por copia enviar a Vossa Senhoria devei de falar na mesma com varias circunstancias por seu parecer precedente levá-las diretamente ao conhecimento de Vossa Senhoria para se dignar de dar as providências que em sua sabedoria julgar necessárias, o que passo a fazer. Entre os objetos que pelo 3º suplente me foram entregues como pertencentes a um quilombola encontrado em um rancho nas matas do Capivary acham-se um folheto da segunda coleção de cartas para meninos aprenderem a ler, ainda novo, tendo no fim da primeira pagina o seguinte: Gregório – 23 de agosto de 1855: uma cartilha de doutrina, tendo na primeira lauda em branco o seguinte: pertence a Maria da Conceição da Victoria Pereira, essa penúltima o seguinte: Este livro pertence a João Trancoso Fêo (filho): dois pedaços de compêndio de ortografia, cosidos em forma de cadernos, para meninos aprenderem, em um dos quais acha-se também o nome de João Francisco Fêo, mas com um caráter de letra diverso do da cartilha, translados de escrituras de liberdade sendo um de uma escritura em que Domiciano dos Santos como testamenteiro de seu finado pai Francisco Pereira Gama conferiu liberdade a um escravo menor de nome João filho de Felipa; outro de uma escritura em que o mesmo Domiciano, na mesma qualidade de testamenteiro de seu pai conferiu liberdade uma quarta parte da escrava Felícia, passadas ambas na Vila do Espírito Santo pelo Tabelião Manoel Francisco de Sales, e outro de uma escritura, passada nessa cidade em vinte dois de Agosto 1846 pelo mesmo Tabelião Sales, pela qual Anna da Silva liberta pela quantia de cento noventa mil e quatrocentos reis, a metade de um escravo de nome João, que herdara de seu filho Modesto João Vieira, destes traslados os

dois primeiros se acham descritos no inventário que o então subdelegado Manoel de A. Rangel mandou fazer dos objetos contidos na mochila tomada ao quilombola, nada porem consta a respeito do terceiro, que é publico a que ter-lhe sido entregue por Manoel Soares Leite Vidigal, muito antes da apreensão dos outros. O mesmo Soares, por ocasião de aparecer no Provinciano a noticia de ter ele entregado ao subdelegado Rangel com respeito da liberdade que achara em um quitungo nas matas de sua situação sendo em presença de varias pessoas, que sim foi ele que entregou o tal papel, porém quem tinha achado foi o seu comprador José Carlos quando com ele e outras pessoas foi examinar o tal quitungo, mas o José Carlos por [?] do subdelegado negou não só tendo achado papel algum como terem ido com ele ao Soares [ilegível]. Dizem que o preto que se acha na cadeia dessa cidade fora visto no sertão de Loanda [?] na situação de Luis de Fraga Pereira e que dali desaparecera em fins de 1859. A Índia Maria Genoveva declarou que um agregado de Soares dito que o quilombola a prepara com a escrita [?] no quitungo de sua [ilegível]. São estas as circunstancias que julguei procedente levá-las diretamente ao [ilegível] de Vossa Senhoria e de á ela se acrescentar 1º. nunca de ter aqui falado em semelhante quilombola [ilegível] do assassinato do preto João, que teve lugar em oito de setembro do ano findo; 2º. O grande conhecimento que ele mostrava ter das matas entre a Jacarahype[?] e [ilegível] desta vila, [ilegível] ocupação de um encontrado nas matas da [ilegível] de Manoel Francisco Fêo... [...ilegível..] ...cinseiro bastante novos dos ranchos encontrados; 3º não ter sido possível capturá-lo nem mesmo fazê-lo retirar-se, apesar de varias escoltas mandadas a por ele; mostrando antes saber a direção das mesmas; porque a recepção da vez que foi encontrado dormindo em um rancho nas matas do Capuranijó [?], próximo ao lugar destinado [?] escapando apesar disto sempre aparecia no lado oposto as da direção da escolta pois só em novembro, quando se achava em exercício o 3º. suplente por ter sido demitido o subdelegado, e o clamor do povo exerca, por derem-se [?] que já havia vestígios de ter andado dentro da vila algumas noites, foi que desapareceu, sendo logo preso na serra. 4º finalmente deve hoje o senhor subdelegado

Rangel não lhe acusar a lembrança de ter visto o tal escrito da liberdade; quando é publico ter a ele sido entregue pelo Soares; conhecerá a Vossa Senhoria haver bastante fundamento para desconfiar-se não só ter o quilombola andado por diversas localidades, e não vir do norte como dizem, inculca [?] como também já existir a tempos neste município, ter nele quem o acoitasse, pois não consta ao menor aqui que ele soubesse alguma casa da qual tirasse tais objetos; e finalmente haver mistério na morte do preto João, porque Excelentíssimo Senhor, parece incrível que para tomar-se uma cabaça com mel a um preto velho e adoentado fosse preciso assassiná-lo com um tiro.

Deus guarde a Vossa Senhoria

Nova Almeida, 20 de agosto de 1861.

Ilustríssimo Senhor Doutor Victorino do Rego Toscano [?] Barreto

Doutor Chefe de Polícia desta Província

Manoel dos Santos Simões

1º Suplente do Subdelegado de Polícia.[23]

---

[23] Arquivo do Espírito Santo, Fundo Polícia da Província, Caixa 31, maço 114 e documentos 64 e 65.

Capítulo 3

"O arante da liberdade dos povos": a trajetória de Otaviano Hudson entre experiências de instrução no Rio de Janeiro (1872-1886)

Bárbara Canedo

Companheiros!

Nesses restos, que vimos baixar à cova, não pulsa mais o coração bondoso, que esmolava pelos infelizes, mas também dentro desse crânio frígido não mais se entrechocarão as tempestades, produzidos pelos infortúnios!

Bem dita a morte, porque faz calar as dores, bem dito o aniquilamento, porque extingue a ideia!

Era tempo de para o sofrimento do pelicano, que rasgava o seio para saciar a sede dos que necessitavam tanto como ele. A sua pobreza, por um esforço hercúleo, desfazia-se em óbolos para matar a fome daqueles que, seus iguais, também eram desgraçados!

As crianças de cabecinhas loiras, descalças, macilentas pela miséria, não mais encontrarão, amanhã, a porta da oficina, o operário, esquálido pelo labutar de tantos anos, que as acariciava com as mãos calosas, e circundavam-se dela como se fosse uma encarnação de Cristo entre os artífices da grande arte, que grava para sempre o pensamento humano!

> Sim, esses restos, que vimos baixar á cova [...] simbolizam sobretudo, o artista, que em tenra infância, não tendo pai, mãe, irmãos e, e unicamente o espaço que cerca os solitários, filiou-se aos propagandistas do progresso e do desenvolvimento intelectual, e, cingido o avental dos obreiros de Gutemberg, tornou-se o arante da liberdade dos povos, que faz espargir do prelo as luzes da civilização! [...] Venho, como aquele que, desde a juventude, pertenceu a imprensa, que sempre o enobreceu, e como representante da distinta corporação tipográfica do Jornal do Commercio, que para tanto me deu poderes, curvar-me diante desta sepultura.
>
> A morte de Octaviano Hudson não poderia se indiferente para os seus companheiros de trabalho. Passaram muitas vigílias juntos, saíram muitas madrugadas, abraçados e contentes, porque tinham feito jus ao pão do dia seguinte; é justo que o acompanhem até a divina eternidade.[1]

O discurso transcrito para as nossas páginas fazia parte das últimas homenagens prestadas a Otaviano Hudson[2], reconhecido como poeta e jornalista em sua morte. Tais palavras revelavam um homem trabalhador, um operário ou um artista, como os tipógrafos referiam-se a si próprios. Também contavam sobre a orfandade e o início da vida, por meio dos próprios esforços, junto à imprensa.

A ligação de Hudson com a imprensa e seus operários o situa não só como protagonista, mas também aponta as iniciativas múltiplas com que o jornalista estava envolvido na década de 1880, no Rio de Janeiro, que podem remontar, ainda, às suas experiências junto aos trabalhadores na formação da Liga Operária, na década anterior.

---

[1] *Jornal do Commercio*, 15 mar. 1886, p. 3.
[2] Octaviano Hudson foi tipógrafo, jornalista e poeta, conforme as indicações do dicionário organizado por: BATALHA, Claudio H. M. (Org.). *Dicionário do movimento operário*: Rio de Janeiro do século XIX aos anos de 1920, militantes e organizações. São Paulo: Editora Perseu Abramo, 2009, p. 79.

As múltiplas experiências de Hudson em diferentes frentes de trabalho possuem um único ponto em comum, a promoção da instrução; seja para trabalhadores, seja para mulheres ou crianças necessitadas. Defendendo ideais liberais e republicanos, Hudson se aproximava dos trabalhadores organizando meios para que a leitura e a escrita fossem utilizadas como instrumentos de melhoria e acesso ao ideal propalado de civilização. Não era diferente ao tentar exaltar a educação de mulheres ou incentivar a criação de instituições para crianças carentes.

Hudson, contudo, nunca foi unanimidade no meio intelectual ou operário. Na *Gazeta da Tarde*, várias notas condenavam seu comportamento perante as autoridades imperiais. Ou mesmo criticavam suas ações e formas de associação a determinados nomes de destaque na sociedade de Corte, como o Senador Correia, ainda na década de 1880. Como exemplo, temos a citação corrente na Coluna Balas de Estalo, assinada por Lûlu Sênior, codinome de Ferreira de Araújo. Foi durante a minha pesquisa de doutoramento que esbarramos em Hudson, por conta da nossa investigação acerca dos cursos noturnos instalados na URBS carioca, em fins do século XIX e início do século XX.[3] Hudson nunca saiu do nosso espectro de preocupações, já que ele carregava em si elementos instigantes de sua trajetória, que o levavam a se relacionar aos meios de instrução de trabalhadores e trabalhadoras. O referido poeta foi responsável pelo primeiro curso noturno no interior de uma associação de trabalhadores, e mantinha contatos e relacionamentos que de alguma maneira estavam conectados às

---

[3] MARTINS, Bárbara Canedo Ruiz Martins. *Os trabalhadores que se apresentam à noite as escolas:* sentidos e significados dos cursos noturnos para trabalhadores urbanos no Rio de Janeiro (1870-1910). 2018. Tese de Doutorado – Universidade Federal Fluminense. Niterói, UFF, 2018.

instituições e a empreendimentos ligados à instrução, incluindo o apoio a algumas professoras e mulheres das letras. Desse modo, pretende-se identificar as estratégias utilizadas por esse homem de cor livre, que associava instrução e redes de conhecimento e solidariedade para poder viver.

No começo de fevereiro de 1886, Hudson pertencia, há mais ou menos cinco anos, à "corporação tipográfica" do *Jornal do Commercio* e, durante esse período, ele representava o jornal em diversas ocasiões, o que lhe garantira chistes ou aplausos. Tudo dependia de quem estava escrevendo ou fazendo-lhe a caricatura. Enquanto nas folhas do *Jornal do Commercio* havia profusão de discursos e anúncios das missas de encomenda do cadáver, a *Gazeta da Tarde* abria um pequeno espaço para anunciar a morte do poeta:

> Hoje, ás 5 horas da tarde tem lugar o enterro do cadáver de Octaviano Hudson, saindo o féretro da casa da Rua do Barão de Guaratiba n. 34 para o cemitério de São João Batista da Lagoa. Em sinal de pesar pelo falecimento do benemérito cidadão, as escolas municipais suspenderam hoje os seus trabalhos. O corpo docente das referidas escolas resolveu tomar luto por oito dias e mandar rezar uma missa por alma do finado.[4]

No trecho retirado da *Gazeta da Tarde*, prevalecia a imagem de um cidadão de destaque, ligado às escolas, considerado mais pelo corpo docente do que pela própria municipalidade. A nota sobre o sepultamento dava conta do local da moradia e enterro de Hudson; as únicas homenagens eram realizadas por outras pessoas, e não pelo próprio jornal. A imagem criada na segunda notícia transcrita é deveras contrastante com a primeira. Porém, a *Gazeta* identifica

---

[4] *Gazeta da Tarde*, 15 fev. 1886, p. 1.

a residência do poeta. O endereço o localizava na sociopolítica da cidade, ou seja, a nota fúnebre deixava entrever o lugar social do "benemérito cidadão", visto o lugar onde habitava, identificava-o na geopolítica urbana.

A Rua Barão de Guaratiba ficava nas imediações do bairro da Glória e começo do Catete, próximo à atual Rua do Catete, n. 104. Os arredores eram compostos por estreitos sobrados e pequenas elevações, com um apinhado número de outros imóveis, e a própria via era tortuosa e isolada das avenidas principais. Esses pequenos detalhes, provavelmente, revelavam muito sobre o personagem em questão. Os primeiros apontamentos mostravam Hudson como a principal liderança da Liga Operária. Essa associação é destacada por Batalha (1999) como a pioneira na organização de estatutos que congregavam grande gama de artífices ou trabalhadores especializados, bem como no incentivo à instrução de seus respectivos sócios, com a organização de um curso noturno.[5] Conforme esse autor, a Liga Operária, diferentemente de outras mutuais, detinha características de sociedades de resistência, sendo considerada por alguns autores como socialista.[6] Porém, as primeiras informações encontradas mostravam Hudson como poeta, jornalista e incentivador das artes, responsável pelo auxílio à viúva e aos filhos de Fagundes Varela, ou pela apresentação de Eliseu Visconti ao presidente do Liceu de Artes e Ofícios, Francisco Bittencourt da Silva, em 1883.[7]

---

[5] BATALHA, Claudio H. M. Sociedades de trabalhadores no Rio de Janeiro no século XIX: algumas reflexões em torno da classe operária, *Cadernos AEL*, v. 6, n. 10/11, 1999, p. 56.
[6] *Ibid.*, p. 55, nota 29.
[7] Sabemos ainda que reuniu as obras de Fagundes Varela para ajudar a viúva e os filhos deste. Foi também responsável pela carta de apresentação de Eliseu Visconti ao Liceu de Artes e Ofícios, por ser amigo da família. Ver: PRIMEIROS Tempos 1866-1892. *Eliseu Visconti*. Disponível em: < http://www.eliseuvisconti.com.br/site/biografia/PrimeirosTempos.aspx>. Acesso em: 22 mar. 2016. Cf. BERALDO, Wanderley. Poetas de todos os tempos e cantos. *Clube dos Autores*, 2016 p. 353. Suplemento literário do Jornal A

O início da década de 1870 marcava não só os primeiros passos do projeto de emancipação gradual (a promulgação da Lei do Ventre Livre), como também assinalava o esforço das autoridades em criar outros sinais distintivos, que pudessem manter as relações sociais hierarquizadas, com poucas ou nenhuma alteração. Por outro lado, havia associações beneméritas e de trabalhadores que se empenhavam em oferecer meios para distender essas classificações. Conforme Schwarcz (2012), o momento que antecedeu a fundação da República foi marcado pela "promessa da inclusão e da mobilidade ascendente", no qual o acesso à cidadania era viabilizado pela educação, tal qual o paradigma francês.[8] É necessário fazer algumas ressalvas, antes de nos aprofundarmos nas questões que balizam este artigo. Não é nossa intenção realizar nenhum tipo de estudo biográfico detalhado do personagem escolhido, nossa investigação pauta-se na valorização da trajetória do indivíduo como maneira de entender o contexto no qual estava inserido, meio pelo qual as forças contestatórias ficam mais explícitas, sem tornar a estrutura intensamente limitante. Schimidt ressalta a importância dos estudos de Thompson nesse sentido, ao questionar "o determinismo do marxismo estruturalista", estabelecendo a dialética entre sociedade e indivíduo.[9]

No cruzamento de perspectivas da historiografia da educação, da escravidão e da pós-abolição, nossas perguntas

---

Manhã, Autores e livros, 24/08/1941. Nesse último, Hudson é descrito como amigo inseparável de Varela, acompanhando-o até nas últimas horas, mas descrito a partir de características peculiares: "está sempre onde o amigo se encontra, e não deixa de causar estranheza, e mesmo escândalo, na pacata Niterói, aquelas duas figuras exóticas, de braços dados, ambos cabeludos, barba por fazer, mal trajados e sujos, em grande gestos e trejeitos, muitas vezes apupados pela molecada impiedosa", p. 28.

[8] SCHWARCZ, L. População e sociedade. In: SCHWARCZ, L. (Coord.). *A abertura para o mundo: 1889-1930*. Rio de Janeiro: Objetiva, 2012, p. 20-21.

[9] SCHIMIDT, Benito Bisso. História e Biografia. In: CARDOSO, Ciro Flamarion; VAINFAS, Ronaldo. (Org.). *Novos domínios da História*. Rio de Janeiro: Elsevier, 2012, p.193-194.

ganham outros sentidos. Buscamos compreender a instrução como um dos valores em disputa, diante das hierarquias sociais reelaboradas na virada do século XX. Conforme Chalhoub (2001), os cuidados com a instrução das crianças e a repressão aos aparentes hábitos de não trabalho nos adultos caracterizavam-se como uma forma de combate ao problema do perigo social, representado pelas classes populares.[10] Para Faria Filho, a afirmação da escolarização e do alfabetismo como elementos de distinção social foi um processo "dramático para quase totalidade da população que não tivera, ou não tinha acesso à escola e ao aprendizado da leitura e da escrita".[11] Tal processo de desqualificação estava ligado ao cerceamento da participação política eleitoral, realizada pela reforma da Lei Saraiva, em 1881. Conforme Costa (2012), é possível perceber que "as interdições da lei de 1881 foram escolhas políticas ideológicas e não técnicas".[12] Para a autora, o acesso à instrução tornava-se ferramenta simbólica da classe trabalhadora, no embate com o Estado, pela ampliação dos direitos políticos e sociais. Assim, a busca por instrução por meio da criação de cursos noturnos, bibliotecas e demais associações fazia parte de um intenso processo por direitos, no contexto em que se debatiam novos projetos políticos ligados à modernização do país.

Nossa delimitação temporal acompanha as análises históricas que problematizam os modelos explicativos sobre as experiências

---

[10] CHALHOUB, Sidney. *Trabalho, lar e botequim:* o cotidiano dos trabalhadores no Rio de Janeiro da *belle époque*. 2. ed. Campinas: Editora Unicamp, 2001.
[11] FARIA FILHO, L. M. Estado, cultura e escolarização em Minas Gerais no século XIX. In: VIDAL, Diana Gonçalves; SOUZA, Maria Cecília Cortez C. de. (Org). *A memória e a sombra*. Belo Horizonte, Autêntica Editora, 1999, p. 121.
[12] COSTA, Ana Luiza Jesus da. O educar-se das classes populares oitocentistas no Rio de Janeiro entre a escolarização e a experiência. Tese (Doutorado – Programa de Pós-Graduação em Educação. Área de Concentração: História da Educação e Historiografia) – Faculdade de Educação da Universidade de São Paulo. São Paulo, 2012, p. 53.

dos trabalhadores, no período pós-emancipação. A década de 1870 é marcada pela efervescência de debates, pensamentos, valores e projetos que mobilizavam pessoas em torno do destino dos trabalhadores libertos ou não. A presença de Otaviano Hudson na Corte e suas iniciativas em prol dos trabalhadores acompanham esse período.

Os impactos dessas mudanças afetavam diretamente as ações (e reivindicações) dos trabalhadores no período pós-abolição, e ajudaram a moldar os embates entre trabalhadores e patrões nos anos seguintes. Não por acaso, um grupo de escritores, entre funcionários públicos, profissionais liberais e operários fundavam um curso noturno em homenagem a Otaviano Hudson, nos subúrbios cariocas. Desse modo, consideramos a instrução dos trabalhadores urbanos como espaço político fundamental na busca por maior participação social nas decisões do país. As reformas educacionais e eleitorais, em fins do século XIX, colocavam a questão da instrução como parte do conflito de interesses na formação da nação e da cidadania. Por isso marcamos como fim de nossa pesquisa o final do século XIX, porque coincide não só com o falecimento de Otaviano Hudson, mas também com a última iniciativa que o considera como uma figura promotora da instrução.

A educação junto a outras políticas sociais tinha como fim organizar a população livre e liberta para o trabalho, estabelecendo divisões e hierarquias sociais.[13] Porém, outros grupos pretendiam alargar a participação sociopolítica durante o período, garantindo espaços decisórios, que pudessem ter marcas distantes daquelas

---

[13] SCHUELER, A. F. M., RIZZINI, Irma Rizzini. Ler, escrever e contar: cartografias da escolarização e práticas educativas no Rio de Janeiro imperial. In: VENÂNCIO, Gisele Martins et al. (Org.). *Cartografias da cidade (in)visível*: setores populares, cultura escrita, educação e leitura no Rio de Janeiro Imperial. Rio de Janeiro: Maud X, 2017.

que a escravidão produzia. Portanto, esta pesquisa pretende avançar na identificação das experiências de instrução e sujeitos vinculados a tais propósitos, na cidade do Rio de Janeiro, observando seus avanços e recuos ao longo do tempo.

Ao que parece, nas últimas décadas do século XIX, a tendência de criação de espaços de instrução passava pelas iniciativas de outros clubes e associações, como inferem os trabalhos de Peres (2002) e Souza (1998), para as cidades de Pelotas e Campinas, respectivamente.[14] Além das iniciativas identificadas por Mac Cord (2009) pela maçonaria no país.[15] Já no estudo empreendido por Ana Costa (2016), foram identificados projetos e práticas voltados para a instrução de trabalhadores livres pobres e seus descendentes.[16] Outras pesquisas de História Social revelam também a importância da instrução para trabalhadores urbanos negros, no pós-abolição. Loner, por exemplo, ressalta a relevância desse tipo de saber para tais trabalhadores como oportunidade de brechas no disputado mercado de trabalho, além da construção de significativas redes de solidariedade.[17] Dessa forma, acreditamos que ao estudar a trajetória de um homem de cor livre em fins do século XIX, permite-nos acompanhar as transformações das práticas e dos projetos que giravam em torno do trabalho e da instrução. Assim

---

[14] Cf. PERES, Eliane. *"Templos de luz"*. Os cursos noturnos masculinos da biblioteca pública pelotense (1875-1915). Pelotas: Selva Publicações, 2002; SOUZA, Rosa Fátima. *O direito à educação*: lutas populares pela escola em Campinas. Campinas: Editora da Unicamp, 1998.
[15] MAC CORD, Marcelo. *Andaimes, casacas, tijolos e livros*: uma associação de artífices no Recife, 1836-1880. 2009. Campinas: Tese (Doutorado em História Social) – Instituto de Filosofia e Ciências Sociais, Universidade Estadual de Campinas, 2009, p. 112.
[16] COSTA, Ana Luiza Jesus da. Educação e formação da classe trabalhadora no Rio de Janeiro entre as últimas décadas do século XIX e os primeiros anos do século XX. *Revista brasileira de história da educação*. Maringá/PR, v. 16, n. 4 (43), out./dez., 2016, p. 123-154.
[17] LONER, Beatriz A. Antônio: de Oliveira a Baobad. In: GOMES, Flávio; DOMINGUES, Petrônio. (Org.). *Experiências da emancipação*. São Paulo: Selo Negro, 2011.

como compreender o alcance da escrita e da leitura na criação de espaços e lugares sociais próprios de seu tempo.

Cabe lembrar que as fontes utilizadas em grande parte deste artigo correspondem à pesquisa junto aos jornais operários e ao diálogo constante que mantiveram com a "chamada grande imprensa", o *Jornal do Commercio*, mas especialmente, a *Gazeta de Notícias*, e, em menor medida, a *Gazeta da Tarde*. Inclui algumas cartas particulares de Otaviano Hudson. O acervo consultado pertence à Biblioteca Nacional e suas respectivas sessões. A leitura criteriosa dos jornais vai atentar-se substancialmente às colunas específicas sobre as condições materiais da vida dos trabalhadores, como também perceber as principais ideias e costumes que circulavam sobre instrução para os referidos sujeitos.[18] Mesmo considerando significante a parcela de analfabetos, a imprensa conseguia expressivo alcance por meio das leituras públicas feitas em praças, associações e clubes, disseminando opiniões e valores acerca dos ditos cursos e aulas. Tais concepções são concebidas em meio à fixação de leis voltadas para o estabelecimento desse tipo de instrução, inseridos no contexto de mudanças e avanços técnicos que fazia da noite um lugar atrativo, no qual se desenvolviam inúmeras atividades, muitas delas criadas a partir da noção de modernidade. Os jornais feitos por *trabalhadores para trabalhadores*[19] dialogavam com essas múltiplas referências e tentavam organizar formas particulares de instrução.

A escolha pela *Gazeta de Notícias* se dá pelo potencial

---

[18] BATALHA, Claudio H. M. A difusão do marxismo e os socialistas brasileiros na virada do século XIX. In: MORAES, João Quartim de. (Org.). *História do marxismo no Brasil:* os influxos teóricos. 2. ed. Campinas: Unicamp, 2007, p.18.

[19] MACIEL, Laura Antunes. Imprensa, esfera pública e memória operária – Rio de Janeiro (1880-1920). *Revista de História*. São Paulo, n. 175, p. 415-448, jul./dez., 2016.

expressivo do material enquanto fonte de pesquisa.[20] Por meio das páginas dos periódicos de grande circulação, podemos considerar as questões sociais em debate no momento, bem como as relações de consumo e comportamento na cidade do Rio de Janeiro. Conforme Barbosa (2010), jornais como a *Gazeta* aproximavam-se do público por meio do prestígio dos literatos, que lhes acrescentavam outros tipos de textos literários, como: poesias, contos, crônicas e peças teatrais, tornando-os um meio de comunicação informativo e de entretenimento.[21] Além de visitarmos algumas seções específicas do jornal, como "Publicações a Pedido", também retiramos alguns anúncios, entendendo-os como pequenos indícios do que era "valorizado culturalmente" na sociedade oitocentista, na cidade do Rio de Janeiro.[22]

A cidade, a população, os jornais e os sentidos da instrução combinavam-se na trajetória de Otaviano Hudson. O poeta e jornalista, no entanto, faleceu antes mesmo de poder contemplar o raiar de muitas ideias em que apostava e defendia com ardor. Para Hudson, a instrução era necessária na vida de qualquer trabalhador ou trabalhadora. Os caminhos e possibilidades escolhidas por esse homem livre de cor, de origem incógnita – até o momento –, demonstram valores sobre a instrução e significados que se transformavam no último quartel do século XIX, sendo uma

---

[20] ASPERTI, Clara Miguel. A vida carioca nos jornais: Gazeta de Notícias e a defesa da crônica. *Revista Contemporânea*, São Paulo, n. 7, p. 45-55, 2006.
[21] BARBOSA, Marialva. *História Cultural da Imprensa – Brasil 1800-1900*. Rio de Janeiro: Mauad X, 2010, p. 126.
[22] Cf. FREYRE, Gilberto. *O escravo nos anúncios de jornais brasileiros do século XIX*. 4. ed. São Paulo: Global Editora, 2012; SCHWARCZ. L. K. M. *Retrato em branco e negro*: jornais, escravos e cidadãos em São Paulo no final do século XIX. São Paulo: Companhia das Letras, 1989; MAUAD, Ana Maria. As fronteiras da cor: imagem e representação fotográfica na sociedade escravista imperial. *Locus, Revista de História*, Juiz de Fora, v. 6, n. 2, 2000, p. 83-98; LIMEIRA, Aline de Morais. *O comércio da instrução no século XIX*: colégios particulares, propagandas e subvenções públicas. Dissertação – Programa de Pós-Graduação em Educação da Faculdade de Educação da Universidade do Estado do Rio de Janeiro. UERJ, Rio de Janeiro, 2010.

oportunidade de deslindar as relações entre trabalho e instrução, alfabetização e política.

Otaviano Hudson: de perseguido a perseguidor da instrução

Nascido em 1837, segundo os registros consultados, desconhecemos os primeiros anos de vida do poeta. As únicas notícias sobre sua infância foram reveladas por seus colegas de ofício, do *Jornal do Commercio*. Órfão de pais, sem qualquer tipo de arrimo, precisava trabalhar para o próprio sustento, por isso, durante sua juventude, a imprensa cruzou o seu caminho. Restam-nos parcas informações a respeito de seus laços familiares. Aliás, os seus vínculos mais íntimos pareciam ser envoltos em segredos, ou desconhecimento. Com a notícia do falecimento de Hudson, os membros do *Jornal do Commercio* se prontificaram em recolher contribuições para a compra da "lage de mármore encimada por singela cruz", para sua sepultura, invocando a imagem de caridade que o próprio Hudson representava. Tendo passado quase um mês de seu falecimento, uma "parenta", cujo tipo de relacionamento não foi esclarecido, destinatária da quantia amealhada por amigos, realizava sua homenagem:

> Sobram assim 906$500, pois, que entendemos que sobre o túmulo de um homem como Octaviano Hudson o fausto na morte destoaria da modéstia de toa a sua afanosa vida. [...] As sobras das ofertas tínhamos pois de dar destino qual ele mesmo o daria se vivo fosse. Neste intuito entregamos o dinheiro restante a parenta que com desvelado carinho acompanhou Octaviano Hudson na sua derradeira enfermidade, não se lhe apartando nunca de sua cabeceira; senhora pobre, a respeito da qual tivemos

as melhores informações, á Sra. D. Josephina Winning. Estamos intimamente convencidos que do céu a alma de Otaviano Hudson se alegrará de ver em seu nome socorrida aquela que ele mesmo quase tão pobre quanto ela, socorria em vida."[23]

Tendo apenas o seu nome revelado, Josephina Winning tinha em comum com Hudson o sobrenome, que remetia à língua inglesa, ou, talvez, até aos Estados Unidos. Depois de um mês, sem quaisquer traços que a pudessem identificar, a parenta agradecia as provas de amizade espontâneas e generosas prestadas a Otaviano Hudson e comunicava o local e horário da "missa do trigésimo dia de seu passamento".[24] Por aquelas mesmas indicações, sabemos dos socorros mútuos entre os parentes, além da situação financeira de ambos, nada favoráveis. Não nos escapa de vista que, possivelmente, a condição de Josephina foi agravada pelos amigos de Hudson com a finalidade de justificar aos doadores o destino dos recursos recolhidos. Sobre D. Josephina Winning, sabemos menos ainda, além das circunstâncias que lhe faziam próxima a Hudson, há uma pequena indicação de sua chegada ao Rio de Janeiro, em novembro de 1873, vindo do porto de Santos, no paquete São José, capitaneado pelo Tenente Pereira da Cunha.[25] Talvez, essa data de chegada coincida com as atividades e expectativas de Hudson na Corte, pois como signatário do Movimento Republicano poderia enxergar a oportunidade para mudanças e melhores condições de sobrevivência para si e sua família.[26]

---

[23] *Jornal do Commercio*, 11 mar. 1886, p. 6.
[24] *Ibid.*, p. 4.
[25] *Jornal do Commercio*, 18 nov. 1873, p. 1.
[26] Para consultar o Manifesto Republicano de 1870 e seus signatários, incluindo Octaviano Hudson, ver: MANIFESTO Republicano de 1870. e-Disciplinas USP. Disponível em: https://ediscipinas.usp.br/pluginfile.php/4360902/mod_resource/content/2/manifesto%20republicano%201870.pdf>. Acesso em: 25 abr 2019.

Tanto Josephina como Otaviano Hudson não eram naturais da capital do Império. O poeta se mudou para a Corte em meados de 1864, quando um incidente o surpreendeu, e a partir de sua rede de contatos, procurava uma saída para seu embaraço, vindo parar na capital. Quem esclareceu o imbróglio foi, então, o ex-chefe de polícia de São João do Príncipe, que publicizou o caso, esforçando-se para ganhar a simpatia dos leitores:

> Seguro dos meus atos que determinaram meu proceder, estava tranquilo e convencido de ter obrado com justiça e acerto, quando fui sabedor de que Octaviano Hudson fora solto pouco depois de haver chegado a capital da província, seguindo-se a esse ato a minha exoneração.
> [...] Prendendo Octavianno Hudson, não fui arrastado por outro sentimento que não o interesse público; não serviu de norma ao meu procedimento se não o mais legítimo, o mais razoável uso de uma faculdade que a lei me outorgara. [...] Eis o facto:
> Havia em São João do Príncipe um indivíduo chamado Otaviano de Castro Hudson. Esse indivíduo era geralmente apontado como ruim de costumes, sem profissão conhecida, rixoso e quase vagabundo. Mais de um reclamo se tinha, feito ouvir ante as autoridades contra esse indivíduo, que, em seu desatinado proceder levava o seu arrojo até a provocação contra os agentes da autoridade pública.
> Precisando dar cumprimento às ordens do Sr. Dr. Chefe de polícia, que exigia de mim alguns recrutas, eu tratei de ver quais os indivíduos que estavam no caso de prestarem esse tributo ao país, resultou que Octaviano Hudson era um daqueles que estavam no caso de servir ao exército.
> A única qualidade que o podia isentar era ser homem casado, mas essa qualidade desapareceria, ou antes lhe era contrária, visto ter ele abandonado a sua mulher.
> Em vista do que fica exposto, dei ordens nesse sentido, e na verdade efetuou-se a prisão de Otaviano Hudson, por mim

posto à disposição do Sr. Dr. Chefe de Polícia, a quem dei informações idênticas às que ora trago ao conhecimento do público.[27]

João Pacífico da Silva assinava a carta aberta transcrita anteriormente, esperando que as autoridades superiores voltassem atrás em sua decisão. Ou, pelo menos, reconhecessem que o erro não fora apenas dele, mas que os procedimentos efetuados no exercício do cargo foram autorizados pelo seu superior. A exoneração do cargo público, por seu ponto de vista, era medida exagerada, segundo o contexto examinado. No dia seguinte, sem demora, Hudson mandava reproduzir dois atestados de boa conduta, assinados pelo desembargador José Ricardo de Sá Rego e pelo Reverendo Frei Antônio Coração de Maria e Almeida.

Sob as vistas da autoridade policial, o poeta não possuía profissão conhecida, tornando-se "quase vagabundo". As características atribuídas a ele, sem dúvida, o qualificavam para que houvesse um agente em seu encalço. Otaviano contava com 26 anos, e o policial estava convicto de que se tratava de um homem livre e sem compromisso matrimonial. Situação que reiterava sua condição como possível recruta. Talvez, outros critérios fossem considerados na avaliação do ex-delegado substituto. Acreditamos que tal conduta era justificada porque Hudson era homem de cor livre. Magalhães Pinto (2017) aponta para o silenciamento do perfil racial de alguns líderes socialistas do início do século XX, contudo, diante das ofensas de terceiros aos trabalhadores brasileiros, Gustavo de Lacerda elenca "personagens mulatos devotados ao socialismo

---

[27] *Jornal do Commercio*, 17 jul. 1864, p. 1.

no Brasil", entre eles estava Hudson.[28] No caso, as referências a sua cor podiam ser silenciadas por outros homens brancos distantes da vivência desse órfão, mas nem tanto para outros que partilhavam da experiência análoga, como no caso daqueles outros homens de cor que defendiam o socialismo.

No caso, a prática do recrutamento para as Forças Armadas, especialmente o Exército, acontecia de forma regular no ambiente oitocentista, desde 1822.[29] Apoiado pelos braços das elites, o Estado agia com brutalidade e regras não escritas sobre a população sem qualquer recurso. Segundo Kraay (1999), o "recrutamento estava fortemente enraizado neste sistema de patronato, tanto como mecanismo coercitivo de última instância, para manter as hierarquias de classe, quanto como maneira na qual os pobres livres distinguiram dentre os com e os sem honra".[30] Para Moreira, o alistamento forçado era uma forma eficaz de organizar o mundo do trabalho livre de acordo com categorias político-sociais.[31] Cabe ressaltar que os homens de cor, segundo Karasch, também serviam na polícia militar da Corte, os quais eram utilizados como força de controle social de escravos e libertos – e por que não

---

[28] Ana Flávia Pinto entende que os líderes socialistas do início da República não queriam ser medidos pela cor de sua pele, pois era um modo de fortalecer o valor da "liberdade universal", formas de enfrentar a pós-abolição. PINTO, Ana Flávia Magalhães. Vicente de Souza, homem de cor e homem universal: posicionamentos sobre raça na trajetória de um abolicionista, republicano e socialista negro no final do século XIX. *8º Encontro Escravidão e Liberdade no Brasil Meridional*, Porto Alegre (UFRGS), de 24 a 27 de maio de 2017, p. 3.

[29] Todos os homens livres, brancos e pardos, entre 18 e 35 anos, estavam "aptos" ao recrutamento forçado, apenas os pretos livres eram rejeitados num primeiro momento, mas logo modificado. As isenções alcançavam todos aqueles que fossem casados e úteis para a economia, exercendo profissões, como: pescadores, feitores, cocheiros, artesãos, tropeiros, lavradores, marinheiros, estudantes e empregados do comércio. KRAAY, Hendrik. Repensando o recrutamento militar no Brasil Império. *Diálogos*, DHI/UEM, v. 3, n. 3: 113-151, 1999, p. 118.

[30] *Ibid.*, p. 116.

[31] MOREIRA, Vânia Maria Lousada. Vestir o uniforme em índios e torná-los cidadãos. Reflexões sobre recrutamento militar, reclassificação social e direitos civis no Brasil imperial. In: MUGGE, Miquéias H.; COMISSOLI, Adriano. (Org.). *Homens e armas*: recrutamento militar no Brasil – Século XIX. São Leopoldo: Oikos, 2013. p. 85-86.

homens livres de cor? –, mas que, com condecorações mínimas[32], não desempenhavam cargos de alta patente nem desfrutavam de qualquer mobilidade dentro da instituição.

Com base nessas considerações, acredito que o embate entre João Pacífico da Silva e Otaviano Hudson acontecia porque o primeiro não reconhecia no segundo alguém que desempenhava tarefas socialmente úteis. Quiçá, seus companheiros de guarda, ou até ele mesmo, não enxergavam num homem de cor capacidade suficiente para exercer ofícios que demandavam instrução, ou qualidades que pudessem retirá-lo daquela "prisão". O fato é que Hudson não só as possuía como delas se utilizava, nos momentos de dificuldade, recorria aos seus contatos a fim de que pudesse obter vantagens rapidamente. O caso ganhava alguma notoriedade na Corte, porquanto o episódio foi parar no discurso do Sr. Junqueira na Câmara dos deputados, contra as formas arbitrárias de recrutamento estabelecidas.[33] Ainda de acordo com Kraay (1999), os debates dos parlamentares sobre as formas de recrutamento demonstravam o quanto a elite brasileira estava comprometida com aquele *modus operandi*, pois, mesmo com a alteração de recrutamento aprovado pelo Senado, a forma forçada de engajamento nas Forças Armadas continuava a existir, sem alterações, até 1880.[34] É possível, ainda, que o ex-substituto do delegado João Pacífico tenha procurado restringir a mobilidade que Hudson realizava. Pela voz do desembargador, sabemos que Hudson era o preceptor dos filhos de João José de Sá Charem. Com o término daquela função, passava a atuar em outro município

---

[32] KARASCH, Mary C. A vida dos escravos no Rio de Janeiro (1808-1850). São Paulo: Companhia das Letras, 2000, p. 128-129.
[33] *Jornal do Commercio*, 18 fev. 1864, p. 1.
[34] KRAAY, 1999, p. 115-116.

vizinho, Piraí, cuidando da educação do filho de um desembargador. Os deslocamentos entre cidades, enquanto preceptor e, depois, como professor, não lhe permitiam moradia fixa. Hudson se tornava flexível, ao que parece, de acordo com a demanda daqueles que o contratavam. Uma vez que, até onde sabemos, não poderia ficar sem trabalhar. As garantias que conseguia estavam invariavelmente ligadas ao próprio fazer-se.

Hudson aliava instrução e contatos profícuos, se mantendo distante da ameaça do recrutamento. Esta bravata, talvez, rondasse seu cotidiano, até mesmo na Corte, porque, pouco tempo depois, ele apareceria em uma chapa de votação para o quarto distrito, quando a eleição para cargos era uma das restrições para o recrutamento – lembrando, também, que no ano de 1867, quando se candidatava, ocorria a Guerra do Paraguai, momento no qual recrudescia o aprisionamento de homens para serviço no exército. A jurisdição a qual concorria com outros três elementos se referia ao interior da província, correspondendo à mesma que havia deixado para trás alguns anos antes.

> 4º. Distrito – A consideração dos Srs. eleitores do 4º. Distrito oferecemos a seguinte chapa. São três cavalheiros que se inspirão pelas mesmas ideia, se identificam nos mesmos sentimentos e ardem no mesmo desejo de beneficiar o país:
> Dr. Felippe Jansen (de Castro Albuquerque Junior).
> Dr. Cerqueira Lima.
> Octaviano Hudson.[35]

O primeiro, Dr. Felippe Jansen, aparecia como deputado liberal pela Freguesia de Paraty desde o ano de 1863, período

---
[35] *Jornal do Commercio*, 28 fev. 1867, p. 2.

no qual Hudson estava em uma intensa acrobacia política, com ninguém menos do que o Comendador Joaquim José de Souza Breves. O trânsito de Hudson se desenrolava justamente entre as cidades pertencentes a Resende, no curso do médio Paraíba, no sul do Estado do Rio de Janeiro, área de influência de Souza Breves.[36] Hudson não conseguia manter moradia fixa, provavelmente, porque contrariava a principal figura econômica da região. Consideramos que a questão ensejada por Pacífico da Silva contra Hudson passava por todos aqueles filtros já comentados, mas estava fundamentada no desenrolar de uma perseguição política, encabeçada por Joaquim de Souza Breves, na qual, a "corda" havia se rompido no lado mais fraco, ou seja, do segundo delegado substituto da cidade de São João do Príncipe. As denúncias deflagradas por Hudson acusavam Joaquim de Souza Breves de corrupção, apontando, durante as eleições de 1863, a manipulação dos resultados e a coerção de outras autoridades e votantes.[37] Esses debates acalorados e trocas de acusações aconteciam nas páginas do jornal *Actualidade*, em formas epistolares.[38] A última a que tivemos acesso demonstra a medida das altercações entre tais figuras:

> São João do Príncipe, 8 de outubro de 1863
> Que responde a esse documento o Sr. Joaquim José de Souza Breves?
> Poderá S.S. negar que o Sr. Ângelo do Nascimento Paiva não foi intimá-lo, por ordem do Sr. Dr. Juiz municipal?

---

[36] Cf. LOURENÇO, Thiago Campos Pessoa. *O Império dos Souza Breves nos Oitocentos*: política e escravidão nas trajetórias dos Comendadores José e Joaquim de Souza Breves. Dissertação (Mestrado) – Universidade Federal Fluminense. Instituto de Ciências Humanas e Filosofia, Departamento de História, 2010.
[37] *Actualidade, Jornal da Tarde*, 15 out. 1863, p. 2; 17 out. 1863, p. 1-2.
[38] Podemos inferir que a participação de Hudson nesse jornal local sejam suas primeiras experiências na imprensa.

Negará que deu freneticamente voz de prisão ao dito tabelião Angêlo?
Negará finalmente a sua desobediência a essa intimação?
Ainda persiste em querer passar por cidadão obediente às autoridades constituidas, Sr. Joaquim de Souza Breves?
Se a brisa da justiça algum dia perpassar em torno de S.S. será capaz de asfixiá-lo!
Trate de preservar-se dela.
Provoco a S. S. se tem honra e preza, que desminta o documento acima.
O publico que julgue entre o opulento fazendeiro Joaquim José de Souza Breves e Octaviano Hudson.[39]

As arbitrariedades do Comendador Souza Breves ganhavam cores e nomes pela pena afiada de Hudson, que se mostrava crítico voraz das ações de Breves. Além de ordenar voz de prisão ao tabelião Angêlo, o Comendador tinha mandado queimar cédulas de votação, segundo informações, nada lisongeiras, do próprio Hudson. Essa última carta era uma explícita contestação aos poderes de Breves. Incitando valores como honradez, justiça e respeito, Hudson instigava a própria hombridade daquele mandatário local. Possivelmente, antes de provar a inocência perante a opinião pública, Souza Breves fechava o círculo de autonomia de Hudson, fazendo-o cair nos braços de outras autoridades mais dispostas a calar o desafeto, enquadrando-o em leis que poderiam também desmoralizá-lo. Aliás, os conflitos entre liberais e conservadores estavam no palco das atenções durante a década de 1860. Digamos que a própria autoridade do Imperador estava sendo posta em xeque. Nesse momento, circulavam na Corte libelos e panfletos que alternavam posições a favor ou contra o jogo de poder. Um deles,

---

[39] *Actualidade, Jornal da Tarde*, 17 out. 1863, p. 1-2.

lançado pelo codinome de Quintino Bocaúva – Fenálon –, acusava o Imperador de realizar um "governo pessoal", do qual o próprio D. Pedro II se beneficiava, mesmo quando conduzia o governo de acordo com os interesses da oligarquia.⁴⁰ Nessa década, formavam-se grupos contrários aos arrajos políticos em vigor. As denúncias por meio dos periódicos não poupavam nem mesmo o Imperador, pelo contrário, o Poder Moderador era alvo de duras críticas.

A participação de Hudson nas eleições de 1867 indicava o quanto ele apostava nos ideais liberais, como, também, apontava para os embates entre os correligionários da Freguesia de São João do Príncipe. A indicação dos representantes da coligação liberal, em Angra, estava de acordo com o sistema de círculos de três deputados, instaurado pela Lei n. 1.082, de 1860, validada a partir da eleição de 1861. O resultado dessas eleições foi resguardado pela figura do Imperador, mantendo a vitória liberal.⁴¹ A intromissão do monarca nos assuntos políticos, especialmente no período das eleições, parecia causar desgosto entre os correligionários liberais. Segundo Mattos (2004), esse período estava caracterizado pela organização partidária em torno da ideia do "renascer liberal". Dissidentes conservadores e liberais criavam o Partido Progressista, importante núcleo agregador dos descontentes. Mesmo sem conseguir formar um terceiro partido, desse partido saíam duas outras frentes políticas, a reformulação liberal e o grupo de republicanos.⁴² Hudson, por sua vez, mostrava-se insatisfeito com os rumos tomados pelos partícipes das eleições daquele ano de

---

[40] BARBOSA, Silvana Mota. "Panfletos vendidos como canela": anotações em torno do debate político de 1860. In: CARVALHO, José Murilo de. (Org.). *Nação e cidadania no Império:* novos horizontes. Rio de Janeiro: Civilização Brasileira, 2007, p. 168.
[41] *Ibid.*, p.157.
[42] MATTOS, Ilmar Rohloff de. *O tempo saquarema.* 5. ed. São Paulo: Editora Hucitec, 2004, p. 284.

1863, acusando o deputado liberal Theophilo Benedicto Ottoni de convencer o "povo credulo" e, depois de eleito, exigir "cadeira aristocrata e honras de príncipe". Sugeria, até mesmo, converter-se em aliado dos "vermelhos" (conservadores) da região, tamanha sua decepção com os orientações políticas.[43]

Mesmo com a tentativa de boicote de sua trilha política, Otaviano Hudson se lançava mais uma vez no meio, em 1867. Por outro lado, por meio de anúncios de jornal, percebemos que Hudson se mantinha na Corte, criando novos laços, visto as variadas homenagens de sua autoria, entre elas: "Divinas Crenças" (modinha dedicada ao Exm. Sr. Luiz Barbosa da Silva.[44] Destacou Pinto (2014) que, entre os poetas medianos, era "costume indicar os vínculos estabelecidos ou pretendidos por meio das dedicatórias". Assim, fazia outro homem de cor livre, o literato João Maria Machado de Assis, no início de sua promissora carreira, ainda jovem, quando publicava na *Marmota Fluminense*.[45] A propósito, esses dois homens estavam em contato durante fins da década de 1860 e começo da década de 1870. Do mesmo modo que Hudson produzia uma modinha ao colega redator do jornal que publicava suas cartas de desafio, a *Semana Illustrada* divulgava uma homenagem a Machado de Assis:

Ao Sr. Machado de Assis.

DIVINAS CRENÇAS.
As aves que trinão contentes voando
Ao sol procurando d`um raio o calor,

---

[43] *Actualidade, Jornal da Tarde*, "Publicação a pedido", *Manifesto*, 28 jan. 1864, p. 2-3.
[44] *Jornal do Commercio*, 26 jun. 1867, "Annuncios", p. 3.
A propaganda fazia parte da loja de música e pianos V. Sydow, na Rua dos Ourives, n. 63.
[45] PINTO, Ana Flávia Magalhães. *Fortes laços em linhas rotas*: literatos negros, racismo e cidadania na segunda metade do século XIX. Tese (Doutorado) – Universidade Estadual de Campinas, Instituto de Filosofia e Ciências Humanas. Campinas/SP, 2014, p. 124.

Oh! São mais felizes, mais dignas da vida
Que a alma banida d´um osculo d´amor
O cedro vestuto que estende a ramagem
Sombria passagem deixando o rameiro
Tem mais vida útil, mais pura e bondosa
Que a flor mais mimosa, que o zephyr fagueiro!

As grandes florestas soberbas, altivas
Que as cores mais vivas revestem contante
São mais suntuosas e mais colossais
Que os paços reais do rico imperante.

A cruz que se ostenta na cripta do pobre
E seus restos cobre sem outra inscrição,
Impõe mais respeito, tem mais hierarquia
Que a lapide fria, mostrando um brazão!

A noite que grava na mente uma imagem
Que em leda miragem nos torna amoroso,
Tem mais atrativos e harmonia
Que o festival dia perdido num gozo!

O pobre cativo que geme e soluça
E a fonte debruça banhada em suor
Dos grandes da terra é ele o primeiro
O mais verdadeiro de honras credor.

Os cantos suaves nos claustros erguidos
Por lábios ungidos das virgens de Deus
São anjos celestes, remindo contentes,
As almas dementes dos ímpios ateus

Otaviano Hudson[46]

---

[46] *Semana Illustrada*, 21 out. 1866, n. 306, Tipografia do Imperial Instituto Artístico, Largo de São Francisco, n. 16, p. 2447.

O ano de 1866 assinalava a proximidade entre Hudson e Machado de Assis, momento no qual o primeiro marcava com desenvoltura os ideais políticos que defendia. No poema supracitado, Otaviano não escamoteava suas preferências em relação a tal assunto. Ao contrário, deixava visível o quanto rejeitava a monarquia, representada por seus brasões, com seus palácios imperiais e os arranjos tradicionais familiares. Os versos da poesia ostentavam, também, a aversão ao cativeiro. Reconhecendo em Machado de Assis um cúmplice no combate à ordem vigente, Hudson se valia do companheiro de escrita para reafirmar sua posição naquele contexto. Além disso, o autor buscava estreitar os laços com Machado. Hudson abria duas frentes em sua rede de relações: a primeira entre literatos, redatores de jornal, figuras de destaque social e até outros professores. Já na segunda, tentava se aproximar da população trabalhadora. Essa avizinhação com os trabalhadores era justificada pelo tentame de difusão da causa republicana, em meados de 1871:

AVISO ÀS CLASSES OPERÁRIAS

40Rs. A República. 40Rs

Octaviano Hudson, para servir à causa democrática e a classe operária, desenvolvendo-lhe o gosto pela leitura, resolveu encarregar-se gratuitamente de vender em sua casa *A República,* jornal diário muito noticioso e otimamente redigido, pelo preço de 40 rs. E para mais facilitar e baratear a aquisição da folha as classes pobres, receberá dos compradores, pelo preço de 10 r., os números das folhas publicadas anteriormente. A Rua Larga de São Joaquim n. 148, loja, por baixo do Collegio das Duas Coroas.[47]

---

[47] *Jornal do Commercio*, "Annuncios", 2 set. 1871, p. 3.

O anúncio deixava entrever a posição política tomada por Otaviano Hudson, já no início de 1871. As promessas do Partido Progressita foram transformadas por Hudson, em defesa ao republicanismo. Como forma de demonstrar seu empenho naquela crença política, vendia em sua residência a publicação a ela referente. No caso apresentado, o poeta "republicano" intentava compor a aproximação entre os operários e *A República*. Assim, ao reconhecer a dificuldade dos recursos dos trabalhadores, prometia edições anteriores com preços módicos. Ainda salientava o incentivo à leitura, talvez porque esperava que os operários reconhecessem a importância daqueles princípios. Tal tática era uma das estratégias utilizadas igualmente pelas folhas de trabalhadores.[48] Vale ressaltar que o endereço da residência de Hudson, mostrado no anúncio analisado, diferia daquele próximo ao bairro do Catete. Gerson (1965) comenta que a Rua Larga de São Joaquim, naquele momento, era caracterizada por ricos casarões acompanhando a suntuosidade do Palácio do Itamaraty. Com dimensões amplas, essa via abrigava, em 1874, a escola normal, estabelecida pelo Senador Manoel Francisco Correa. O empreendimento particular foi extinto logo após a instituição de lei que autorizava a criação da escola normal pública.[49] No mesmo ano em que a escola normal era fundada, o colégio Duas Coroas, que servia como ponto de referência para a residência de Hudson, mudava-se para a Rua da Imperatriz, n. 184. Mesmo com a modificação de endereço, D. Felisberta Augusta da Conceição Gonzaga continuava à frente desse estabelecimento instrutivo exclusivo para mulheres. A

---

[48] Ver: MARTINS, Bárbara Canedo Ruiz. *Os trabalhadores que se apresentam à noite as escolas:* sentidos e significados dos cursos noturnos para trabalhadores urbanos no Rio de Janeiro (1870-1910). Tese (doutorado)-Universidade Federal Fluminense, Niterói, 2018, especialmente capítulo 1.
[49] GERSON, B. *História das ruas do Rio de Janeiro*. Rio de Janeiro: Civilização Brasileira, 1965, p. 144-146.

alteração da localização do Colégio Duas Coroas podia informar sobre a dificuldade da proprietária em se manter naquele espaço diante da concorrência da escola pública.

Podemos depreender das observações anteriores que Otaviano Hudson, desde sua chegada na Corte até o final de sua vida, tentava circular em lugares de visibilidade social, próximos a estabelecimentos ligados à instrução. As redes de conhecimento tecidas nesse momento o acompanhariam até o fim. Hudson tentava se manter na cidade por meio da sua ligação com as letras. Por exemplo, a proximidade entre o poeta e o Senador Manoel Francisco Correa, fundador dos cursos noturnos da Associação Promotora da Instrução. Não nos é difícil imaginar que esses sujeitos transitavam em lugares comuns e que, com algum esforço, Hudson tenha ganhado a confiança do primeiro.[50] Desde os anos de São João do Príncipe, os contatos estabelecidos por intermédio da imprensa, aliados à instrução, lhe asseguravam o sustento. Além disso, podemos pensar, igualmente, que o convívio e a credibilidade junto a personalidades influentes também lhe permitiam meios de garantir alguns êxitos para as suas "divinas crenças", compartilhadas, como vimos, com seus companheiros literatos.

Os caminhos trilhados por Hudson o levaram a estar mais próximo das reivindicações operárias. A imprensa era o principal meio de expressão das atividades que realizava junto às associações de trabalhadores. Entre elas, destacamos a redação de artigos para o jornal *Tribuna Artística*, que, por suas características, também se

---

[50] O Senador Manoel Francisco Correa, em representação no senado, informa as péssimas condições de alimentação do batalhão naval, a partir das informações fornecidas por Hudson: "De um cidadão em que muito confia, o Sr. Otaviano Hudson, soube o orador que a ração distribuída ás praças do batalhão naval que fazem a guarnição do arsenal é insuficiente. O honrado ministro providenciará no sentido de pôr termo a esses tristes abusos.", *Gazeta de Notícias*, 16 maio 1884, p. 2.

aproximava dos ideais republicanos. As colunas sob o título "Artistas do Brasil" foram publicadas igualmente no *Diário de Notícias:* as primeiras de autoria de Hudson, que contemplavam as questões dos ganhos dos trabalhadores, especialmente daqueles a quem chamava de *artistas,* ou seja, todos aqueles *artistas mecânicos:* "ferreiro, pedreiro, carpinteiro, marcineiro, pintor, tipógrafo". A atenção de Hudson nesses artigos estava em dignificar esses trabalhadores com o aumento de diárias e salários. A falta de recursos os fazia dependentes, sem condições para manter a família e a educação dos filhos. Era taxativo sobre quais os artistas que deveriam ser beneficiados primeiro: aqueles que serviam ao governo, não só os dos arsenais, como, também, dos outros estabelecimentos.[51]

    O aumento da remuneração daqueles "artistas", para Hudson, estava ligado à preservação e à continuidade das oficinas, bem como à diminuição do estado de miséria entre eles. O sentido daquelas reivindicações estava relacionado à mudança de comportamento daqueles trabalhadores. Hudson pleiteava o acesso desses trabalhadores "a outras necessidades que a civilização reclama", sejam elas "dignidade no trajar" e, sobretudo, que pudessem, com "alguns tostões", comprar livros e revistas.[52] Costa (2009) demonstra que Otaviano Hudson não visava a transformação das estruturas, antes, primava pela valorização do trabalho e do operário, incentivando a união entre eles.[53] Acreditamos que Hudson apostava na instrução, por meio da leitura, para dignificar o trabalho a fim de que os *artistas mecânicos,* especificamente, pudessem usufruir dos "benefícios da

---

[51] *Tribuna Artística,* Artistas do Brazil, 3 dez. 1871, p. 2.
[52] *Ibid.,* 10 dez. 1871, p. 2.
[53] COSTA, Rafael Maul de Carvalho. Trabalhadores livres e escravidão: seguindo pistas sobre as lutas e projetos de organização do mundo do trabalho no Rio de Janeiro de fins do XIX. In: *ANPUH – XXV Simpósio Nacional de História,* Fortaleza, 2009, p. 2.

civilização". Esse pensamento, em si, não contém realmente nehuma mudança drástica, ou ruptura extrema, ou mesmo revolucionária, mas incluía os trabalhadores, os "pobres operários", como parte da civilização desejada. Tal ideal passava, também, pela organização de práticas instrutivas para os trabalhadores.

Nesse mesmo sentido, Otaviano Hudson avançava nas questões dos trabalhadores, munido de ideias e projetos em torno daqueles que pertenciam aos ofícios mecânicos. Naquele momento, Hudson parecia sintetizar o ponto de ligação entre o grupo republicano, conectado à imprensa, e os trabalhadores, com quem, provavelmente, tinha contato por meio da venda dos jornais. Aliás, a estratégia de distribuição do jornal *A República* corria bem, haja vista a fundação da Liga Operária. O contato estreito entre o poeta e a "classe operária" apresentava traços que iam além da ideia republicana, pois reunia, igualmente, ideias difusas sobre o socialismo. A exposição das finalidades da criação da Liga e a publicação da primeira ata de reunião nas páginas da *Tribuna Artística* atestavam o quanto Hudson se tornava peça influente na tal associação:

> A Liga Operaria
>
> Ora a democracia, ora o socialismo influem no arcar constante dos indivíduos proletários contra os capitalistas, e as teorias sucedem-se, umas após as outras, levando de vencida a estabilidade do feudalismo dos últimos séculos [...]
> Essa luta é imensa, e se cada indivíduo de per si não procurar resolver o problema da vida, ela será interminável, ou dará em resultado um predomínio incapaz de ser o que queremos e devemos almejar. [...] Assim levados á investigação, nós concebemos o socorro mútuo e a instrução como único

> principio que deve ser aceito para a organização das associações operárias.
> Estas reflexões foram-nas sugeridas pela notícia que tivemos da organização da associação Liga Operária. O iniciador desta ideia, o Sr. Octaviano Hudson, torna-se digno de mil encômios por ter levado a efeito esta obra, que a muitos pareciam uma mera utopia.[54]

O texto traz a disposição de luta daqueles envolvidos com a ideia da Liga Operária, oferecendo-lhes soluções para o mesmo problema: a democracia ou o socialismo. Contudo, mesmo diante dessas alternativas, a questão mais importante era a criação de condições propícias para que os trabalhadores se associassem e garantissem a instrução. O próprio autor refletia sobre a organização daquele tipo de associação mutualista: parecia "utopia". Ou seja, formar uma associação que incentivava a instrução dos trabalhadores era algo impensável para a realidade da sociedade oitocentista, alicerçada no trabalho dos escravizados. Sem dúvida, a colaboração de Otaviano Hudson foi importante para dar início à proposta. Assim como outros homens livres de cor, Hudson acreditava que o avanço do país em direção à civilização e sua efetiva mudança estavam localizados na instrução. Pinto (2014) salientou que também Machado de Assis entendia que as fronteiras sociais precisavam ser superadas a partir do "desenvolvimento das letras e da educação nacional".[55] Desse modo, Hudson buscava meios para que as diferenças raciais e de classe perdessem a relevância e, para tanto, incentivava a união entre aqueles que produziam "riqueza" e

---
[54] *Tribuna Artística*, A Liga Operária, 25 fev. 1872, p. 1.
[55] PINTO, 2014, p. 114.

os outros setores sociais, como manifestou no momento da criação da Liga Operária, conectando operários e a instrução:

> Esta associação de beneficência não pode deixar de merecer adesão pública e as simpatias de todas as classes, porque ela é fundada sob as bases as mais sagradas da sociedade – amor ao trabalho, proteção e respeito mútuo e instrução aqueles que não a tiverem.
> Para que o operário reconheça que tem deveres sérios a cumprir é necessário ter a instrução primária em primeiro lugar, para poder dá-la também aqueles que a não tiverem e proporcionar a seus filhos a educação operaria e instrutiva.
> Se a classe operaria não tiver a instrução precisa será um obstáculo ao progresso do trabalho que lhe sair das mãos.
> Aos operários analfabetos ensinaremos a ler. É para o bem comum que o sócio terá de dar um livro para a biblioteca da associação.[56]

No trecho destacado, Hudson tem como primeira direção o saber do operário por meio da associação de trabalhadores. A instrução tornava o trabalhador autônomo, capaz de disseminar o conhecimento, encarregando-o de transmiti-lo à própria família. E, para Hudson, a instrução era parte importante no desenvolvimento do trabalho, sendo necessário gerar meios para fazê-la avançar, como, por exemplo, a formação de uma biblioteca na sede da associação. A organização das aulas e espaço de biblioteca sugeria a tentativa de construção de espaço alternativo e independente, diferente daqueles criados por outras sociedades, como a Sociedade Auxiliadora da Indústria Nacional e o Liceu de Artes e Ofícios, cuja manutenção estava ligada às elites oitocentistas.[57]

---

[56] HUDSON, O. A liga operária. *Tribuna Artística*, 25 fev. 1872, p. 2.
[57] Segundo Costa, essas foram as primeiras a desenvolver iniciativas de instrução noturna voltadas para o trabalhador, especialmente da Indústria Nacional, criada em 1870. COSTA, 2009, p. 76.

De forma geral, os jornais operários, quando indicavam as iniciativas de instrução noturna, promoviam, especialmente, aquelas articuladas por sociedades particulares. Entre elas, destacamos: o Liceu de Artes e Ofícios, a Sociedade Promotora da Instrução, o Congresso de Beneficência e Instrução, o Liceu Literário Português[58]. Alinhado aos princípios de defesa da instrução dos trabalhadores, Otaviano Hudson começava a alargar a compreensão sobre os grupos que deveriam ter acesso àquele tipo de conhecimento. O enfraquecimento da Liga Operária como associação mutualista acontecia concomitantemente à entrada de Hudson como colaborador do *Jornal do Commercio*. Nesse momento, podemos observar a ligação com outras redes de colaboradores, que de alguma forma, acreditavam na instrução para setores menos favorecidos, mas organizados em torno da política monarquista.

    Não há, por enquanto, evidências da razão de tal transição. Provavelmente, como jornalista e escritor da coluna *Musa do Povo* houvesse garantias melhores para o seu sustento e de sua irmã, como também, meios de influir politicamente no cenário oitocentista. Observa-se maior trânsito de Hudson na frequência de eventos noturnos, como teatros e conferências, locais de discussões sobre instrução e o fim da escravidão, ocasiões que lhe davam maior visibilidade, no início dos anos de 1880. A homenagem póstuma da *Revista Illustrada,* de Ângelo Agostini, deixava entrever o desagrado com os ideais republicanos:

---

[58] Outras iniciativas foram subvencionadas pelo governo (porém, não ganharam as páginas dos jornais operários), como o Curso Noturno da Sociedade Propagadora da Instrução das Classes Operárias, na Rua São Clemente; aquele promovido pela Irmandade de Nossa Senhora de Copacabana; a Escola Noturna da Irmandade de Nossa Senhora da Conceição do Engenho Novo, entre outros. *Arquivo Nacional*, Série Educação, Ie – 20, 1877, Ie – 17-1874.

Em tempos, dedicara-se de corpo e alma à república. Vendo, porém, que ela não passava, ainda, entre nós, de uma palavra sedutora, conformou-se com a monarquia, que era o fato, e tratou de lhe extrair a maior porção de benefícios, para os seus protegidos.[59]

Os protegidos de Hudson não eram apenas os operários, na ocasião de sua morte, mas antes aqueles sujeitados a uma infância pobre. Em variadas notícias da sua passagem, a preocupação do poeta com a orfandade é sempre destacada. Provavelmente, esse maior apelo às crianças estava ligado ao esforço para que o seu método de alfabetização fosse adotado por escolas públicas e privadas. Em 1876, foram lançados mais de cinco mil exemplares do seu livro: *Méthodo Hudson oferecido à infância e ao povo*.[60]

Segundo Mesquita (2016), o *Método Hudson* empregava a silabação, muito comum em obras com o mesmo fim. A alfabetização, segundo a autora, realizava-se por meio da constante repetição de sons e associação de caracteres, e competia diretamente com outros métodos bem populares, como o de Castilho. A diferença daquele proposto por Otaviano Hudson, segundo Mesquita (2016), é a maior preocupação com os "aspectos da fisiologia da alfabetização", ou seja, a inovação estava no ensino da leitura e da escrita de forma fonética. Hudson "separou e articulou progressivamente o aprendizado de sons, letras, sílabas, palavras, frases e textos. A ideia dele era conscientizar a criança de que sua fala podia ser representada por algo escrito e, depois, lido."[61]

---

[59] *Revista Illustrada*, ano 11, n. 427, p. 2.
[60] Biblioteca Nacional, V-255, 1, 1, n. 14, 1976; V-254, 5, 2, n. 30, 1879.
[61] MESQUITA, Simone Vieira de. *Ensino militar naval*: Escola de Aprendizes Marinheiros do Ceará (1864-1889). Tese (Doutorado) – Programa de Pós-Graduação em Educação, Universidade Federal do Ceará, Fortaleza, 2016, p. 228.

A apresentação oficial do método desenvolvido por Hudson acontecia perante as autoridades públicas e diretores de estabelecimentos de ensino privados na Escola da Freguesia de Santa Rita. Além do ofício encaminhado pelo próprio Hudson à Inspetoria Geral de Instrução Primária e Secundária do Município da Corte, em 3 de abril de 1876, há a indicação de que essas demonstrações ocorriam com certa frequência:

> O Sr. Octaviano Hudson, desenganado de que ele é o único republicano convicto e sincero do Brasil, chegando à força do cálculo a reconhecer que uma andorinha só não faz verão, cortou o cabelo e engendrou um método de ensino rápido de primeiras letras; para demonstrar a vantagem do seu sistema, tem feitos ensaios em diversas escolas, já públicas, já particulares, desta cidade; conseguindo ensinar em alguns minutos as crianças de inteligências mais acanhadas e rebeldes a conhecer e distinguir as letras, juntá-las, combiná-las em sílabas etc.[62]

Embora a intenção dessa notícia fosse fazer chiste com outras personagens da Instrução Pública naquele momento, sabemos que Otaviano Hudson, a partir de 1876, esforçava-se para convencer determinados setores sociais da importância e da rapidez do seu método em comparação aos demais utilizados na época. Hudson reconhecia a relevância dessas demonstrações no meio, o que poderia lhe render alguma visibilidade ao proporcionar a instrução de maneira indistinta. Lembro que a distribuição do livreto era gratuita, como reafirma o poeta ao corrigir o redator da *Gazeta de Notícias*, quando trezentos exemplares foram destinados pelo Ministério da agricultura para as "terras e colonização, no Rio

---

[62] *Revista Illustrada*, 26 fev. 1876, ano I, n. 9, p. 2.

Grande do Sul".⁶³ O empenho de Hudson deve ter lhe rendido senão algum tesouro, pelo menos expedientes para outras relações e redes políticas. Por exemplo, seu método foi enviado à Companhia de Aprendizes Marinheiros, para ser avaliado e aplicado.⁶⁴

Nesse sentido, as organizações militares voltadas ao ensino de praças também eram seu alvo, de certo modo todos aqueles trabalhadores que estavam em formação poderiam tornar-se alfabetizados pelo sistema oferecido por Hudson. Não nos parece ao acaso o aparecimento de um anúncio também na *Revista Illustrada* de um rapaz procurando emprego:

> Um moço que tem o curso completo de leitura repentina do Sr. Octavianno Hudson oferece-se para guarda livro de qualquer casa comercial de 1ª. ordem ou de estabelecimento bancário. Dirijam-se à Rua da Guarda Velha, n. 154, 1º. Andar.⁶⁵

Acredita-se que estava nítida a intenção de escárnio do anúncio, como a maioria daquelas notas na respectiva seção da *Revista Illustrada*. Fica patente que o método Hudson alcançava outros tipos de trabalhadores, que não os operários, mas aqueles ligados ao comércio, que procuravam de alguma forma a distinção social, no concorrido meio. Contudo, a pilhéria dá lugar à pequena reflexão. Nesse sentido, acionar a competência da leitura e da escrita trazia para professores e trabalhadores outros lugares e mais legitimidade, como observa-se no anúncio a seguir:

---

[63] "Sr. Redator – Pelo ministério da agricultura autorizou-se a inspetoria geral das terras e colonização a comprar-se 300 exemplares do meu método!! Surpreendeu-me semelhante autorização publicada ontem pelo Diário Oficial. Meu método, Sr. Ministro da agricultura, não se vende, dá-se. Se ele é útil porque o governo não manda reimprimi-lo? Tem franca permissão para o fazer, sem que por isso da minha parte exija coisa alguma. Repito, o Método Hudson não se vende, dá-se. Octaviano Hudson." *Gazeta de Notícias*, 17 mar. 1877, p. 3. O que foi logo corrigido posteriormente, no dia 19 de março, p. 1.
[64] MESQUITA, *op. cit.*, p. 229-230.
[65] *Revista Illustrada*, 1º dez. 1876, ano I, n. 45, p. 6.

> Escrituração Mercantil- L. H Canezza, guarda-livros professor de ESCRITURAÇÃO MERCANTIL E ARITIMÉTICA COMERCIAL, garante que em 8 meses os seus alunos obterão os conhecimentos teóricos e práticos indispensáveis a um guarda-livros.
> O professor CANEZZA, coadjuvado pelo seu colega e amigo o professor Francisco Xavier do Cento, abriu um CURSO NOTURNO para as pessoas do COMÉRCIO que desejam aprender a LER, ESCREVER E CONTAR. (para a leitura o sistema empregado é o SISTEMA HUDSON)
> Preparam-se alunos para o IMPERIAL COLÉGIO PEDRO II(1º., 2º. E 8º. Anos)
> A LÍNGUA FRANCEZA hoje indispensável para toda e qualquer pessoa, é ensinada em pouco tempo pelo professor CANEZZA; sua longa prática de ensino e seu método lhe permitem assegurar um resultado favorável as pessoas que o honrarem com sua confiança.
> Informações das 9 horas da manhã ás 9 horas da noite.
> Becco do Fisco n. 1.[66]

Manteve-se o destaque do anúncio para ficar evidente a operação feita por L. H. Canezza ao salientar a utilização do método Hudson. Canezza procurava encontrar comerciários que não sabiam ler e escrever, ou alguém que desejasse ocupar esse trabalho, sua fonte de renda. Verificou-se, ainda, outro curso noturno utilizando o mesmo artifício, mas localizado na Rua da Alfandega.[67]

---

[66] *Gazeta de Notícias*, "Annuncios", 28 jul. 1876, n. 202, p. 4.
[67] "ESCRITURAÇÃO MERCANTIL - Ensino prático e teórico, por um antigo guarda-livros, compreendendo as operações da aritmética aplicada em comércio. Anexa a aula de escrituração mercantil funciona um CURSO PRÁTICO DAS LÍNGUAS FRANCESA E INGLESA, indispensáveis as pessoas que se destinam a vida comercial. AULA NOTURNA Ensina-se a ler, escrever e contar as pessoas analfabetas. O sistema empregado na leitura é o SISTEMA Hudson. Informações da 9 as 3 horas da tarde das 5 as 9 horas da noite. Rua da Alfandega 130." Em todo o anúncio podemos observar o quanto é valorizada a praticidade do conhecimento no curso voltado para os trabalhadores interessados, desde o uso das línguas estrangeiras, atestando a maior presença dos mesmos na praça comercial, quanto à importância da leitura para os analfabetos. *Gazeta de Notícias*, "Annúncios", 9 ago. 1876, p. 4.

Ambos situados na Freguesia do Sacramento, onde "as atividades comerciais, artesanais e manufatureiras eram predominantes" e havia maior número de escravizados nas tarefas domésticas, durante a década de 1870, como aponta Lobo (1978).[68] Ou seja, era uma zona urbana, onde a mão de obra livre era empregada na maior parte dos empreendimentos, o que poderia excluir cativos desses locais de instrução. É preciso lembrar que embora a legislação corrente proibisse a presença de escravizados nas instituições públicas e privadas voltadas para a instrução, havia outros meios para que homens e mulheres tivessem acesso aos mundos da leitura e da escrita, como indicam os anúncios de fugitivos nos periódicos.[69]

Nos anúncios de jornal da *Gazeta de Notícias* não era difícil encontrar outros como aqueles destacados acima, porém eram mais restritos, ou acusavam o uso de método próprio com mais rapidez e segurança no letramento. Para efeito de comparação, menciona-se o caso do Externato Menezes, também do mesmo ano de 1876, que anunciava no mesmo jornal desde 1875. No início o destaque era o curso noturno, mas aos poucos a área de "escrituração mercantil (aula comercial)" ganhava maior ênfase. A mudança é bem visível nos anúncios posteriores (tamanho e inserção de imagens), que mantinham a informação inicial da abertura do curso noturno para "iniciantes e analfabetos". Para estes últimos, as mensalidades eram de seis reis. Menezes conservava igualmente o auxílio de um "hábil colega", cujo nome não revelava durante os meses de circulação do seu anúncio. Essa característica causa estranheza, pois nas demais

---

[68] LOBO, Eulalia. M. L. *História do Rio de Janeiro:* do capital comercial ao capital industrial e financeiro. Rio de Janeiro, IBMEC, 1978, p. 239.
[69] Ver: WISSENBACH, Maria Cristina Cortez. Cartas, procurações, escapulários e patuás: os múltiplos significados da escrita. In: *Revista Brasileira de História da Educação,* n. 4, jul./dez., 2002; BARBOSA, Marialva. *Escravos e o mundo da comunicação:* oralidade, leitura e escrita no século XIX. Rio de Janeiro: Mauad X, 2016.

disciplinas oferecidas nos cursos preparatórios ou de contabilidade os nomes apareciam: "Matemáticas elementares, professor Dr. A. Coimbra; filosofia e retórica, professor Antônio F. Martins, inglês John Moore, geografia e história, Dr. Moreira Pinto, português e gramática filosófica, Antônio Francisco Martins; Latim, A. de Lafayette". Essas diferenças podem significar o reconhecimento e a destreza do tal professor – ou professora?! – incógnito(a) junto aos trabalhadores que queriam/precisavam saber ler e escrever. Afinal, Dr. Menezes afirmava a habilidade como "professor de caligrafia e escrituração mercantil, pela sua longa prática de 18 anos de ensino", garantia, ainda, "que seus alunos em pouco mais de dois meses obtém uma bonita letra e escrevem com rapidez e certeza, mesmo as pessoas nervosas".[70]

O detalhamento desses textos ajuda a perceber o público de trabalhadores para o qual esses anúncios sinalizavam a possibilidade do aprendizado da leitura e da escrita. Popinigis (2007) afirma que a profissão de caixeiro no Rio de Janeiro obedecia a "uma escala hierárquica", em que o número de caixeiros dependia do tamanho do estabelecimento. Por isso "aquele que cuidava das finanças era o primeiro-caixeiro ou guarda-livros, o que atendia o público era chamado de caixeiro de balcão, que podia também ser o segundo-caixeiro". Além do "caixeiro de fora", responsável pela limpeza e pelas entregas.[71] Portanto, naquele momento, a leitura e a escrita eram utilizadas como instrumentos de melhor colocação no interior de determinada profissão.[72] Já que o período foi caracterizado

---

[70] *Gazeta de Notícias*, "Annúncios", 8 out. 1875, p. 3.
[71] POPINIGIS, Fabiane. *Proletários de casaca*: trabalhadores do comércio carioca, 1850-1911. Campinas: Editora da Unicamp, 2007, p. 34-35.
[72] Para acompanhar os sentidos e mudanças desse comportamento ao longo dos anos decisivos da reforma eleitoral, ver minha tese, capítulo 2.

pelo baixo poder aquisitivo salarial, devido às crises inflacionárias recorrentes.[73] Otaviano Hudson, por sua vez, buscava expandir a assistência do seu método e não descuidava dos trabalhadores, embora seus epitáfios acentuassem os predicados de ajuda às crianças desvalidas. No ano de lançamento da sua obra, 1876, teve uma segunda edição e, nos anos posteriores, há indícios de subvenções para uma terceira. A adoção do método Hudson até mesmo nos cursos noturnos particulares estava associada à energia empenhada pelo referido autor para demonstrar os benefícios em todas as possíveis oportunidades, não só diante de autoridades, mas de comerciantes e dos professores públicos das principais freguesias. A seguir, um quadro que marca essas ações, que se tornavam cada vez mais corriqueiras nas páginas do jornal e por vezes se avolumavam:

Quadro 1
Anúncios e propagandas do Método Hudson, 1876-1877

Local	Atestados	Data
Sem local	Professora Dona Zulmira Elisabeth, 2ª. cadeira da escola pública da Freguesia se Santana	22/02/1876
Sem Local	Professor A. C. Xavier Cony, da 1ª. Escola da Freguesia de Santana	24/02/1876
Loja do Sr. Pinheiro & Lima (Rua do Ouvidor)	Dr. Fernando Francisco da Costa Ferraz; Dr,. Ocídio Diniz Junqueira, Agostinho da Rocha Miranda, Comendador Luiz da Rocha Miranda.	4/03/1876 (p. 1)

---

[73] LOBO, Eulália M. L., *op. cit.*, p. 235.

Grande Oriente Unido do Brasil (Rua dos Beneditinos)		28/07/1876, (p.1); 30/07/1876. (p.1)
Atheneu Niteroiense (sede)	Dr. Antônio do Nascimento Silva	20/08/1876 (p.2)
Fazenda de Santa Cruz		14/12/1876 (p.2)
10º. Batalhão de Infantaria (Praça da Aclamação)	Major Francisco de Assis Guimarães; Capitão Luiz Borges Monteiro e Capitão Francisco Ignácio Coelho.	(10/03/1876), publicado em 12/04/1876, p.3 (Publicações a pedido)
Sem local	Victor Resse Filho; 1º. Tenente da Armada, Leopoldo Bandeira de Gouveia; Henrique Resse	(8/03/1876), publicado em 13/04/1876, p.3 (Publicações a pedido)
Quartel da Primeira Companhia de Aprendizes Artífices	Comandante Manoel Benício Ferreira de Almeida; Comandante Eduardo Luiz Cordeiro, professor; Antônio José Caetano da Silva, ajudante de professor.	(8/03/1876) publicado em 13/04/1876, p.3 (Publicações a pedido)
Sem local	Francisco Joaquim Bittencourt da Silva	(6/03/1876) publicado em 13/04/1876, p.3 (Publicações a pedido)
Sem local	Barão de Vila Maria; Joaquim Murtinho; Alcino José Chavantes; T. Gomes da Silva	(5/03/1876) publicado em 13/04/1876, p.3 (Publicações a pedido)

Sociedade Imperial Amante da Instrução	Dr. Francisco de Assis Mascarenhas	(15/03/1876) publicado em 13/04/1876, p.3 (Publicações a pedido)
Sem local (todo em italiano)	Sac. Nicola Guma; Vacchino Giuseppe; A. Molteni; Sac. Antônio Corsico Picolini	(4/03/1876) publicado em 13/04/1876, p.3 (Publicações a pedido)
1ª. Escola Pública da Freguesia da Glória (Praça Duque de Caxias)	Joanna Amália de Andrade; Antônio Cypriano de Figueiredo Carvalho	(25/02/1876) publicado em 13/04/1876, p.3 (Publicações a pedido)
Escola Noturna da Freguesia de São João Batista da Lagoa	Amélia Mathilde Gasser; Rosa de Amaral Chaves; Manoel Antônio de Magalhães Calcet; Pedro R. Fernandes Chaves; Antônio José da Silva Costa; L. Bàhr; Henrique Oliveira Amaral; José de Souza Machado, professor; Severiano Cancio José do Carmo, professor.	(7/03/1876) publicado em 13/04/1876, p.3 (Publicações a pedido)
Sem local (adaptado para o ensino do grego)	Aurélio Lavór, 3º. Anista de medicina	(7/03/1876) publicado em 13/04/1876, p.3 (Publicações a pedido)
Colégio Almeida Martins	Comendador e diretor José Luiz de Almeida Martins	(24/02/1876) publicado em 13/04/1876, p.3 (Publicações a pedido)

Escola Municipal de São José	Augusto Arthur de Siqueira Amazonas	(23/02/1876) publicado em 13/04/1876, p.3 (Publicações a pedido)
Agência de Leilões (Rua dos Ourives, n. 52[?])	João José Correia, negociante; Frederico Augusto de Figueiredo, idem; Francisco Gomes Patrício, capitão honorário; João S. Schutel, negociante; João de Souza Siqueira, negociante.	(5/03/1876) publicado em 13/04/1876, p.3 (Publicações a pedido)
Colégio do Mosteiro de São Bento	Joaquim Januário de Sá Barbosa	(8/03/1876) publicado em 13/04/1876, p.3 (Publicações a pedido)
Casa de Srs N e Arthur Napoleão (casa comercial)	Dr. Galdino Emiliano das Neves	(6/03/1876) publicado em 13/04/1876, p.3 (Publicações a pedido)

Fontes: anúncios da *Gazeta de Notícias*, 1876-1877.

As ocorrências que atestavam o uso e a utilidade do método Hudson no jornal *Gazeta de Notícias* elucidam algumas questões sobre a forma como o autor conseguia manter contatos com agremiações e associações imperiais voltadas para a instrução. Mas também, indicam que Hudson estava comprometido com outras causas e procurava atender outros tipos de experiências, mais distantes do que aqueles homens livres vinculados às casas comerciais. As notícias sobre a rapidez e a funcionalidade ganhavam espaço nos anúncios e publicações a pedido. Cerca de 30% davam destaque às pessoas envolvidas, sejam professores negociantes ou homens das Armadas, mas silenciavam quanto ao local. Isso demonstrava como era importante ser reconhecido por determinados grupos. O desempenho de Hudson exprimia a rede de apoio que tentava formar diante da sua ideia de instrução. Até porque, grande parte desses anúncios estava na seção de publicações a pedido e confirmava a autenticidade do *Método* no momento que ele era colocado em xeque. Quanto ao local, nos anúncios sobressaíam os colégios e as escolas públicas urbanas. Temos os atestados dos professores das principais delas, algumas enfatizando a aplicação cotidiana:

> O Sr. A. C. de Figueiredo Carvalho, professor da escola pública da Glória, tem posto em prática e método de ensino do Sr. Octaviano Hudson, com grande aproveitamento. Muitas pessoas se tem ali dirigido a observar as vantagens praticas deste sistema, que sem contestação, é de reconhecida utilidade a prática de ensino.[74]

Essa nota, que saiu na primeira página do jornal, assegurava não apenas o apoio do professor Figueiredo Carvalho, como também manifestava o entusiasmo e o espaço de visibilidade dado ao *método Hudson*, visto que outras pessoas – não identificadas – iam até o local para se certificar dos proveitos e garantias que adivinham de tal método.[75] A notoriedade provocava a possibilidade de maior alcance dentre todos aqueles que precisavam ou desejavam a leitura. O quadro 1 mostra também que os estabelecimentos

---

[74] *Gazeta de Notícias*, 11 mar. 1876, p. 1.
[75] No ano de 1879, Hudson reunia em sua casa, então na Rua de Santa Luzia, n. 1 (freguesia de Santa Rita), professores que protestavam contra as condições de trabalho e seus salários. *Gazeta de Notícias*, 3 abr. 1879, p. 2.

de aprendizagem das Forças Armadas ou quartéis estavam entre os locais visitados por Otaviano Hudson. Parte dos militares acolhia o investimento de Hudson e espalhava seus cadernos para outras províncias, como já demonstrado anteriormente. Até outros ministérios o adotariam, como no caso daquele setor responsável pela migração no Sul do país. Aliás, entre os anúncios vemos a adoção do método tanto por estrangeiros italianos para o aprendizado do português, quanto de brasileiros que o utilizava para entender outra língua, no caso o grego.

Ainda, é relevante destacar os atestados realizados por negociantes ou em casas comerciais. Nas lojas apareciam outros sujeitos que não meninos e meninas em idade de alfabetização, mas trabalhadores analfabetos, entre eles, os escravizados. Temos igualmente caixeiros que conseguiam falar em outras línguas, o que comprovava a narrativa dos anúncios de escrituração mercantil, analisados anteriormente.

No caso dos escravizados, temos três episódios, o primeiro deles na loja do Sr. Pinheiro & Lima, sito na Rua do Ouvidor, "chamando um preto que estava à porta e que foi reconhecido ser completamente analfabeto", após o método Hudson ter sido posto em prática, "e apesar da repugnância do discípulo, em 11 minutos ficou conhecendo nove números não só seguidamente como salteados". Maiores detalhes o identificavam: o "preto é escravo do Sr. Ovídio Diniz Junqueira e de nome Severo, com 45 anos, de nação congo". Avançavam os atestados, e em mais uma dessas demonstrações, Hudson conseguiu fazer "um preto velho e analfabeto" "conhecer 4 letras", em 7 minutos. Já o terceiro caso aconteceu na Casa de Leilões, na Rua dos Ourives, nas "experiências" do método Hudson: "foi chamado um preto de ganho completamente ignorante, cujo resultado em dez minutos teve um sucesso extraordinário".

Em todos os relatos, a rapidez e a eficiência do método Hudson são expostas por aqueles que confirmavam sua eficácia. Hudson insistia na possibilidade de os cativos aprenderem a ler e escrever, mesmo que alguns não desejassem, como afirmava o interlocutor do anúncio. Nos casos retratados, a etnia (congo) e a velhice definiam a possível falta de capacidade para aprender "novidades", por parte daqueles que os julgavam.[76] O que de certo modo ajudava o *Método* a se notabilizar, e atestava o quanto Hudson pretendia fazer da instrução uma ferramenta para diminuir as diferenças, embora as crenças sociais afirmassem o contrário.

A instrução era a utopia possível para Otaviano Hudson. O *método Hudson* atendia também outros propósitos que não apenas a leitura e a escrita de analfabetos sem distinção. Ajudava aqueles que precisavam angariar fundos para a própria manutenção, como Hudson reconhecia em carta enviada a Lopes Trovão com o intuito de pedir recomendações para outra pessoa:

> É Republicana e como tal merece de tua pena um artigo de recomendação. [...] Nossa correligionária Helvina Ribeiro,

---

[76] Vale lembrar que a idade avançada diminuía o valor do escravo colocado à venda, mesmo que tivesse especializações. Por outro lado, as diferenças entre as classificações étnicas operadas no mundo da escravidão também acabavam por definir suas aptidões e serviços nos quais poderiam melhor ser aproveitados. Por exemplo, aqueles originários das regiões da África Ocidental, como minas, e nagôs eram considerados como mais inteligentes, dados ao pequeno comércio de gêneros. Já aqueles da África centro-ocidental poderiam ser considerados mais aptos para trabalhos domésticos e serviços mais braçais. Tais crenças podem ser percebidas quando analisamos os discursos de alguns viajantes estrangeiros, como: V Mac-Erin (*Huit mois sour les deux oceans*, 1882, p. 143-150); Charles d'Ursel (*Sud-Amérique: séjour et voyages au Bresil, à la Plata, au Chili, en Bolivie et au Pérou*, 1880, p. 79-87); Herbert Huntington (*Brazil: the Amazons and the Coast*, 1873-1881, p. 485-488, 525.), e Cristopher Columbus Andrews (1882, p. 36). Além do casal Agassiz, que visitou o país na década anterior entre 1865-1866, onde há maior detalhamentos sobre essas diferenças, fruto do olhar eivado pelo racismo científico que via a mestiçagem como degeneração. Sobre Agassiz, ver: MACHADO, Maria Helena P. T. (Org.) *O Brasil no olhar de William James:* cartas, diários e desenhos, 1865-1866. São Paulo, Edusp, 2010.

aluna romana, que tem a ideia de seguir a carreira de medicina e é atualmente discípula do Jasper. [...] Esta Rio Grandense ao passo que se prepara para a nova carreira e frequenta aquele externato, abriu um curso para lecionar a matéria que já sabe – o português – para meninas, esta nossa correligionária vai lecionar pelo meu método e para melhor auxiliá-la eu autorizei-a por nos seus anúncios ela fornecer aos novos discípulos o método gratuitamente.[77]

Embora alguns analistas do período[78] tenham considerado Hudson como republicano afastado de seus ideais, vendo-o cada vez mais associado à monarquia, o referido poeta não deixava de recorrer àqueles que defendiam os ideais republicanos. Saldanha Marinho encabeçava a lista de nomes convidados para a apresentação na escola da Freguesia de Santa Rita, relatada anteriormente. Lopes Trovão, por sua vez, foi instado à cooperação no caso da estudante de medicina Helvina Ribeiro, visto que o próprio Otaviano Hudson procurava auxiliá-la ao permitir o uso do seu método.

Sem dúvida, esta carta abre outras possibilidades investigativas, pois a Sra. Helvina Ribeiro não era a única[79] a quem Hudson ajudava, nem era um caso de momento, pois alguns anos antes, Narciza Amaral escrevia a Hudson agradecendo as "provas

---

[77] Carta a Lopes Trovão. *Biblioteca Nacional*, Obras Raras, I – 5, 16, 68.
[78] A participação de Hudson em determinados eventos ligados à monarquia ou a frequência ao Palácio das Laranjeiras, residência da Princesa Isabel e do Conde d'Eu, eram sempre motivo de críticas nas colunas Balas de Estalo assinadas por Lulu Sênior, pseudônimo de Ferreira de Araújo. *Gazeta de notícias*, 31 ago. 1883, p. 3; 05 set. 1883, p. 3; 7 set. 1884, p. 3. Sobre a coluna, ver: RAMOS, Ana Flávia Cernic. *As balas de estalo de Machado de Assis: política e humor nos últimos anos da Monarquia*, p. 5. Disponível em: <http://www.filologia.org.br/machado_de_assis/As%20balas%20de%20estalo%20de%20Machado%20de%20Assis-%20Pol%EDtica%20e%20humor%20nos%20%FAltimos%20anos%20da%20monarquia.pdf>.
[79] Além de outra aluna também de medicina, há anúncios sobre uma professora que procurava vaga para lecionar "em colégios e casas particulares", cuja carta de interesse poderia ser deixada "no escritório do jornal aos cuidados de Otaviano Hudson". *Gazeta de Notícias*, Avisos, 12 jul. 1883, p. 2. Ou a Professora, "uma senhora estrangeira" que ensinava línguas, geografia, aritmética, literatura e piano", com os "melhores atestados" anunciava que o "Sr. Hudson" teria maiores informações. Gazeta de Notícias, 30 jun. 1885, p. 3.

frequentes de amizade à família".[80] Provavelmente as diligências do referido poeta em prol da instrução e colocação das mulheres lhe permitiam mais recursos pessoais, como também a oportunidade de fazer parte da associação voltada para a instrução das meninas desvalidas, que mais tarde se fundiria à Associação Promotora dos Meninos Desvalidos, tornando-se a Associação Promotora da Instrução, da qual era sócio remido. O apoio de Hudson à instrução feminina e suas relações com diversas mulheres no período, desde a participação de comissões até a defesa de determinados nomes, precisam de melhores investigações e diálogos bibliográficos, o que faremos em outra oportunidade.

Hudson, no entanto, não era reconhecido de forma unânime. O poeta foi acusado de plágio em seu método. Mas a rede de apoio se fazia presente. Além das publicações a pedido ganharem cada vez mais as páginas dos jornais, colegas e amigos o defendiam. Assim como Machado de Assis, sob o pseudônimo de Manassés, na *Ilustração Brasileira*, em abril de 1877.[81] Meses depois, era a vez de Hudson incriminar outro autor de cópia do seu material, João de Deus, que também começava a criar público em suas demonstrações.[82] Apesar desses episódios, Hudson

---

[80] Octavianno Hudson. *Biblioteca Nacional*, Obras Raras, I-02. 03, 81, (05/04/1874(?)).

[81] "Depois do chumbo e das letras, o sucesso maior da quinzena foi a descoberta que um sujeito fez de que o método Hudson é um método conhecido nos Açores. Será? Conhecendo apenas um deles, não posso decidir. Mas o autor brasileiro, intimado a largar o método, veio à imprensa declarar que lhe não pegou, que nem mesmo o conhece de vista. Foi ao Gabinete Português de Leitura, a ver se alguém lhe dava novas do método, e nada. De maneira que o Sr. Hudson teve esse filho, criou-o, e pô-lo no colégio, e um filho contra o qual reclama agora outro pai. E por desgraça não pode ele provar que não há pai anterior e que só ele o é. E se forem ambos? Se o engenho de um e outro se houverem encontrado? Talvez seja essa a explicação. Em todo o caso, se eu alguma vez inventar qualquer método, não o publico, sem viajar o globo terráqueo, de escola em escola, de livreiro em livreiro, a ver se descubro algum método igual ao meu. Não excetuarei a China, onde havia imprensa antes de Gutenberg: irei de polo a polo." MACHADO de Assis (Manassés). História dos 15 dias. *Illustração Brasileira*, n. 20, 15 abr. 1877, p. 318.

[82] *Gazeta de Notícias*, "No retiro Literários Português aula de leitura do método João de Deus", 7 ago. 1877, p. 3.

seguia firme no propósito, conciliava o uso do método à influência aos responsáveis pela instrução no Império. Ao que parece, as recorrentes demonstrações e a acusação indevida de plágio angariavam simpatias daqueles que estavam nos espaços do poder imperial. Nem sempre essa tática corria da maneira como esperava, como relatou um dos redatores da *Revista Illustrada:*

> O sereno filantropo, o saudoso Octavianno Hudson, alma escoimada da nevrose hodierna, não fugio à regra geral e a pena atingiu diretamente o ministro José Bento, com uma troça que ficou célebre.
> E no entanto Octavianno Hudson tinha por lema as palavras de Nicolau Tolentino:
> *Eu dou golpes nos costumes*
> *E julgam que é nas pessoas.*
> Lema que tem de ser o de todos que se propuserem discutir doravente os atos da pública administração.[83]

Hudson aparecia nas memórias do referido redator como alguém capaz de criticar o governo o qual apoiava, mas enfrentava as autoridades quando em desacordo. Cabe lembrar que a mencionada personagem era José Bento da Cunha Figueiredo, que estava à frente do Ministério Imperial entre 1875 e 1878. O desentendimento com Cunha Figueiredo findou quando Leôncio Carvalho assumiu o cargo em janeiro daquele mesmo ano de 1878: "O Hudson depois que anda no carro do Sr. Leôncio, deu em cumprimentar todo mundo para ser visto, para ser visto. É a Musa do Povo."[84] O bom relacionamento com o Ministro Leôncio Carvalho, retratado nessa notinha, pode ser observado no aumento

---

[83] *Revista Illustrada*, 1890, ano 15, n. 585, p. 4.
[84] *Ibid.*, p. 4.

de ocorrências de Otaviano Hudson nos principais jornais da Corte. Hudson começava a aparecer ligado às associações e agremiações promotoras da instrução, porém nos moldes monárquicos, com maior direcionamento caritativo e relacionado às grandes figuras do Império. Entre elas: a Imperial Sociedade Amante da Instrução, Associação Promotora dos Meninos Desvalidos (Associação Promotora da Instrução) e Sociedade Propagadora da Instrução das Classes Operárias da Lagoa.

Curioso notar que tais associações também promoviam cursos noturnos voltados para os trabalhadores. Estes agregavam meninos e meninas aprendizes. A frequência desses alunos era comum a esses núcleos que ofereciam a instrução gratuitamente. No entanto, a convivência entre adultos e jovens trabalhadores era motivo de fiscalização e ameaçava o fechamento de tais iniciativas, como, por exemplo, o curso noturno ofertado pela Sociedade das Classes Operárias da Lagoa. O afluxo dos mais jovens era significativo, pois a Sociedade Amante da Instrução criava horários alternativos para os menores.[85] Este último anunciava o início das atividades realçando o fim das reservas ou condições:

> "A matrícula e a frequência é grátis sem distinção de nacionalidade, 6 às 9h da noite. Edifício Praça Duque de Caxias."
> "A matrícula assim como a frequência é grátis, sem distinção de cor ou nacionalidade, e pode ser em qualquer época. No Edifício do Largo do Machado."[86]

Esse curso, em particular, era uma das iniciativas com as quais Hudson estava envolvido a fim de angariar doações para sua

---

[85] MARTINS, 2018, capítulo 2.
[86] Respectivamente, *Gazeta de Notícias*, "Annúncios", 14 jan. 1880, p. 3; 4 abr. 1880, p. 3.

manutenção, pois a partir de 1879, as verbas destinadas a esse tipo de empreendimento foram cortadas pelo governo imperial. Aliás, esse tipo de atividade de arrecadação fazia parte das estratégias utilizadas por Hudson para se notabilizar e continuar a frequentar espaços relacionados com a instrução.

Desde 1879, Hudson aparecia como intermediário de comerciantes e outros empresários na doação de quantias, de peças de vestuário ou materiais de papelaria, direcionados aos "meninos (as) pobres". E, para isso, não rejeitava nem mesmo a presença e pedidos para as figuras monárquicas como o Príncipe d'Eu e a Princesa Isabel, ou o próprio Monarca, D. Pedro II. Provavelmente, a estratégia de moradia estava relacionada a essa mudança de atenção de Hudson, o que lhe valeu uma série de críticas, ensejadas. Segundo Costa (2012), esse tipo de economia de favores, no qual Hudson se movia, estava igualmente presente em sociedades que funcionavam como "catalizadoras de laços e redes mais amplas".[87] Nessa perspectiva, Hudson, imiscuído do sentido de deferência para figuras que representavam o poder instituído, buscava apoiar as ações voltadas à instrução. Assim, o encontramos também como um dos integrantes da solenidade do Corpo Coletivo União Operária[88] – vale salientar que essa associação se assemelhava, em proposta, àquela levantada por Hudson na Liga Operária, congregando não só operários, mas também, indivíduos de outras classes sociais. Entre eles, estavam o engenheiro abolicionista André Rebouças e Vicente de Souza[89]. Conforme Carvalho (2013), o

---

[87] COSTA, 2012, p. 100.
[88] Ibid., p.108.
[89] Vicente de Souza, homem de cor, professor do Pedro II e Escola Naval, abolicionista, republicano e socialista, atuava diretamente em associações de trabalhadores, incluindo partidos políticos no final do século XIX. (MAGALHÃES, 2017).

Corpo Coletivo União Operária também estava comprometido com a causa abolicionista desde a sua fundação, em 1882.[90]

Otaviano Hudson encontrava na instrução o caminho para manter-se vivo e proeminente, promovendo a instrução da maneira como podia, ou de acordo com os seus próprios interesses e convicções. Aproveitando fissuras do poder, associava-se a aliados diferentes, conforme a perspectiva à qual se alinhava. Certamente, as questões materiais da vida também o influenciavam, ou o distanciavam cada vez mais da utopia e o aproximavam do que era possível realizar pela instrução. Hudson tomava a instrução dos trabalhadores como ponto de inflexão em sua prática política cotidiana. A própria experiência era exemplo dos sentidos possíveis de liberdade e autonomia que a instrução carregava no cenário social oitocentista. A trajetória de Hudson une a geopolítica citadina à formação de redes de solidariedade proporcionadas pela instrução. Mediante os ideais republicanos, o poeta se aproximava do universo dos artistas e operários cariocas e procurava promover a instrução para esses sujeitos, ora por meio das associações, ora por meio da troca de favores com personalidades importantes do Império. Essa também foi a forma encontrada para angariar recursos sociais e financeiros para a própria sobrevivência.

---

[90] MAUL, 2013, p. 103.

Capítulo 4

Vestígios da escolarização de libertos no Vale do Paraíba: o testamento da Condessa do Rio Novo e a criação de escolas nas terras da Fazenda do Cantagalo

Alexandre Ribeiro Neto

Resumo

O presente trabalho de pesquisa integra as reflexões em andamento sobre o processo de escolarização de crianças negras no Vale do Paraíba. Nele revisitamos uma velha fonte documental – o testamento da Condessa do Rio Novo, Mariana Claudina Pereira de Carvalho. Utilizamos esse documento em nossa dissertação de mestrado em Educação, na qual problematizamos o Educandário Nossa Senhora da Piedade, fundado em 1884, como vontade póstuma de D. Mariana Claudina. Seduzidos pelo prédio monumental construído no alto do Morro de Santo Antônio, naquele momento não conseguimos ver a proposta de criação de uma escola para crianças negras nas terras da Fazenda do Cantagalo, em Entre Rios, segundo distrito de Paraíba do Sul, que aquela condessa deixou para os libertos. O paradigma indiciário proposto por Ginzburg é o suporte teórico-metodológico deste trabalho. Nele dialogaremos também com Innocêncio, que estudou o fim da escravidão na região, tomando a Fazenda do Cantagalo como ponto de partida. Além disso, não podemos esquecer de Jorge e Teixeira. A primeira analisou a história da Condessa do Rio Novo e suas relações familiares, que se constituem importantes indícios do poder econômico e político da nobreza do Vale do Paraíba. A segunda voltou seus olhos para a história do município de Três Rios, antigo segundo distrito administrativo de Paraíba do Sul, que se emancipou em 1938. Nessa cidade se localiza o bairro do Cantagalo, criado das terras da Condessa do Rio Novo. Nesse bairro ainda encontramos o antigo cemitério, a capela Nossa Senhora da Piedade e a Escola Municipal Margaretha Schöller, criada pela Irmandade Nossa Senhora da Piedade, como o Educandário Nossa Senhora da Piedade, e inicialmente administrada por ela também. Essa escola foi construída para educar os filhos dos libertos. Nosso texto não se propõe a contar linearmente a história da instituição escolar, porém, tal como sinalizam Deleuze e Guattari, essa escola é uma das pontas de um rizoma. Fios que chegam à superfície convidando os pesquisadores a um mergulho no processo de escolarização de crianças negras.

> A vida é uns deveres que nós trouxemos para fazer em casa.
> Quando se vê, já são 6 horas: há tempo…
> Quando se vê, já é 6ª-feira…
> Quando se vê, passaram 60 anos!
> Agora, é tarde demais para ser reprovado…
> E se me dessem – um dia – uma outra oportunidade,
> eu nem olhava o relógio
> seguia sempre em frente…
> E iria jogando pelo caminho a casca dourada e inútil das horas
> *Mario Quintana* – "Seiscentos e sessenta e seis"[1]

---

[1] QUINTANA, Mario. Seiscentos e sessenta e seis. *Cultura genial*. Disponível em: <https://www.culturagenial.com/poema-o-tempo-de-mario-quintana>. Acesso em: 10 jul. 2021.

Introdução: a vida é uns deveres que nós trouxemos para fazer em casa

Começamos este texto conversando com o poeta Mario Quintana sobre a matéria-prima do historiador – o tempo. A pandemia alterou a nossa percepção sobre a passagem do tempo. Alguns puderam trazer a vida para casa e trabalhar em *home office*. Mas e os que não têm casa? E aqueles que são obrigados a sair para trabalhar, caso contrário não conseguirão pagar as contas no final do mês? E os que perderam a vida?

Outra alteração na nossa percepção sobre a passagem do tempo está relacionada aos acontecimentos. O tempo continua passando. Contudo, nossos dias trancados em casa com medo do vírus parecem todos iguais. Bloch (2001)[2] e Febvre (1975)[3] nos corrigiriam dizendo que buscamos conhecer os homens no tempo.

Aceitamos a correção. Grande é o nosso desejo de manter o diálogo com a literatura, pois ela apresenta a sociedade e seus diferentes arranjos sociais e culturais, retirando dali elementos para compor suas obras ficcionais. Antonio Candido[4] situa a literatura entre os direitos humanos, indispensável à nossa humanização. Se a literatura nos humaniza, ela pode nos ajudar a conhecer os homens

---

[2] BLOCH, Marc. *Apologia da História ou o ofício do historiador*. Rio de Janeiro: Zahar, 2001.
[3] FEBVRE, Lucien. *Combates por la Historia*. Barcelona: Ariel Quincenal, 1975. Nessa obra encontramos dois artigos: o primeiro, escrito por Raimundo Barroso Cordeiro Júnior, fala de Lucien Febvre (1878-1956) e o novo saber histórico. No segundo, José Carlos Reis escreveu sobre Marc Bloch (1886-1944) e o paradigma da história estrutural. Bloch e Febvre, junto com outros historiadores, iniciaram o Movimento dos Annales, que reivindica novas fontes, novos objetos e métodos para a História. Embora ambos os historiadores se dediquem ao estudo da religiosidade, entre outros temas, eles o fizeram por caminhos distintos. Febvre escolheu indivíduos, Lutero e Rabelais, para entender os grupos humanos. Bloch optou por um grupo de reis cujo toque possuía o poder de curar indivíduos de escrófula. Os caminhos podem ser diferentes. Um parte dos indivíduos para chegar aos grupos humanos, enquanto o outro parte das estruturas para perceber como os indivíduos em sua coletividade expressam suas identidades e crenças particulares.
[4] CANDIDO, Antonio. Direito à Literatura. *e-Disciplinas – USP*. Disponível em: <https://ediscipinas.usp.br/pluginfile.php>. Acesso em: 11 jul. 2021.

de tempos pretéritos. Mesmo seguindo os passos duros do fazer historiográfico, há espaço para a sensibilidade, pois esta nos ajuda a ler os documentos que selecionamos, visto que o método não é uma camisa de força que nos impede de olhar em outras dimensões. Dessa maneira, unimos nossa vontade de falar sobre o tempo e sobre as sociedades de outras épocas.

Para problematizar o tempo, voltamos mais uma vez à literatura. Brecht (2012) advertiu que ele viveu em tempos sombrios[5], marcados pelas incertezas, pela fome, pela injustiça e pelo autoritarismo que tomou de assalto as sociedades que tentavam construir a democracia. Tempos duros. Hoje também vivemos tempos de perdas, de sirenes, de ambulâncias e de hospitais lotados. Tempos nos quais falta-nos o ar para respirar. Hannah Arendt, por outros caminhos, em seu livro *Homens em tempos sombrios*, aponta para a mesma direção.

> Os "tempos sombrios", no sentido mais amplo que aqui proponho, não são em si idênticos às monstruosidades desse século, que de fato constituem uma horrível novidade. Os tempos sombrios, pelo contrário, não só não são novos como não constituem uma raridade na história, embora talvez fossem desconhecidos na história americana, que por outro lado tem a sua bela parcela, passada e presente, de crimes e catástrofes. Que mesmo no tempo mais sombrio temos o direito de esperar alguma iluminação, e que tal iluminação pode bem provir menos das teorias e conceitos e mais da luz incerta, bruxuleante e frequentemente fraca que alguns homens e mulheres, nas suas vidas e obras, farão brilhar em quase todas as circunstâncias e irradiarão pelo tempo que lhes foi dado na Terra — essa convicção constitui o pano de fundo implícito contra o qual

---

[5] BRECHT, Bertolt. *Poemas 1913-1956*. São Paulo: Editora 34, 2012.

se delinearam esses perfis. Olhos tão habituados às sombras, como os nossos, dificilmente conseguirão dizer se sua luz era a luz de uma vela ou a de um sol resplandecente.⁶

O que provocou essa distopia? Por certo, nem Brecht, nem mesmo Quintana viveram a pandemia da covid-19, que no Brasil ceifou milhares de vidas. Possivelmente, entre os leitores deste artigo, alguém tenha perdido um familiar.

Brecht e Arendt vivenciaram de perto os horrores dos campos de concentração. Viram os judeus caminharem em dor para o holocausto. A pandemia da covid-19 colocou todos em perigo. Um perigo invisível. No caso do Brasil, o cenário foi coberto de tons fortes de negacionismo e autoritarismo⁷, que pensávamos que tivéssemos vencido com o exercício do regime democrático e as instituições do Estado de direito.

Este artigo marca nossa volta ao tema que pesquisamos no mestrado em Educação. Contudo, como diria Heráclito de Éfeso, não somos mais os mesmos. O tempo passou. Voltamos à História das Instituições Escolares, mas não estamos olhando para o Educandário Nossa Senhora da Piedade, instituição fundada por vontade póstuma de Mariana Claudina Pereira de Carvalho. O edifício majestoso no alto do morro de Santo Antônio nos fascinou. Deixamos passar vestígios importantes sobre o processo de escolarização de ingênuos, filhos de mulheres escravizadas libertos após a Lei do Ventre Livre de 1871.

No mesmo testamento em que a Condessa do Rio Novo mandou criar o Educandário Nossa Senhora da Piedade, desejou

---

⁶ ARENDT, Hannah. *Homens em tempos sombrios*. São Paulo: Companhia das Letras, 2008.
⁷ SCHWARCZ, Lilia Moritz. *Sobre o autoritarismo brasileiro*. São Paulo: Companhia das Letras, 2019.
CHAUÍ, Marilena. *Brasil*: mito fundador e sociedade autoritária. São Paulo: Perseu Abramo, 2000.
_____. *Manifestações ideológicas do autoritarismo brasileiro*. Belo Horizonte: Autêntica, 2014.

também fundar escolas para os libertos nas terras da Fazenda do Cantagalo. A condessa também libertou a escravizada de nome Camila e deu-lhe uma casa, que após a morte da liberta se tornaria uma escola. Não encontramos os documentos sobre a escola que deveria ser construída na casa da liberta Camila, apenas uma citação no testamento. Ele é um importante indício da complexidade dos processos de escolarização de negros. Houve os que exerceram o magistério abrindo em sua própria casa uma escola. Houve também os que foram para escolas que funcionavam próximo aos seus domicílios. Esse não parece ser o caso da liberta Camila. Todavia, não podemos esquecer que transformar a casa em uma escola é uma forma de promover a educação, ainda que sem o auxílio do Estado Imperial.

Apoiados em Deleuze e Guattari (2011)[8], problematizamos o processo de escolarização de crianças negras como um rizoma. Há vários fios recobertos pela superfície do passado nos quais não há um tronco central de onde partem todas as iniciativas de escolarização. Encontramos documentos que sinalizavam que o Estado Imperial buscou caminhos para promover a educação dos libertos. Um dos exemplos é a própria Reforma Leôncio de Carvalho, de 1879[9]. Ao mesmo tempo, entretanto, nos deparamos também com iniciativas de grupos de negros solicitando escolas para as crianças, como denuncia a carta da Comissão de Libertos de Paty de Alferes. Em outros documentos aparece a iniciativa de filantropos que desejavam expandir a instrução para além dos limites da Corte do Rio de Janeiro.

---

[8] DELEUZE, Gilles; GUATTARI, Félix. *Mil platôs*. São Paulo: Editora 34, 2011.
[9] CASTANHA, André Paulo. *Edição crítica da legislação educacional primária e secundária do Brasil Imperial:* a legislação geral e complementar referente à Corte entre 1827 e 1889. Francisco Beltrão: UNIOESTE; Campinas: Navegando, 2013.

Neste texto, vamos problematizar a iniciativa de uma mulher da nobreza ao promover a educação dos ingênuos, ou seja, filhos de mulheres escravizadas libertos após a Lei do Ventre Livre de 1871. Dessa forma, voltamos os olhos para o testamento de Mariana Claudina Pereira de Carvalho; ele constitui a primeira peça do quebra-cabeça, que, somada a outras, nos ajudará a compreender o processo de escolarização de crianças negras. O cenário dessa história é o Vale do Paraíba Fluminense.

1. Há tempo: o estado da arte sobre o processo de escolarização de crianças negras

Nas aulas de metodologia, alertamos os estudantes de que o primeiro passo da pesquisa consiste no levantamento bibliográfico. Sua execução permite conhecer o que já foi produzido sobre o tema, indicando lacunas. Outra tarefa importante da elaboração do estado da arte é situar nossa pesquisa dentro do campo que pretendemos investigar. Não seguimos à risca a regra do levantamento bibliográfico, buscando dissertações e teses: fizemos um inventário de leituras, considerando que a redação de um inventário pressupõe a morte e que os bens devem ser divididos. Subvertemos a ordem novamente. Deixaremos uma relação de livros lidos que podem ajudar os pesquisadores a formular novas questões, buscar outras fontes documentais de pesquisa e produzir o seu próprio legado. As produções que indicaremos são as que geraram impacto no campo da História da Educação, no qual o processo de escolarização de crianças negras se insere.

Um dos trabalhos de forte impacto no campo é *Aprender com perfeição e sem coação: uma escola para meninos pretos e pardos na Corte.*

Fruto das pesquisas de Adriana Maria Paulo Silva, foi publicado em 2000[10], mas sua produção é anterior a esse ano, pois resulta de sua dissertação de mestrado em Educação na Universidade Federal Fluminense. Nela a autora lança luzes sobre a experiência do professor negro Pretexto, homem que se dizia "preto". Professor particular que na Corte do Rio de Janeiro, em meados de 1850, abriu uma escola para meninos igualmente pretos. Adriana Silva trouxe para a cena uma prática que não era desconhecida da historiografia da Educação, contudo, pouco ou quase nada sabíamos à época sobre professores negros educando crianças negras.

Dois anos antes da publicação de Adriana Silva, outra autora, Maria Cristina Wissembach, trouxe à baila o processo de escolarização de negros com o livro *Sonhos africanos, vivências ladinas: escravos e forros em São Paulo (1850-1880)*[11]. Esse compêndio apresentou o domínio da leitura e escrita de escravos e forros, o que nos fazia pensar em processos de aquisição formal ou informal, indicando que no campo ainda havia lacunas que novas pesquisas poderiam preencher.

No ano de 2002, o pesquisador Marcus Vinícius Fonseca revelou uma nova face do processo de escolarização de crianças negras ao publicar seu livro *A educação dos negros: uma nova face do processo de abolição da escravidão no Brasil*[12]. Nessa obra a área analisada foi Minas Gerais. Em 2009, o mesmo autor publicou novamente suas reflexões no livro *População negra e educação:*

---

[10] SILVA, Adriana Maria P. da. Aprender com perfeição e sem coação: uma escola para meninos pretos e pardos na Corte. Brasília: Editora Plano, 2000.

[11] WISSENBACH, Marira Cristina Cortez. Sonhos africanos, vivências ladinas: escravos e forros em São Paulo (1850-1880). São Paulo: Hucitec/História Social, USP, 1988.

[12] FONSECA, Marcus Vinícius. A educação dos negros: a nova face do processo de abolição da escravidão no Brasil. Bragança Paulista-SP: EDUSF, 2002.

o perfil racial das escolas mineiras no século XIX[13]. Fonseca possui grande produção de artigos sobre o tema, que ao longo do tempo publicizaram seus estudos e os novos contornos do campo de pesquisa.

Embora não tratasse especificamente da história da educação do negro no Brasil, José Gonçalves Gondra e Alessandra Schueler, no livro *Educação, poder e sociedade no Império brasileiro*[14], recolocaram o desafio da produção de pesquisas sobre os negros como sujeitos dos processos de escolarização.

Em 2011, no livro organizado por Luciano Mendes Faria Filho, Cynthia G. Veiga e Eliane Marta Teixeira, intitulado *500 anos de Educação no Brasil*[15], encontramos um capítulo escrito por Luiz Alberto Oliveira Gonçalves: "Negros e a educação no Brasil". Nele o autor ressalta a importância do aprendizado da escrita e da leitura para que os negros pudessem entrar no mercado de trabalho em atividades nas quais o domínio desses códigos era relevante.

Em 2013, Flávio dos Santos Gomes e Petrônio Domingues publicaram *Da nitidez e invisibilidade: legados do pós-emancipação no Brasil*[16]. Nessa obra, mais precisamente no capítulo 11, os autores voltaram seus olhos para a educação – "O recinto sagrado": educação e antirracismo no Brasil. Esse livro circulou muito entre os historiadores, porém poucos pesquisadores da Educação fazem menção à experiência de José Correia Leite, nascido em São Paulo

---

[13] FONSECA, Marcus Vinicius. População negra e educação: o perfil das escolas mineiras no século XIX. Belo Horizonte: Mazza Edições, 2009.
[14] GONDRA, José Gonçalves; SCHUELER, Alessandra Frota. Educação, poder e sociedade no império brasileiro. São Paulo: Editora Cortez, 2008.
[15] VEIGA, Cyntia Greive; LOPES, Eliane Marta Teixeira; FILHO, Luciano Mendes Faria. 500 anos de educação no Brasil. Belo Horizonte: Editora Autêntica, 2007.
[16] GOMES, Flavio dos Santos; DOMINGUES, Petrônio. Da nitidez e invisibilidade: legados do pós-emancipação no Brasil. Belo Horizonte, MG: Fino Traço, 2013.

no período após a abolição da escravidão, que, diante da falta de recursos, foi trabalhar na escola e nela aprendeu as primeiras letras.

Embora não tenha publicado suas reflexões do mestrado em História da Educação, não podemos esquecer da contribuição de Surya A. P. de Barros, cuja dissertação foi defendida em 2005 no Programa de Pós-Graduação em Educação da Universidade de São Paulo, orientada por Maria Lúcia S. Hilsdorf. Em 2016, em conjunto com Marcos Vinícius da Fonseca, organizou o livro *A história da educação dos negros no Brasil*[17].

Em 2015, defendi a minha tese de doutorado sobre o processo de escolarização de crianças negras em Vassouras (1871-1910). Em 2017, publiquei um capítulo apresentando os resultados da pesquisa no livro *Rascunhos cativos: educação, escolas e ensino no Brasil escravista*. O livro foi organizado por Flávio dos Santos Gomes, Marcelo Mac Cord e Carlos Eduardo Moreira de Araújo[18].

No mesmo 2017, José Roberto Góes e Manolo Florentino publicaram um artigo[19] sobre Israel Antônio Soares, negro Mina, que aprendeu a ler em jornais velhos e fundou em sua casa nos arredores de São Cristóvão, uma escola para ensinar outros negros a ler, escrever e contar.

O *dicionário de escravidão e liberdade*, organizado por Flávio dos Santos Gomes e Lilia M. Schwarcz, lançado em 2018[20], apresenta verbetes sobre: Crianças/Ventre Livre, Irmandades, Letramento e Escolas, Literatura e Escravidão, Educação, Legislação

---

[17] FONSECA, Marcus Vinícius; BARROS, Surya Aaronovich Pombo de. (Org.). A História da Educação dos negros no Brasil. Niterói: EdUFF, 2016.
[18] GOMES, Flávio dos Santos; MAC CORD, Marcelo; ARAÚJO, Carlos Eduardo Moreira (Org.). Rascunhos cativos: educação, escolas e ensino no Brasil escravista. Rio de Janeiro, Editora 7 letras, 2017.
[19] GÓES, José Roberto; FLORENTINO, Manolo. Aspectos da comunidade islamita negra do Rio de Janeiro no século XIX. Revista Americana de História Social 10 (2017), p. 8-30. ISSN 2322-9381.
[20] GOMES, Flavio dos Santos; SCHWARCZ, Lilia Moritz. Dicionário da escravidão e liberdade: 50 textos críticos. São Paulo: Companhia das Letras, 2018.

Emancipacionista 1871 e 1885. Com a leitura dos verbetes e o cruzamento de fontes podemos preencher lacunas de nossas pesquisas.

Esse inventário de leituras deixou escapar alguns livros sobre Luís Gama, José do Patrocínio, outros negros e outras negras. Ainda que menos expressivos na luta abolicionista, não são menos importantes no que diz respeito ao mosaico que vai se formando sobre a história da educação dos negros no Brasil. O tempo passou; contudo, podemos recolher suas marcas deixadas nas publicações. Este texto integra mais uma coletânea que será lida e criticada, e esperamos que novas pesquisas possam surgir dos passos que deixamos na estrada.

2. Há tempo: voltando à leitura do testamento da Condessa do Rio Novo

Mariana Claudina Pereira de Carvalho[21], nos momentos finais de sua vida, deixou suas vontades registradas em testamento. Para os historiadores, testamentos e inventários são fontes documentais importantes. Ao analisarmos um conjunto desses documentos, podemos estabelecer uma série longitudinal que nos permite problematizar a demografia, as redes de sociabilidade, o tamanho do plantel de escravos libertos no momento da morte. Em alguns testamentos, há condições para a aquisição dos bens deixados. No caso em tela, encontramos algumas. A primeira condição – o estabelecimento do nome da colônia agrícola formada pelos libertos: deveria se chamar Nossa Senhora da Piedade.

---

[21] Não estamos usando o testamento original da Condessa do Rio Novo, que faleceu no final do século XIX, mas sim um *fac-símile* publicado pela Companhia Dias Cardoso S. A., de Juiz de Fora, em 1955.

A devoção de Mariana Claudina Pereira de Carvalho à Nossa Senhora da Piedade vem de tradição de família. Teixeira (2005)[22] sinalizou que a construção da capela de Nossa Senhora da Piedade, na fazenda denominada Cantagalo, foi uma iniciativa do seu pai, Antonio Barroso Pereira, o Barão de Entre Rios, e sua mãe, a Baronesa de Entre Rios, Claudina Venancia de Jesus; eles eram devotos de Nossa Senhora da Piedade. Compreendemos que estabelecer como condição que a colônia agrícola recebesse esse nome era uma maneira de expressar a fé católica da Condessa do Rio Novo. Além disso, era uma forma de manter viva sua própria história e a da sua família.

Outro dado que chamou nossa atenção foi a composição do nome da Condessa do Rio Novo. Jorge (2012)[23] apresentou a árvore genealógica dela e sinalizou que seu nome é Mariana Claudina Barroso Pereira. Em seu testamento não encontramos o primeiro sobrenome.

> Em nome de Deus Amém. Em nome da Santíssima Trindade, Padre, Filho e Espirito Santo. Eu, Dona Mariana Claudina Pereira de Carvalho, atual Condessa do Rio Novo, achando-me em meu perfeito juízo, inteira liberdade e plena capacidade civil, e considerando que é incerta a duração da vida e que por não ter herdeiros necessários me cumpre dispor, por modo agradável a Deus e útil ao próximo.[24]

Ginzburg (1989), em seu texto "O nome e o como", chama a atenção para uma informação que em certos momentos passa despercebida: o nome. Ele é um fio que pode nos ajudar a

---

[22] TEIXEIRA, Elzima Maria. *Era uma vez...* Três Rios. Juiz de Fora: Editora Associada, 2005.
[23] JORGE, Cinara. *Pioneiros dos Três Rios:* a Condessa do Rio Novo e sua gente. Três Rios: Edição do Autor, 2012.
[24] TESTAMENTO da Condessa do Rio Novo. Juiz de Fora: Dias Cardoso, 1955.

compreender a malha social na qual se está inserido. Dessa forma, ele nos auxilia a pensar metodologicamente como construir uma versão do passado a partir dos nomes dos indivíduos em áreas em que os dados são escassos.

> O fio condutor é mais uma vez, o nome. Como foi indicado, esse jogo de vaivém não fecha necessariamente a porta à indagação serial. Serve-se dela. Uma série, sobretudo se não manipulada, é sempre bem utilizável. Mas o centro da gravidade do tipo de investigação micronominal que aqui propomos encontra-se noutra parte. As linhas que convergem para o nome e que dele partem, compondo uma espécie de teia de malha fina, dão ao observador a imagem gráfica do tecido social em que o indivíduo está inserido.[25]

No tecido social do passado, o nome é um dos fios que contêm algumas lacunas. O que o testamento revela da rede social da Condessa do Rio Novo é que ela não teve filhos e foi casada com o primo, o Visconde de Rio Novo. Os descendentes colaterais mais próximos eram os filhos de seu irmão, o Visconde de Entre Rios. Isso indica que ela não pôde dispor de todos os seus bens, apenas de uma parte deles. O que chamou nossa atenção foi sua preocupação com a educação. Ela apresentou o desejo de construir um hospital, o Educandário Nossa Senhora da Piedade, para educar a infância desvalida, libertou os seus escravos e lhes deu terras. No interior do educandário, funcionava uma escola. Era o desejo de Mariana Claudina Pereira de Carvalho que fosse criada outra escola nas terras que ela deixou para os libertos. Essa instituição deveria atender os ingênuos, libertos pela Lei do Ventre Livre de 1871.

---

[25] GINZBURG, Carlo; CASTELNOUVO, Enrico; PONI, Carlo. *A Micro-História e outros ensaios*. Lisboa: Difel, 1989.

> Deixo livres todos os escravos que possuir ao tempo da minha morte e desobrigados da prestação de serviços até aos vinte e um anos, os ingênuos filhos de minhas escravas nascidas depois da Lei de vinte e oito de setembro de mil oitocentos e setenta e um. Esses libertos e ingênuos e seus descendentes formarão em minha fazenda denominada Cantagalo – uma colônia agrícola – com a denominação de "Nossa Senhora da Piedade", que será a protetora do estabelecimento. Na mesma fazenda e a expensas do rendimento dela serão estabelecidas duas escolas para educação dos menores da colônia, de ambos os sexos, que serão franqueadas também aos menores da circunvizinhança, se não houver inconveniente (TESTAMENTO DA CONDESSA DO RIO NOVO, 1955, p. 6).

Tomando por base a data de inauguração do Educandário Nossa Senhora da Piedade, em 1884, essas escolas começaram a funcionar ainda no Império, indicando que a Condessa do Rio Novo acompanhava a cena política da Corte. Com o incêndio do Educandário Nossa Senhora da Piedade, na década de 1950, muitos documentos foram perdidos.

Visitando novamente o acervo da Irmandade Nossa Senhora da Piedade, encontramos um livro que conta um pouco da história das escolas construídas na colônia agrícola do Cantagalo. O Relatório do Provedor cobre o período da primeira metade do século XX.

> Os Externatos de Parahyba e Entre Rios funcionaram regularmente, o primeiro sob a direção das Irmãs Vicentinas Luiza e Philomena, e o segundo dirigido pela professora D. Aurea Saldanha. A frequência média diária do Externato de Parahyba foi de 96 alunos, atingindo a matrícula de 121. Na Escola Condessa do Rio Novo, compareceram diariamente 61 alunos, sendo a matrícula de 94.

Realizaram-se na última quinzena de novembro, os exames nesta escola, sendo examinador o Dr. Oscar da Cunha Lima, a cuja gentileza somos reconhecidos. Em dia de dezembro de 1923, no Externato de Parahyba tiveram logar os exames, servindo de examinadores o Dr. Valentim Coelho Portas, digno Juiz de Direito da Comarca, e o Revmo. padre Vicenty Hypnorowski, aos quaes consigno meu reconhecimento por terem correspondido gentilmente ao meu apelo. Houve distribuição de prêmios em duas sessões recreativas promovidas pelas internas e externas do edifício do Asylo, reinando entre as pessoas presentes a mais franca e sincera alegria cordialidade, recebendo as Irmãs Vicentinas expressivos testemunhos de gratidão pelos serviços prestados à instrucção da mocidade.[26]

A vontade póstuma da Condessa do Rio Novo foi cumprida, já que até na primeira metade do século XX as escolas estavam funcionando da maneira como ela expressou em seu testamento: o Educandário Nossa Senhora da Piedade, o hospital, a escola no interior do educandário, também denominada em outros documentos como Casa de Caridade.

Chama a nossa atenção que, na cidade de Paraíba do Sul, os moradores se referem à instituição tão somente como Caridade. Eles dizem: "Você já pesquisou na Caridade? Eles devem ter esses documentos que você está procurando". Isso indica que o nome proposto pela Condessa do Rio Novo foi interpretado e assimilado pela fala coloquial, que foi abreviando o grande nome dado à instituição, mas mantendo o sentido proposto por ela.

Essa é uma das poucas passagens que encontramos sobre as escolas fundadas em Entre Rios, que até 1938 era o segundo distrito administrativo de Paraíba do Sul. Todavia, o pesquisador da

---

[26] PENNA JUNIOR, Randolpho. *Relatório do provedor.* Paraíba do Sul, 1924.

História da Educação dos negros no Brasil reconhece que lidamos com vestígios, pistas que indicam o funcionamento de escolas para libertos. Ora nos deparamos com um professor que intencionava educar crianças negras, ora com crianças negras matriculadas na mesma escola das crianças brancas e pobres, como o que identificamos na escola do professor Ataliba Gomes Coelho[27] em Massambará, freguesia de Vassouras.

Retomando o Relatório do Provedor Randolpho Penna Júnior, encontramos a quantidade de alunos matriculados nas escolas, a realização de exames para a promoção dos alunos, os nomes dos examinadores. Mais uma vez chamamos a atenção para os nomes dos examinadores, porque não era qualquer pessoa que poderia ocupar o posto. Ao escolherem o juiz de Direito da Comarca e o padre, foram selecionadas pessoas de distinção social, seguindo os ritos das escolas da Corte do Rio de Janeiro.

O autor do documento também faz menção à professora que dirigia a escola em Entre Rios – D. Alda Saldanha –, ao mesmo tempo que assinala a atuação das irmãs vicentinas, indicando dessa maneira a presença da Igreja na Educação, um campo fortemente disputado pelos educadores, que propunham um ensino laico.

3. Quando se vê, já é sexta-feira: silêncios e disputas pela memória

A primeira marca do tempo que evocamos é a emancipação territorial e política de Entre Rios de Paraíba do Sul, que ocorreu em 1938, dando início à história da cidade de Três Rios. Embora tenha

---

[27] RIBEIRO NETO, Amaro Cavalcanti. In: MIGNOT, Ana Chrystina Venâncio. (Org.). *Nome que dá nome*. Rio de Janeiro: Grevy, 2015.

sido construída em terras da Condessa do Rio Novo, homenagens lhe foram prestadas, mas as duas escolas que ela desejou que fossem destinadas à educação de crianças libertas foram fechadas e reunidas em um novo endereço, no bairro do Cantagalo.

> DECRETO EXECUTIVO Nº 220 de 19 de setembro de 1968
> O PREFEITO MUNICIPAL DE TRÊS RIOS, usando de suas atribuições legais,
> DECRETA:
> Art, 1º - Fica criada a Escola Municipal "Margaretha Schöller", no bairro do Cantagalo, no 1º distrito deste município, a partir da presente data.
> Art.2º - Para a lotação da unidade escolar criada pelo Art. 1º deste decreto, ficam transferidas das Escolas 6,9,14 e 39, localizadas no mesmo bairro, as seguintes professoras municipais: 1º turno – Selma de Mattos Ramos e Marly (sic) Vizeu; 2º turno – Edith Emília de Araújo Pigozzo e Maria das Graças Ribeiro Lazarinni; 3º turno – Maria de Lourdes Pereira e Maura Salles de Almeida Carvalho.
> Art.3º - Este decreto entrará em vigor na data da sua publicação, revogadas as disposições em contrário.
> Prefeitura Municipal de Três Rios, em 19 de setembro de 1968.
> Dr. Alberto da Silva Lavinas
> Prefeito do Município.[28]

Mais uma vez chamamos um poeta à cena para nos ajudar a compreender a sociedade de tempos pretéritos. Deixaremos Mario Quintana e Bertolt Brecht e dialogaremos agora com Manuel Bandeira, em seu poema "Evocação do Recife". Nessa obra o autor vai dizer que as ruas de Recife de sua infância eram recheadas de afeto. Quando evocadas por ele, traziam de volta uma cidade que

---

[28] PREFEITURA Municipal de Três Rios. Decreto Executivo n. 220, de 1968.

não existia mais. Um sinal de saudade e ao mesmo tempo de tristeza era a mudança dos nomes das ruas para homenagear indivíduos proeminentes na cena social e política. O poeta diz: "Rua da União... Como eram lindos os nomes das ruas da minha infância. Rua do Sol, (tenho medo de que hoje se chame de dr. Fulano de Tal)"[29]. O temor do poeta aconteceu não somente com as ruas, mas também com as escolas. Fechadas e reunidas com um nome diferente, silenciaram velhas proposições e fundaram novas histórias. Isso não foi algo que ocorreu somente em Recife. Na cidade de Três Rios, algo semelhante aconteceu.

Mignot (2015)[30] organizou o livro *Nome que dá nome*. Nele, cada autor problematizou os nomes de alguns colégios públicos estaduais do Rio de Janeiro. Escolhemos em breves linhas falar sobre o Colégio Estadual Amaro Cavalcanti. O que nos chamou a atenção foi a escolha de patronos e patronesses.

> Não apenas as ruas trocam de nome, as escolas também. A escola em questão, localizada no Largo do Machado, número 20, no bairro do Catete, antiga freguesia Nossa Senhora da Glória, na cidade do Rio de Janeiro, primeiramente recebeu o nome de Escola José de Alencar, passando a se chamar em 1936 Colégio Estadual Amaro Cavalcanti. A sua pedra fundamental foi lançada em 1870. Todavia, a sua respectiva inauguração deu-se cinco anos depois.[31]

O decreto do prefeito Alberto Lavinas não menciona os nomes dos alunos, ou seja, daqueles que dia após dia frequentaram aquelas escolas que foram fechadas. A existência dessas crianças

---

[29] BANDEIRA, Manuel. *Poesias*. Rio de Janeiro: Agir, 1970.
[30] MIGNOT, Ana Chrystina Venâncio. (Org.). *Nome que dá nome*. Rio de Janeiro: Grevy, 2015.
[31] RIBEIRO NETO. Amaro Cavalcanti. In: MIGNOT, 2015.

foi a razão da criação da escola. Se não houvesse filhos de mães escravizadas, a Condessa do Rio Novo não deixaria expresso em seu testamento o desejo de educá-los. Não mencionar o nome das crianças é uma forma de impor silêncio e negar-lhes o direito à memória, e também à história. Não faltaram homenagens à Condessa do Rio Novo. Portanto, o que se pretendia silenciar era a memória dos negros egressos da escravidão. Recorremos a Teixeira (2005) para conhecer o motivo de o prefeito não ter colocado o nome da nova escola, criada no bairro do Cantagalo, de Condessa do Rio Novo. Em 1911, foi criado o Grupo Escolar Condessa do Rio Novo[32], no segundo distrito de Entre Rios.

> O primeiro grupo escolar foi o Grupo Escolar Condessa do Rio Novo, nascido para comportar a crescente demanda de alunos do distrito de Entre-Rios. A Escola Condessa do Rio Novo, criada em 1911 onde hoje se vê a Praça Antônio Mendes, apresentava espaço suficiente para comportar uma clientela escolar que se multiplicava a cada ano. Foi construído em terreno doado ao Estado do Rio de Janeiro por José da Silva Vaz, na então nada urbanizada Praça Vicente Dias, atualmente a Praça São Sebastião. A firma construtora foi Curty Irmão & Cia. a um custo de 124 contos de réis. Foi inaugurado, no dia 3 de maio de 1928 no governo de Feliciano Sodré, que tinha como vice-governador João Maria da Rocha Werneck.[33]

Ele não poderia dar à Condessa do Rio Novo o que ela já possuía. Mesmo com a emancipação política, o nome do grupo escolar foi mantido. Eles não esqueceram a Condessa do Rio Novo; ao contrário,

---

[32] SOUZA, Rosa Fátima de Souza. *Templos de civilização*: a implantação da escola primária graduada no Estado de São Paulo (1890-1910). São Paulo: Ed. Unesp, 1998; VIDAL, Diana Gonçalves. (Org.). *Grupos Escolares*: cultura escolar primária e escolarização da infância no Brasil (1983-1971). São Paulo: Mercado das Letras, 2006.
[33] TEIXEIRA, 2005.

seu nome figura até hoje no Colégio Estadual Condessa do Rio Novo, em Três Rios. E não apenas uma escola pública foi nomeada em sua homenagem, como também uma das principais avenidas de Três Rios. Mas, onde está a memória dos negros egressos da escravidão?

Outro ponto que precisamos retomar foi a criação do grupo escolar no interior fluminense. Souza (1998) fala sobre isso em seu livro *Templos de civilização: a implantação da escola primária graduada no Estado de São Paulo (1890-1910)*, resenhado por Ricardo Carneiro Antonio. Recorremos a ele para conhecer a importância dos grupos escolares na História da Educação Brasileira.

> A partir de 1890, entre as várias medidas de reforma da instrução pública no Estado de São Paulo, foram criados os então chamados grupos escolares, que viriam a provocar profundas modificações no sistema educacional brasileiro através de inovações nas práticas de ensino. Baseada nas experiências de países europeus e principalmente dos Estados Unidos, essa iniciativa fazia parte de um projeto mais amplo, pretendido pelo recém-instituído regime republicano. Através de transformações profundas nos objetivos, na concepção educacional e na organização da escola, pretendia-se atingir a universalização do ensino e alinhar a nação, no que dizia respeito a um projeto educacional, com as propostas avançadas de outros países, nos quais essa experiência já era uma realidade. A implantação dessa nova forma de escola provocou um entusiasmo na sociedade da época, pois, além de satisfazer a necessidade de novas vagas escolares, dava resposta a um anseio de modernidade que identificava a democratização do ensino com a prosperidade do país. Os idealizadores das reformas educacionais acreditavam que seria imprescindível a renovação do ensino primário para atingir a pretendida reforma social.[34]

---

[34] ANTONIO, Ricardo Carneiro. Resenha de "Templos de civilização: a implantação da escola primária graduada no Estado de São Paulo (1890-1910)". Disponível em: <https://www.scielo.br/j/er/a/hkz4zCjFSFFXzvvSsDwrQRQ>. Acesso em: 04 ago. 2021.

Embora a vanguarda da constituição dos grupos escolares seja atribuída a São Paulo, a construção do Grupo Escolar Condessa do Rio Novo em Entre Rios, em 1911, sendo inaugurado em 1928, nos permite ponderar que esse pensamento não ficou restrito àquela província; ele penetrou no interior do Estado do Rio de Janeiro, sobretudo no Vale do Paraíba.

Vidal (2006)[35] tomou como objetivo conhecer de que forma esse modelo se espraiou por todo o Brasil, alcançando diferentes estados brasileiros. Contudo, ainda não temos uma pesquisa sistematizada sobre os grupos escolares nas cidades de Paraíba do Sul e Três Rios. Quando conversamos com os moradores mais velhos da cidade, eles relataram que estudaram no Grupo Escolar Monsenhor Francisco, que era o "grupo velho". Essa informação nos ajuda a problematizar tanto o corpo docente quanto o discente desses grupos escolares nesse momento após a Abolição.

A cidade de Paraíba do Sul não ficou para trás. Ela também deu o nome da Condessa do Rio Novo a uma escola, localizada no interior do Educandário Nossa Senhora da Piedade. A escola foi criada para educar as meninas que moravam no educandário e também as da região circunvizinha. Maria Nilda D'Addazio Cabral escreveu o memorando, que usamos para conhecer a história da instituição escolar.

> Através de informações verbais obtidas de pessoas portadoras de reconhecida idoneidade moral de nossa comunidade, pudemos montar o seguinte documento: em seu testamento a Condessa do Rio Novo legou à Casa de Caridade de Paraíba do Sul, então Asilo Nossa Senhora da Piedade, sua fazenda e apólices de

---

[35] VIDAL, Diana Gonçalves. (Org.). *Grupos Escolares:* cultura escolar primária e escolarização da infância no Brasil (1983-1971). São Paulo: Mercado das Letras, 2006.

seguro e exigiu que junto a essa casa funcionasse uma escola com a finalidade de atender as asiladas. De início, a escola foi dirigida pelas próprias irmãs como escola particular. Em 1925, pelo Decreto nº 2.106, de 02 de março de 1925, foi criada a Escola Estadual, como o nome de Escola Asilo Nossa Senhora da Piedade, tendo por finalidade atender não somente as asiladas, assim como as crianças da periferia. Assim continuamos até a década de 1960, quando foi extinta, voltando a ser mantida pela Irmandade. Em 1969, a pedido do chefe da Inspetoria de Ensino de Paraíba do Sul, Sr. Manoel Gonçalves D´Ascensão, a Escola Estadual foi reativada como o nome Escola Estadual Condessa do Rio Novo, através do Decreto nº 14.399, de 4 de novembro de 1969, com professores mantidos pelo governo do Estado do Rio de Janeiro. Não há nenhum documento oficial de comprovação. Em março de 1955, a referida foi vitimada por um incêndio, no qual perdeu-se toda a documentação – Maria Nilda D'Addazio Cabral.[36]

Esse longo documento citado é importante para conhecermos a batalha jurídica que envolve o mundo da Educação. A Irmandade Nossa Senhora da Piedade administrava as duas escolas, tanto a da colônia agrícola (destinada aos filhos dos libertos) como a escola que havia no interior do educandário. O documento nos permite ver o empenho da Igreja para permanecer no campo da Educação, mantendo a escola e dirigindo a instituição.

Na documentação, a escola da colônia agrícola é mencionada como sendo de Entre Rios para diferenciá-la da escola que estava no interior do Educandário Nossa Senhora da Piedade. A escola em Paraíba do Sul foi municipalizada. O grupo escolar fundado em Três Rios se mantém sob a direção do governo do Estado do

---

[36] RIBEIRO NETO, Alexandre. *Tenha Piedade de nós:* uma análise da educação feminina do Educandário Nossa Senhora da Piedade, 1925-1930. Rio de Janeiro: Letra Capital, 2013.

Rio de Janeiro. A escola administrada pela prefeitura, por sua vez, foi fechada e reunida no mesmo bairro com outro nome.

4. Quando se vê, passaram 60 anos: a escola Margaretha Schöller

Se o prefeito Valter Lavinas pretendia promover o apagamento da memória dos negros egressos da escravidão da cidade de Três Rios, a primeira pergunta que devemos fazer é: quem foi Margaretha Schöller, a patronesse da escola? Para responder a esse questionamento, recorremos ao projeto político-pedagógico da escola, que contém os dados biográficos da homenageada.

> Margaretha Prugger Schöller nasceu na Áustria a 18 de julho de 1912. Filha de Andréas Prugger e Francisca Prugger. Margaretha era possuidora de grande cultura, concluiu a Faculdade de Engenharia Civil e cursou Artes Culinárias, se habilitando num restaurante de sua cidade natal. Gostava de comida austríaca, música clássica, ópera, balé e poesia. Margaretha veio para o Brasil em 23 de abril de 1930, junto com seu pai, sua madrasta e seus irmãos: Adolfo, Marta e Berta. Veio em um navio chamado Medrick. Nesse mesmo navio conheceu Franz Schöller, com quem se casou em novembro, no Rio de Janeiro, naquele mesmo ano. Adora o país e por isso naturalizou-se. Mudou para Três Rios em 1961, passando a residir na Rua Condessa do Rio Novo, número 760. [...] Ainda em vida, o casal Schöller doou o terreno onde está construída a nossa escola, sendo na época prefeito o Ilmo. Dr. Alberto Lavinas, que através de decreto pediu ser dado o nome de Margaretha Schöller como patronesse.[37]

Não tencionamos demonizar o casal Schöller, que doou o terreno e expressou o desejo de que nele fosse erguida uma escola.

---

[37] PREFEITURA Municipal de Três Rios. Projeto político-pedagógico da Escola Municipal Margaretha Schöller. 2020.

Ao contrário, buscamos entender o contexto da doação para que esse conhecimento produza humanização, pois a história construída com base na premissa de que é uma lição de coisas, um grande calendário preenchido com os feitos de grandes homens, acaba retirando-lhes a humanidade. Schueler (2000), em seu texto "A 'infância desamparada' no asilo agrícola de Santa Isabel: instrução rural e infantil (1880-1886)", informa que a doação de terras para a construção de escolas era uma prática que já ocorria no Brasil desde o final do século XIX. Segundo a autora,

> algumas iniciativas individuais de senhores de terras e escravos do Vale do Paraíba, visando a criação de escolas no interior de suas propriedades destinadas aos filhos dos agregados, colonos e trabalhadores livres e libertos, deixaram registros históricos, ainda que escassos. Tais foram os casos de José Joaquim de Souza Breves – que fundou uma escola na Fazenda Ipiabas, em 1874, onde se ensinavam os "ingênuos" e até mesmo alguns escravos – e do Visconde de Pimentel, que, em 1879, na Fazenda Vista Alegre, fundou um estabelecimento de ensino primário para as crianças livres e libertas.[38]

No Rio de Janeiro, o casal Benedito e Bárbara Ottoni deixou parte das terras de sua fazenda para que fossem construídas duas escolas. Elas foram edificadas na Rua Senador Furtado, uma ao lado da outra, para que nem mesmo na morte Benedito e Bárbara se separassem.

Em junho de 1932, sob os auspícios da administração Anísio Teixeira, foi fundada a primeira Escola Experimental do Distrito Federal, que contaria com duas secções – a Secção chamada

---

[38] SCHUELER, Alessandra Frota Martinez de. A "infância desamparada" no asilo agrícola de Santa Isabel: instrução rural e infantil (1880-1886). *Educação e Pesquisa*, São Paulo, v. 26, n. 1, p. 119-133, jan./jun., 2000.

Experimental, que funcionaria na Escola Bárbara Ottoni, e a de tipo comum, funcionando na Escola Benedito Ottoni, que serviria como fator de referência à primeira.[39]

Com essas citações tencionamos demonstrar que a educação dos ingênuos e de crianças pobres figurava entre as preocupações de homens e mulheres do final do século XIX. No início do século XX, essas inquietações permaneceram, ganhando outros contornos, que escapam ao escopo deste trabalho. Dessa maneira, não havia qualquer problema em doar as terras para a construção de escolas. O que problematizamos foi a existência de uma história oral sobre as escolas destinadas às crianças libertas pela Lei do Ventre Livre de 1871 e o seu apagamento na história da cidade de Três Rios.

Os depoimentos dos moradores mais velhos da cidade de Paraíba do Sul fazem menção a essas escolas, porém elas não constam em documentações. Apenas uma rápida citação no testamento da Condessa do Rio Novo e no Relatório do Provedor Randolpho Penna Júnior. Ou seja, existem duas histórias correndo como rios em paralelo.

Pollak (1989), em seu texto "Memória, esquecimento, silêncio", chama a atenção para o processo de negociação da memória coletiva.

> Em vários momentos, Maurice Halbwachs insinua não apenas a seletividade de toda memória, mas também um processo de "negociação" para conciliar a memória coletiva e memórias individuais: "Para que nossa memória se beneficie da dos outros, não basta que eles nos tragam seus testemunhos; é preciso também que ela não tenha deixado de concordar com suas

---

[39] GUIMARÃES, Helena Moreira. A primeira escola experimental Bárbara Ottoni. *Revista Brasileira de Estudos Pedagógicos*, Rio de Janeiro, 1954.

memórias e que haja suficientes pontos de contato entre ela e as outras para que a lembrança que os outros nos trazem possa ser reconstituída sobre uma base comum.⁴⁰

O ponto de conciliação entre a memória coletiva e individual é a educação. O Vale do Paraíba fluminense recebeu de forma negativa o fim da escravidão. Alguns senhores tentaram obter indenização do governo, pois perderam seus "bens" e pensavam em como iriam fazer para conseguir trabalhadores livres para realizar a próxima colheita. Nas terras onde homens e mulheres buscavam distinção pelos seus títulos de nobreza, não seria estranho que a memória dos negros saísse do mundo do trabalho e alcançasse o mundo das letras?

Pollak (1989) chama a atenção para as lembranças dissidentes, as quais podemos associar ao processo de resistência ao apagamento dos processos de escolarização dos negros no Vale do Paraíba. Segundo o autor, são

> lembranças traumatizantes, lembranças que esperam o momento propício para serem expressas. A despeito da importante doutrinação ideológica, essas lembranças durante tanto tempo confinadas ao silêncio e transmitidas de uma geração a outra oralmente, e não através de publicações, permanecem vivas. O longo silêncio sobre o passado, longe de conduzir ao esquecimento, é a resistência que uma sociedade civil impotente opõe ao excesso de discursos oficiais. Ao mesmo tempo, ela transmite cuidadosamente as lembranças dissidentes nas redes familiares e de amizades, esperando a hora da verdade e da redistribuição das cartas políticas e ideológicas. (1989, p. 5)

---

[40] POLLAK, Michel. Memória, esquecimento, silêncio. *Estudos Históricos*, Rio de Janeiro, v. 2, n. 3, 1989.

Atravessando o tempo, as lembranças dissidentes esperam o momento de chegar à superfície; de deixarem o sótão para construir uma nova história, com velhos sujeitos. Sobre a escola em tela, as crianças da colônia agrícola formada por libertos foram confinadas ao silêncio. Todavia, mesmo em silêncio, ainda falam.

Dávila (2006)[41] ajuda-nos a pensar nessa direção ao denunciar a política social e racial no Brasil de 1917 a 1945. Corajosamente, ele chamou a atenção para as ideias do movimento da Escola Nova no Brasil. O autor é um dos poucos pesquisadores que sinalizam que esse movimento não incluiu os negros como alunos nos bancos escolares. Os demais ressaltam a face moderna da escola frente ao ensino tradicional; contudo, silenciam sobre a inclusão de negros como alunos.

> Os eugenistas consagravam seus objetivos como ideal de uma "raça brasileira". A raça era um processo em desenvolvimento – uma etnicidade comum a que todos os brasileiros iriam pertencer assim que renovassem as condições culturais e higiênicas inferiores.[...] Na prática, isso significava o branqueamento comportamental; ou seja, descartar as práticas culturais africanas e indígenas. Até mesmo os brasileiros que não eram descendentes de europeus podiam ser membros da raça. A preocupação da elite com a "perfeição eugênica da raça" significava a alocação de recursos para mitigar alguns dos efeitos da pobreza sobre a criança.[42]

Dávila (2006)[43], entre outras fontes documentais de pesquisa, utiliza as fotos de Augusto Malta, que acompanhava a

---

[41] DÁVILA, Jerry. *Diploma de brancura*: política social e racial no Brasil – 1917-1945. São Paulo: Ed. Unesp, 2006.
[42] *Ibid.*
[43] *Ibid.*

inauguração das escolas no Rio de Janeiro. Chamamos a atenção para a foto de inauguração da Escola General Mitre, no Morro do Pinto, no centro do Rio de Janeiro. Nela podemos perceber os que são de dentro – os alunos – e os que são de fora – a comunidade.

Figura 1 – Inauguração de escola no Morro do Pinto

Fonte: Secretaria de Estado de Cultura e de Esporte do Rio de Janeiro.
Museu da Imagem e do Som.[44]

Recorremos mais uma vez a Dávila (2006) para problematizar a ausência de negros nos bancos escolares. Segundo o autor, existe uma grande diferença entre os alunos que frequentavam as aulas e as crianças da vizinhança:

> A flagrante discrepância entre a cor e a aparência dos alunos dentro da Escola General Mitre e daqueles fora dela reflete a escassez de oportunidades educacionais até a década de 1920. Como a escola estava localizada perto do Centro da cidade, ricos e pobres, negros e brancos estavam física, embora não socialmente, próximos uns dos outros.[45]

---

[44] DÁVILA, 2006, p. 206.
[45] Ibid., p. 207.

O processo de embranquecimento se iniciou no século XIX, com a imigração de europeus para o Brasil. Esse processo foi marcado pela concessão de terras e auxílio do Estado, que buscava na Europa uma solução para o medo de o Brasil se tornar uma África fora da África. Em conjunto com o processo de embranquecimento, as teorias raciais que começavam a ganhar as páginas dos jornais europeus, com as áreas de pesquisas científicas, também embarcaram nos navios e aportaram no território brasileiro.

Testes de robustez, medição de crânio e outras variações eugênicas que buscavam a comprovação de genes atávicos que poderiam indicar uma maior propensão à vadiagem, ao roubo e à falta de inteligência colocavam na ordem do dia a discussão sobre a mestiçagem no Brasil. Seria o mestiço mais inclinado às suas raízes europeias ou dado aos vícios de sua raiz africana? A Educação não escapou dessas agruras; o serviço de ortofrenia e higiene mental dirigido por Arthur Ramos nos ajuda a pensar quem era a criança que poderia estar na escola e como esta contribuiria no ordenamento da sociedade:

> Nesse enquadramento geral que Arthur Ramos dá à sua obra, os casos de Nanette e Boné Preto ilustrariam, sob o ponto de vista do higienista, os dois polos das condições de vida da criança carioca. A criança mimada, vivendo como prisioneira no lar, cercada de cuidados, impedida de procurar o contato com os outros meninos da vizinhança, aparece como o primeiro deles. O papel fundamental do *entourage* familiar na análise do tipo mimado explicava "falsos atrasos" na escola, como era o caso dos atrasados afetivos, por exemplo. No outro polo, a criança do morro, da favela, do barracão, em vida promíscua, dormindo em condições precárias, também reunia "caudas de classe" e

tipos insubordinados, desobedientes, instáveis, mentirosos ou fujões.[46]

Com essa citação, indicamos que não somente a ausência de memória dos negros no campo da Educação foi preterida, mas os próprios negros também foram alvo de políticas educacionais que, em sintonia com a teoria do branqueamento e a eugenia, os colocaram sob suspeita até mesmo no mundo do trabalho. Indivíduos portadores dos "genes da vadiagem" precisavam ser vigiados, corrigidos e civilizados para que o país pudesse continuar o seu caminho rumo ao progresso, tal qual as nações europeias.

Considerações finais: e iria jogando pelo caminho a casca dourada e inútil das horas

Despedimo-nos de Quintana, de Brecht e de Bandeira. Homens que, com sua poesia, nos permitiram voltar no tempo para problematizar a sociedade e suas instituições. Entre elas priorizamos a escola, sobretudo as fundadas pela Condessa do Rio Novo em Entre Rios para educar os filhos dos escravizados, libertos pela Lei do Ventre Livre de 1871.

Lançamos luzes sobre as memórias e sobre os silenciamento, indicando que, numa cidade que intenciona conceber um passado glorioso, colocar em segundo plano a memória dos negros egressos da escravidão fazia parte de um plano de construção de uma memória coletiva recheada de grandes nomes. Estes estavam nas ruas e nas escolas. O que não poderia supor era que a memória dos libertos continuasse a falar, embora em silêncio, registrando

---

[46] PAULILO, André Luiz. Nanette e Boné Preto vão à escola: conduta pessoal e escolarização nos anos de 1930. *Revista Brasileira de História da Educação*, Campinas, v. 13(32), n. 2, p. 133-158, maio/ago., 2013.

sua presença para além do mundo do trabalho, penetrando em instituições civilizadoras – entre elas a escola.

O testamento é uma das cascas douradas jogadas pelo caminho. O historiador as apanha para com base nelas construir a história – não somente da árvore, mas também da floresta.

Capítulo 5

A regra e o compasso na consolidação acadêmica da engenharia nacional

Antonio Carlos Higino da Silva

Durante a primeira metade do século XIX, os estudantes de engenharia que faziam o curso no Brasil, ao concluir os estudos, tornavam-se engenheiros militares. Em 1810, o ingresso era feito na Academia Real Militar, que foi criada para substituir a Real Academia de Artilharia, Fortificação e Desenho. A partir de 1839, a Academia Real Militar foi sucedida pela Escola Militar da Corte. Enfim, em 1858, esta última deu vez à Escola Central, fato que possibilitou o início da formação dos primeiros engenheiros civis, embora os currículos não se diferenciassem muito.[1]

Essa reformulação ocorrida durante o Segundo Reinado foi um dos primeiros passos no processo de consolidação da engenharia como um campo de conhecimento acadêmico. Todavia, no referido contexto, a definição de um perfil militar ou civil para os currículos foi apenas parte de uma longa caminhada. Por conseguinte, à medida que os novos engenheiros brasileiros

---

[1] TELLES, Pedro Carlos da Silva. *A história da engenharia no Brasil*. Clavero, 1994.

se inseriam no mercado, uma nova demanda somou-se à vida dos egressos da Escola Central, isto é, a gradativa regulamentação de suas atividades laborais.

Esses dois aspectos, acadêmico e normativo, articularam-se definindo características do curso civil de engenharia e a maneira de atuação dos formados. Destarte, impõe-se como um objetivo neste estudo analisar essa assertiva, mais detalhadamente, a fim de que se possa compreender a analogia entre o estabelecimento de um nível superior nessa área de conhecimento e a consolidação da engenharia nacional. Sendo assim, a seguir, será apresentada a conjugação desses dois fatores. Para tal, tomam-se por referência alguns caminhos apontados por Coelho (1999), em seu livro *As profissões imperiais*[2]. Não se trata da adoção de um quadro conceitual, pois o autor não se propôs a essa tarefa em sua obra. Tão somente um eixo de análise para algumas experiências vividas na engenharia brasileira ao fim do século XIX.

Profissões lucrativas

Atualmente, a engenharia é um campo do conhecimento científico muito bem delimitado, entretanto, nem sempre foi assim que suas atividades se desenvolveram. Para entender essa transformação, antes é necessário debruçar-se sobre o processo de sua consolidação acadêmica. Pois, segundo Coelho (1999), nem todas as ocupações que nos dias de hoje são reconhecidas como "profissão" foram assim percebidas no passado.[3]

Para o referido autor, em grande parte, a atual importância

---

[2] COELHO, Edmundo Campos. *As profissões imperiais*: medicina, engenharia e advocacia no Rio de Janeiro, 1822-1930. Rio de Janeiro: Record, 1999.
[3] COELHO, *op. cit.*, 1999.

dessa "profissionalização" deveu-se a uma conceituação sociológica genérica que, desde os anos 60 do século passado, procurou explicar as variações desse processo de sociedade para sociedade, tomando por referência um ideal liberal anglo-americano.[4] Essa perspectiva hermenêutica induziu a conclusão de que a citada "profissionalização" foi responsável pela cisão entre uma educação superior de "corte humanístico" e aquelas formações que compreenderiam as "artes mecânicas ou técnicas", ou seja, a "educação vulgar".

Mas, em oposição a essa proposição teórica, Coelho (1999) defende que o vocábulo "profissão" se trata de uma expressão historicamente contingente que não tem correspondente, por exemplo, no alemão e que no francês, "sem o qualificativo *libérales*, refere-se a qualquer ocupação". Para comprovar sua hipótese, primeiramente, ele coteja o sentido lexicológico do termo com a referida conceituação sociológica.

Em seu ponto de partida, confere que na língua portuguesa a palavra "profissão" pode ser encontrada, no século XVII, em texto do padre Antônio Vieira produzido em Portugal sob os seguintes sentidos: "adesão pública a um credo religioso" e "ato de tomar os votos de uma ordem religiosa". Outro entendimento atribuído ao vocábulo pelo mesmo Vieira foi o de "ofício" como uma "atividade habitual de tal sacerdote". Estas mesmas acepções permaneceram vigentes até o final do século XIX, como pode ser comprovado no *Dicionário da Lingua Portugueza*, de Antonio Moraes Silva. Apenas a partir do século XX, em 1943, um novo registro foi encontrado na 4ª edição do *Grande e novíssimo dicionário da Língua Portuguesa*, de

---

[4] *Ibid.*, p. 26.

Laudelino Freire: "profissões liberais". Na 2ª edição do *Dicionário Aurélio*, em 1996, o termo "profissão" possui cinco significados. O terceiro dentre eles ao somar-se a palavra "liberal" pode ser assim compreendido:

> Dessa forma "profissão liberal" fica definida nesta acepção pela soma final dos atributos: (especialização que requer preparo) + (educação superior) + (prestígio social ou intelectual) + (ausência de relações hierárquicas) + (caráter técnico ou intelectual do conhecimento).[5]

Estes últimos sentidos se coadunam ao entendimento tradicional da sociologia, configurando algumas atividades como um campo de atuação com características "superiores".[6]

Mas, a partir de levantamentos dos usos coloquiais do termo "profissões liberais", feitos no cotidiano brasileiro no século XIX, constatou-se que tal conclusão é no mínimo precipitada:

> Em um interessante debate na Câmara, em 1877, sobre liberdade de ensino, o deputado Cunha Leitão referia-se à advocacia e à medicina não como profissões liberais, mas sempre como "profissões lucrativas" que não se fundavam num "ensino elevado", mas numa instrução "prática"; todavia, na mesma época, e também discutindo a liberdade de ensino, Franklin Dória mencionava o diploma das nossas faculdades como um "passaporte para as profissões liberais", mas logo adiante contrastava-o com os "graos puramente científicos" concedidos pelas as universidades alemãs, lamentando, ademais, que os projetos para uma universidade no Brasil não incluíssem uma "faculdade de letras: e, senhores, quando me refiro à litteratura, está bem visto que não pretendo designar somente os

---

[5] COELHO, 1999, p. 24.
[6] Neste contexto, superior se contraporia a atividades inferiores, mecânicas, técnicas, vulgares.

> estudos clássicos da poesia, da eloqüência e da grammatica geral, mas também esses altos estudos de philosophia, das sciencias históricas e philologícas..." Ainda assim, sem serem "cultas", eram as "profissões liberais" as escolhas mais apropriadas aos indivíduos livres e aos espíritos independentes.[7]

Sendo assim, embora o registro léxico pareça convergir com a proposta genérica da sociologia, que reforça a ideia de um "ensino elevado", é notório que as "profissões liberais", nesse caso, estavam sendo tratadas, desde o século XIX, como "profissões lucrativas" e "práticas" que mesmo "sem serem cultas", eram as escolhas mais adequadas aos "indivíduos livres e aos espíritos independentes". Enfim, pode-se dizer que não se tratou do desconhecimento acerca do valor dado a uma formação culta, pois a discussão estava posta, como pode ser averiguado nas falas do deputado Cunha Leitão e do poeta Franklin Dória.

Entretanto, a despeito do juízo de valor entre tais concepções, o que pôde ser conferido nesse episódio foi a existência de um ideal liberal díspar daquele proposto pela sociologia e distante da lexicologia do século XX. Pois as perspectivas apresentadas nas narrativas de Vieira, Leitão e Dória permitem concluir que, através desse transcurso, houve uma mudança na concepção do "ofício", enquanto uma atividade vocacional, para um entendimento que remeteu a "adesão pública" do indivíduo aos "graos puramente científicos" e ao pragmatismo do lucro.

O protagonismo do indivíduo pautado na formação acadêmica e na busca pelo lucro não se estabeleceu de maneira pacífica. Isso fez com que o papel desempenhado pelo engenheiro se confundisse com o de um comerciante ou mesmo de um

---

[7] COELHO, op. cit., p. 23-24.

empresário. A intensa disputa entre eles se dava por meio de seus projetos e deixou registros abundantes na mídia impressa da época. A seguir, um outro exemplo, afora as falas de Leitão e Dória, pode corroborar essa informação.

No início dos anos 70 do século XIX, a oposição da Companhia das Docas Dom Pedro II (DDPII) à Empresa Metropolitana, subsidiária da Estrada de Ferro Dom Pedro II (EFDPII), deu-se motivada pela concorrência do serviço ferroviário que faria a ligação entre o porto e a EFDPII. Esse foi o palco perfeito para intensos debates acerca do direito de propriedade intelectual que garantiria a exploração do ramal. A conquista da concessão era avalizada pela posse intelectual do indivíduo. Sendo assim, embora essa concorrência tenha se dado entre as duas companhias mencionadas, seus engenheiros buscavam comprovar a anterioridade de suas ideias e projetos a fim de legitimar seu direito de concessão. Essa conjuntura dispôs os ingredientes necessários às trocas de farpas, iniciando uma quase epopeia nas páginas do *Jornal do Commercio*, em 17 setembro de 1871. Essas publicações procuraram demonstrar a quem pertencia o mérito da originalidade da ideia de realizar a exploração da interligação ferroviária entre o porto e a EFDPII.

Para defender sua originalidade, o engenheiro André Pinto Rebouças, projetista da DDPII, recorreu, inicialmente, a sua memória *Estudos de Portos do Mar*, que havia sido publicada em maio de 1862 no *Correio Mercantil* e no *Diário Oficial*. Dessa forma, ele tentou mostrar que sua iniciativa ocorrera antes da participação dos engenheiros Mariano Procópio, Antônio Bulhões e Honório Bicalho na administração da EFDPII, em 1867, durante a gestão de Bento Sobragy. Crédulo de sua antecedência, afirmava que seus opositores se associaram à estrada de ferro para ter primazia sobre a concessão e exercer, sob a proteção do governo, um monopólio do transporte, armazenamento e beneficiamento do café. Então, além de tentar comprovar sua precedência, ele apresentou duras críticas técnicas e financeiras ao projeto da subsidiária Empresa Metropolitana, reafirmando que o "direito de prioridade é o direito de prioridade"[8] e que esse direito cabia à DDPII, "patenteado" pelas publicações realizadas no *Diário Oficial*, em 1862.

A resposta de Bicalho, sócio de Mariano Procópio, pautou-se também na comprovação da antecedência da produção intelectual que, consequentemente, remetia ao direito de prioridade sobre a concessão desejada. Ele afirmou que, por circunstâncias econômicas, o projeto não havia sido realizado antes, mas que isso não se relacionava a qualquer desconhecimento ou desinteresse em empreendê-lo. Pois a EFDPII já teria sido projetada, em 1855, com uma estação terminal marítima.

Contudo, Bicalho não se limitou a essa assertiva e contou com o poder econômico e social dos peticionários da companhia Metropolitana para respaldar suas pretensões. Entre os requerentes, além de Mariano Procópio, estavam o Barão de Mauá e o Barão da Lagoa. Sendo assim, valendo-se do *status* dos seus sócios e desejando mostrar que a Empresa Metropolitana tinha mais credibilidade do que a DDPII, ele dotou sua narrativa de um tom irônico e afirmou que com tão ilustres representantes podia ter "a certeza de não sermos embargados quando tivermos de tornar nossa concepção uma realidade"[9]. Essa declaração fazia referência ao recente embargo da Câmara Municipal à DDPII.

---

[8] Ver: *Jornal do Commercio*, de 17 set. 1871.
[9] *Ibid.*, de 19 set. 1871.

Rebouças não se silenciou e na publicação seguinte indicou que se houvesse outra concessionária além da DDPII, esta seria a Companhia Locomotora, pois sua petição datava de 1861 e o decreto que permitia seu funcionamento era de 1865. Bicalho, por outro lado, reafirmou que o planejamento do seu ramal de ligação era mais antigo que os planos de Rebouças e da Locomotora, pois datavam de 1855. Também sustentou que a concessão da Locomotora era provisória e complementar, não sendo concorrente com o percurso proposto pela Metropolitana. Quanto ao suposto monopólio do café sob proteção do governo, Bicalho rechaçou a argumentação dizendo que sua companhia se voltava a um perfeito exercício do livre comércio; enquanto a DDPII representaria um "monopólio dos trapiches das enseadas da Saúde e da Gambôa, ligado ao da Estrada de Ferro D. Pedro II"[10]. Dessa forma, os antagonistas seguiram sustentando seus pontos de vista nas páginas do jornal, quase diariamente, apresentando documentos e fatos para justificar seu direito à concessão pautado na propriedade intelectual e na condenação do monopólio. Junto a isso, por vezes, eram produzidas críticas ao projeto adversário.

Entre essas publicações começaram a aparecer textos menores, uns anônimos e outros não, se posicionando diante da celeuma. Uns apoiavam a DDPII, e outros, a Metropolitana. Dentre esses destaca-se um curioso artigo. Trata-se de um texto em francês assinado por *M.M.*[11] que, no intuito de conferir originalidade ao projeto da DDPII, chegou ao ponto de atestar que a carreira de Rebouças fora planejada desde sua chegada ao Rio de Janeiro com oito anos de idade. Isto é, em 1846, os planos que em um futuro

---
[10] *Ibid.*, de 27 set. 1871.
[11] *Ibid.*, de 26 set. 1871.

remoto seriam implementados, teriam sido orquestrados pelo médico de suas majestades, o Dr. Meirelles, e pelo seu amigo, o Conselheiro Antônio Rebouças, pai de André.

Argumentos como esses induzem a conclusão de que tão importante quanto a obtenção do direito à concessão era a comprovação de sua legitimidade e do mérito individual. E, nesse sentido, o jornal desempenhava uma função central na medida em que seus leitores passavam a orbitar, de maneira polarizada, em torno dessas questões e, consequentemente, se sentiam impelidos a posicionar-se. Isto é, a posse intelectual do indivíduo e, por conseguinte, da empresa se reforçava como sinônimo de um fugaz ideal liberal. Portanto, tais discussões tendiam a se tornar intermináveis, pois sempre havia a possibilidade de retomar a mesma argumentação a partir de uma nova temática ainda não explorada.

Contudo, a discussão pública que se iniciou para comprovar a quem pertencia o direito à propriedade intelectual, a fim de legitimar a conquista da concessão do serviço de interligação entre o porto e a EFDPII e que também pretendeu denunciar o monopólio do transporte, armazenamento e beneficiamento do café, acabou por ser resolvida por meio de um acordo de bastidores entre os envolvidos. Veja a seguir:

> O Barão da Lagôa encontrando-me na Praça do Commercio ás 11 $^1/2$, depois da Assembléa Geral, disse-me que o Barão de Mauá me esperava no seu Banco. Efetivamente lá compareci e o Barão de Mauá comunicou-me que fazia esforços para conseguir um acordo entre as Dócas de D. Pedro e a empreza metropolitana. Disse-lhe que não repugnava a esse acordo, uma vez abandonada as idéas de monopolio de comercio de café

do Mariano Procópio ás quais o Barão de Mauá impediu que fossem consignadas na petição do Governo. [sic]12

Esse trecho, retirado do diário do engenheiro André Rebouças, foi escrito no mesmo dia da última publicação dos embates entre a Empresa Metropolitana e a DDPII. Desde então, um silêncio estabeleceu-se entre as companhias nas páginas do *Jornal do Commercio*. A reunião entre Mauá e Rebouças, após a Assembleia Geral, foi decisiva na resolução não somente do debate, assim como, na interdição de qualquer exclusividade sobre o café. O monopólio era censurado e condenado nos discursos liberais, porém, estrategicamente, diversas práticas se forjavam nesse ambiente de concorrências a fim de consolidá-lo.[13]

O evento que acabou de ser descrito ocorreu no ano de 1871, seis anos antes das narrativas de Cunha Leitão e Franklin Dória. As posturas dos engenheiros envolvidos nos projetos em disputa e dos defensores de cada parte envolvida na celeuma ratificam um ideal de liberdade centrado no indivíduo. Entretanto, nas circunstâncias exibidas, o exercício individual dessa "profissão liberal" não se restringiu aos "graos puramente científicos", quiçá de um "ensino elevado". Pois a concorrência estabelecida entre os protagonistas revelou-se submetida aos anseios daqueles que podiam garantir "a certeza de não sermos embargados quando tivermos de tornar nossa concepção uma realidade".

A reunião registrada no diário de Rebouças, ausente nas

---

[12] FLORA, Ana; VERÍSSIMO, Ignácio José. *André Rebouças. Diário e notas autobiográficas*. Rio de Janeiro: Editora José Olympio, 1938, p. 196.
[13] Ver: SILVA, Antonio Carlos Higino. *Portos de Commercio. Tecnologia, associacionismo e redes de sociabilidade*: os desafios e as propostas modernizadoras de André Pinto Rebouças para o Brasil do Segundo Reinado (1850-1890). Rio de Janeiro. 2020.

páginas dos jornais, resolveu os direitos de uma concessão pública no ambiente privado do banco do Barão de Mauá. Nesse sentido, gradativamente, após a criação do curso de engenharia civil, com a inauguração da Escola Central em 1858, a praticidade, o lucro e a propriedade intelectual condensaram-se como pilares de um ideal liberal centrado na pseudoautonomia do mérito individual. Mas por que pseudo? Essa é questão que será analisada a seguir.

Os adornos de uma formação profissional

A criação do Instituto Polytechnico e do Corpo de Engenheiro Civis, em 1862, da Escola Polytechnica, em 1874, da Sociedade Auxiliadora da Indústria, em 1877, e do Club de Engenharia, em 1880, conferiu, no último quartel do século XIX, um viés corporativo à prática da engenharia nacional. Por conseguinte, os participantes dessas instituições buscaram regulamentar o exercício da profissão, submetendo as ações individuais ao crivo dessas associações.

O primeiro deles, o Instituto Polytechnico, dedicou-se a matérias científicas vislumbrando desvencilhar-se das atividades "mecânicas" (COELHO, 1999, p. 194), que estavam relacionadas à escravidão, e buscou constituir um lugar à parte para seus feitos. Nesse contexto, a Escola Polytechnica, quando foi concebida, definiu-se através de um perfil muito teórico que dividiu o exercício da engenharia no Brasil.

Portanto, no último quartel do século XIX, era comum ver os diplomados engenheiros brasileiros subordinados a práticos estrangeiros. Pois enquanto ingleses e americanos, mesmo sem diploma, atuavam favorecidos por sua experiência, os engenheiros brasileiros assumiam apenas funções burocráticas. Essa situação seguia uma tendência presente na Polytechnica de Paris, onde muitos brasileiros estudaram.

Entretanto, mesmo antes desse período, vivia-se um ambiente muito similar quando se deu a primeira tentativa de regulamentação da engenharia, em 1862. O Corpo de Engenheiros Civis estabeleceu que somente poderiam exercer as posições de Inspetor Geral e Engenheiro:

> os que tivessem o curso da Escola Central ou o das antigas Academia e Escola Militar, ou ainda os que apresentassem títulos de escolas estrangeiras acreditadas (art. 1º §4), permitido o emprego também de estrangeiros; desde que tivessem a "necessaria aptidao e reconhecido merecimento" (art.lº §5); mas neste caso não fazia o Regulamento referência a cursos formais, a títulos acadêmicos ou a qualquer outro critério de aptidão ou de competência.[14]

De fato, essa primeira promulgação não atendia aos anseios dos engenheiros brasileiros que precisavam sair da sombra dos estrangeiros. Em 1871, um novo regulamento, que não mencionava estrangeiros, admitia ao Corpo de Engenheiros os "que tiverem o curso da extinta academia ou da actual escola de marinha desde que prestassem prova especial de habilitação como engenheiros civis"[15].

Embora este tipo de regulamentação procurasse situar a atuação de nacionais e estrangeiros, havia também aqueles que, a exemplo de Luis Raphael Vieira Souto, entendiam que não se devia permitir que construtores e mestres de obras atuassem na engenharia. No entanto, os engenheiros tinham pouco interesse

---

[14] Decreto n. 2.922, de 10 de maio de 1862.
[15] Decreto n. 4696, de 16 de fevereiro de 1871.

nesse mercado, pois aqueles que frequentavam a academia possuíam ambições mais elevadas, ou seja, obras de maior porte que alcançariam maior investimento. E não se importavam com restrições ao exercício da profissão. Sendo assim, nem todos seguiam Vieira Souto.

> André Rebouças manifestou-se em mais de uma oportunidade favorável a liberdade de profissão no sentido mais amplo, e Aarão Reis aprovava o fato de que "a carreira de engenheiro esta, felizmente, entregue a livre concorrência, não é privilegiada", querendo dizer que o diploma, ao contrário do que ocorria na medicina e na advocacia, não garantia monopólio de mercado.[16]

Mas havia um fator específico nesse tema do monopólio de mercado, pois diferente do que foi visto no sentido lexicológico do *Aurélio*, a falta de prestígio dos engenheiros brasileiros era um fator decisivo contra eles.

Apesar de sua aposta na liberdade de mercado, Aarão Reis tinha consciência desse desafio, pois ele sabia que "não só as empresas particulares não se embaraçam com elles e até nem lhes dão o valor que realmente merecem, como o próprio governo não lhes liga a mínima importância e trata mesmo de desconsideral-os" [*sic*].[17]

Essas eram as frentes de batalha da engenharia nacional no início do último quartel do século XIX. Embora houvesse algum pronunciamento sobre a atuação de construtores e mestres de obras em pequenas edificações, o foco das atenções estava nas obras monumentais, na introdução de novas técnicas e materiais.

---

[16] COELHO, 1999, p. 199-200.
[17] REIS, Aarão Leal de Carvalho. *A instrução superior no Império*. Rio de Janeiro: Typ. de Domingos Luiz dos Santos, 1875, p. 41.

Pois era onde aconteciam os grandes investimentos, entretanto, os brasileiros estavam sendo preteridos.

Em 1875, o mesmo Aarão Reis, adepto do livre mercado, concluía que faltava aos engenheiros brasileiros o conhecimento prático necessário para a implementação das obras monumentais, aconselhando uma reformulação da Escola Polytechnica. Mas também apontava que aos capitalistas e negociantes careciam "estudos da maior importancia e necessarios a tão difficeis profissões", como "o complexo de altos estudos economicos, financeiros e estatisticos, o conhecimento geral da legislação commercial e muitos outros estudos" [sic]18.

Um pouco antes de Reis, em 1871, Rebouças vai apresentar queixas similares, quando saiu em busca de sócios para constituir a diretoria da Companhia das Docas de Dom Pedro II.

> Agora o grande problema é organizar a Diretoria que ninguém aceita. Por isso "estive das 11 *ás* 2 ½ da tarde sempre de tílburi em uma verdadeira caçada de Diretores para a Cia. De Docas Pedro II".
> Não foi fácil, entretanto, convencer a gente rica da colaboração neste empreendimento. Emprestar dinheiro sim; assumir responsabilidades subsidiárias *era* demasiado. "Oh! história ignota da criação da iniciativa individual neste país" exclama ele – após haver caçado tres ou quatro nomes para dar vida àquele sonho [sic].19

Seu objetivo de cotizar recursos privados para implementar serviços públicos por meio da Lei Geral de Docas, de 13 de outubro

---

[18] SANTOS, Wanderley Guilherme dos. Paradigma e História: A ordem burguesa na imaginação social brasileira". In: *Ordem burguesa e liberalismo político*. São Paulo: Duas Cidades, 1978, p. 48.
[19] VERÍSSIMO, Ignácio José. *André Rebouças através de sua auto-biografia*. Rio de Janeiro: Editora José Olympio, 1939, p. 80.

de 1869, esbarrou em hábitos e costumes sedimentados na cúpula da elite monárquica brasileira.

Contudo, segundo Reis, o encontro entre o ensino superior oferecido nas faculdades do Império e a deficiência dos negociantes poderia resultar na cooperação entre capital e um conhecimento que era comum aos engenheiros. Em 1877, a convivência entre esses dois fatores ocorreria na Sociedade Auxiliadora da Indústria.

Todavia, o referido encontro, capital e conhecimento específico, não resolveu o embate entre práticos estrangeiros e engenheiros brasileiros. Pois essa solução manteve uma distinção entre um ensino de natureza prática e um ensino superior. Consequentemente, em 9 de outubro de 1880, por meio do Decreto n. 3.001, o título acadêmico voltou a ser requisito para o preenchimento de cargos técnicos na administração imperial, tanto para nacionais como para estrangeiros. Contudo, os inconvenientes gerados pelo decreto fizeram com que o Conselho de Estado voltasse a autorizar o exercício de práticos ingleses em julho de 1881.[20]

> Por pouco não admitiram os conselheiros que os cursos, diplomas, títulos e anéis de grau da Escola Polytechnica eram meros adornos de uma formação profissional equivocada e inútil.[21]

Anos mais tarde, em 1888, o Instituto Polytechnico Brasileiro oficiou ao Ministério da Agricultura, Commercio e Obras Públicas sugerindo que fosse exigido o diploma ou a carta de habilitação para a prática da engenharia e da arquitetura. Com esse ato, o instituto

---

[20] Decreto n. 8.159, de 1º de julho de 1881.
[21] COELHO, 1999, p. 201.

mais uma vez buscou intervir na liberdade profissional, atentando, principalmente, para os projetos monumentais que escapavam aos engenheiros brasileiros devido ao seu desprestígio. Entretanto, o teor do documento era pouco enfático em sua solicitação e, novamente, não atraiu o apoio de alguns integrantes.

Mesmo após vinte e seis anos da primeira tentativa do Corpo de Engenheiros Civis de iniciar a regulamentação do exercício profissional, restringindo o acesso por meio de certificados e diplomas, alguns engenheiros se mantiveram fiéis ao seu ideal de livre concorrência no âmbito da engenharia. Esse posicionamento aponta para a existência de uma divisão entre sócios do instituto, especialmente, aqueles que aspiravam aos grandes projetos governamentais e privados.

Essa dissensão é diferente daquela que motivou críticas aos construtores, mestres de obras e que procurou evitar o acesso dos práticos estrangeiros a determinadas funções. A concorrência também era motivada por disputas no interior do grupo que formava o instituto, consequentemente, levando à divergência de opiniões acerca da regulamentação. Um excelente exemplo pode ser visto ao se cotejar a trajetória de André Rebouças e Antonio Gomes de Mattos Junior, durante a reforma portuária do Rio de Janeiro nos anos 70 do século XIX.

Rebouças formou-se durante a transição da Escola Militar da Corte para a Escola Central, no fim dos anos 50, e completou seus estudos com dois anos de especialização em Obras Hidráulicas na Europa, voltando ao Brasil em outubro de 1862. Com esse perfil, ele mesclava características de um prático estrangeiro, com aquelas típicas atribuições administrativas dos engenheiros brasileiros e tão deficitárias aos negociantes. Dessa maneira, ele introduziu o uso do cimento Portland e do escafandro no Brasil, assim como, redigiu uma nova legislação para modernização dos portos brasileiros em 1869, entre outras coisas. Esses predicados deveriam ser suficientes para justificar seu interesse pela livre concorrência, pois sua capacitação conferia-lhe os atributos necessários à conciliação do capital e do específico conhecimento preconizado por Aarão Reis.

Mas esse perfil não era exclusivo de Rebouças. Antonio Gomes de Mattos Junior, que teve sua formação em engenharia realizada na Marinha, possuía uma trajetória similar. Em 1850, ele era da Guarda Marinha e, em 1855, foi estudar na Europa, especializando-se em Máquinas a Vapor. Ao retornar em 1856, começou a trabalhar no Arsenal de Guerra na função que exerceu até 1863. No entanto, a partir do ano de 1859, passou a ocupar-se, concomitantemente, com a atividade de engenheiro da Companhia Brasileira de Paquetes a Vapor (CBPV). Sua trajetória continuou na CBPV até 1867, quando se tornou sócio e gerente das oficinas de Jonh Maylor, na Rua da Saúde, n. 136, que depois expandiu-se para outro ponto nessa mesma rua.[22]

A contar do mesmo ano, as trajetórias acadêmicas dessas duas personalidades voltaram seus focos para o Valongo a fim de constituírem, como empreendedores, projetos muito ambiciosos. Naquele momento, os destinos de Rebouças e de Mattos Junior se encontraram definitivamente, e este último tornou-se o mais ferrenho oposicionista do projeto de reformulação portuária realizado por Rebouças na região do Valongo.

É possível que o pertencimento de Rebouças a uma geração mais nova de engenheiros também tenha pesado nesse embate.

---

[22] Em 1873, ele assumiu a função de secretário da Companhia de Navegação Transatlântica seguindo sua carreira de engenheiro, mas é neste ponto que sua trajetória e a de Rebouças se encontram (1867).

Pois enquanto ele concluía sua formação em Obras Hidráulicas na Europa, Mattos Junior participava da reunião de inauguração do Instituto Polytechnico, em setembro de 1862.

Destarte, o projeto da Docas Dom Pedro II, que começou a ser traçado em agosto de 1867, procurando integrar várias concessões em um só planejamento e desejando ocupar uma vasta área dos bairros da Saúde e da Gamboa, atingiria muitos estabelecimentos comerciais, dentre os quais aqueles de Mattos Junior. A ousadia do novato Rebouças gerou muita animosidade no seu ciclo de convivência e a reação imposta a ele caracterizou-se pela desqualificação de seus trabalhos.

O *Jornal do Commercio* foi o campo de batalha entre os dois em publicações que ocorreram entre 16 de setembro e 19 de novembro de 1871. Os artigos apresentavam, entre outras coisas, contestações ao discurso inaugural das obras, duras críticas a detalhes técnicos e suspeitas acerca das movimentações de ações da companhia. Pois enquanto engenheiro e empresário, Mattos Junior deu-se ao direito de analisar tudo que representasse uma ameaça aos seus interesses e que expusesse qualquer fragilidade da DDPII. Dessa forma, se colocou como representante dos proprietários dos estabelecimentos que seriam desapropriados, deu apoio ao embargo da Câmara ao início das obras da DDPII e tornou-se um crítico ferrenho aos molhes (píer) perpendiculares em madeira ou ferro presentes no projeto da DDPII. Após o fim do embargo das obras, ele realizou uma petição solicitando outro embargo a fim de que uma comissão de engenheiros avaliassem o projeto, questionando, assim, a competência de Rebouças.

Entretanto, é interessante observar que essa estratégia era utilizada por ambas as partes envolvidas na disputa e que reforçava o estigma da incapacidade dos engenheiros do instituto. Embora, no caso de Rebouças, os ataques sofridos se estendessem a um aspecto pessoal, ou seja, sua suposta inabilidade era associada ao fato de ele ser um homem negro. Como de costume, as publicações realizadas suscitaram outros artigos que orbitaram o confronto, polarizando o assunto e, anonimamente, atacando o jovem engenheiro.[23]

> O Moysés do Trapicheiro na Doca D. Pedro II. Soneto. É monopólio atroz, quase trapaça, Grossa melgueira, voluma peça, Quem *há que esta verdade desconheça, Se não quem marca ignorancia crassa!*?Um rapapé beiçudo, uma chalaça, Um abracinho, um riso... tudo cessa!...Eis do Moysés o gênio, eis a cabeça...Formoso tipo que sorrindo passa.[24]

A partir desse episódio, é possível constatar que a cisão interna vivenciada entre os engenheiros brasileiros associava possíveis limitações atinentes as suas competências a assuntos de ordem subjetiva. Mais especificamente neste exemplo, temos uma pauta racial. Os anônimos ataques racistas infringidos a Rebouças tinham por objetivo dissociar o sujeito, ou seja, o indivíduo dos aspectos que, naquela circunstância, se forjavam como valores de um ideal liberal. O racismo praticado apresentava-se como uma sórdida medida ante a impossibilidade de negar *a praticidade, a lucratividade e a propriedade intelectual* do projeto. Por conseguinte, as injúrias procuravam assumir um caráter restritivo e excludente na disputa pelo mercado. Mas essa circunstância pode ser

---

[23] Ver publicações intituladas "Moysés dos Trapicheiros" feitas no *Jornal do Commercio* entre 17 de outubro de 1871 e 13 de dezembro de 1871. Um outro evento relevante, ocorrido no mesmo período, foi a carta anônima enviada ao Conde d'Estrela, presidente da companhia de Docas Dom Pedro II. A referida correspondência condenava-o, enquanto descendente de português, por misturar-se a um mulato naquele empreendimento.

[24] MOYSÉS do Trapicheiro, *Jornal do Commercio*, nov. de 1871.

compreendida como um elemento que influenciou a regulação do exercício profissional?

Para responder a essa pergunta, é necessário trazer à baila novamente o momento em que o Instituto Polytechnico apresentou o ofício ao Ministério da Agricultura, Commercio e Obras Públicas, em 1888. Segundo Coelho (1999), tal documento não foi enviado de forma deliberada, mas devido a uma desavença entre o engenheiro e arquiteto alemão Luiz Schreiner, sócio do instituto, e o conselheiro e arquiteto Francisco Joaquim Bithencourt da Silva, discípulo de Grandjean de Montigny. Naquela circunstância, Schreiner e Bithencourt desentendiam-se por causa da construção do edifício da Praça do Comércio, da qual Bithencourt era o fiscal de obras. A tática inicial de enfrentamento utilizada por Schreiner foi atacar a técnica de arquitetura empregada por seu desafeto, porém evoluiu para uma proposta de alteração dos currículos das escolas de engenharia e arquitetura e, em seguida, para uma proposta de regulação profissional.[25] Baseando-se nesse acontecimento, é verossímil admitir que a regulamentação almejada pela engenharia nacional também se pautou em disputas internas que tomavam como ponto de partida desentendimentos pessoais. Tal evidência, certamente, dobrava a motivação de Rebouças pela livre concorrência, mas este é um assunto para outra pesquisa.

Pode-se dizer que a tentativa de valorização do diploma dos engenheiros brasileiros norteou-se, principalmente, a partir de duas frentes: uma externa, de enfrentamento aos práticos estrangeiros, e outra interna, de concorrência entre integrantes da engenharia nacional.

---

[25] Ver: SCHREINER, Luiz. Discursos sobre as Obras da Nova Praça do Commercio e sobre a Architectura no Brasil. *Revista do Instituto Polytechnico Brasileiro*, Tomo XVI, 1884. In: COELHO, 1999, p. 202.

Mas, durante essas desavenças, uma outra linha de ação, paulatinamente, estabeleceu-se no início dos anos 1850 e assegurou-se com o relatório da Comissão dos Notáveis em 1874. Esse documento marcou a intromissão da engenharia na jurisdição da medicina. Durante a década seguinte, o saneamento da cidade, as suas condições de salubridade e de higiene tornaram-se objetos permanentes da atenção dos engenheiros.

> No plano prático não se fez muita coisa, é verdade. Entretanto minha percepção é de que os médicos, pioneiros das ideias higienistas, foram aos poucos perdendo terreno. Em lugar das especulações médicas sobre os efeitos do "mefitismo", das "emanações deletérias" e de outras fantasmagóricas entidades atmosféricas na propagação das doenças; e em substituição as propostas genéricas e frequentemente inexequíveis de intervenção no espaço urbano para. fins sanitários, os engenheiros traziam estudos e sugestões em linguagem incisiva e precisa, a linguagem da ciência "positiva". [..] Uma visão de conjunto dos relatórios, regulamentos, posturas e outros documentos da época deixam a forte impressão de que nos projetos de "melhoramentos" da cidade ficavam os médicos com o "trabalho sujo": desinfecções domiciliares, quarentenas, vacinação e remoção de doentes. E isso sem as delicias do poder das quais em breve gozariam os engenheiros.[26]

O Club de Engenharia, que foi criado em 1880, apesar de contar entre seus sócios com antigos integrantes do Instituto Polytechnico, constituiu-se como um elo fundamental entre a demanda higienista da cidade do Rio de Janeiro e as reformas que seriam implementadas durante a República. Definitivamente, esse seria o regime da engenharia.

---

[26] COELHO, 1999, p. 215.

Conclusão

Neste trabalho, o último quarto do século XIX foi adotado como recorte para a análise da articulação entre a consolidação acadêmica e a regulamentação do exercício da atividade profissional na engenharia nacional. Contudo, ela existiu de diferentes formas desde a Independência baseada na sobrevalorização de títulos, isto é, no credencialismo. Mas foi possível ver que este credencialismo educacional acompanhou-se de uma paradoxal liberdade profissional. Pois o desprestígio da engenharia nacional e, consequentemente, dos diplomas produzidos no país não favoreceram a estratégia de controle de mercado. Sendo assim, a regulamentação orquestrada baseou-se na constituição de uma atividade específica para os engenheiros brasileiros. Essa função, segundo Aarão Reis, procurava conciliar capital e um conhecimento específico da formação oferecida no Brasil. Por conseguinte, a tão requerida experiência continuava tão longe quanto o prestígio desejado, mantendo os práticos estrangeiros à sombra dos brasileiros.

O perfil burocrata da engenharia nacional gerou cisões internas por conta de cargos e concessões no governo monárquico, valendo utilizar-se, entre outras coisas, de ataques pessoais para alcançar as finalidades, confirmando a precariedade do credencialismo acadêmico.

Sendo assim, a distinção que se constituiu no exercício da engenharia deu-se através de sua capacidade de autorregularão coletiva, ou seja, de seu corporativismo, que tinha por objetivo regular um mercado de prestação de serviços que exigia "estudos da maior importância", como "o complexo de altos estudos economicos, financeiros e estatisticos, o conhecimento geral da legislação commercial e muitos outros estudos". Esse campo de conhecimento voltava-se aos grandes empreendimentos onde ocorriam os maiores investimentos. Dessa maneira, a regulamentação proposta procurava funcionar como um meio de selecionar os profissionais aptos para o exercício da engenharia nacional.

economicos, financeiros e estatisticos, o conhecimento geral da legislação commercial e muitos outros estudos". Esse campo de conhecimento voltava-se aos grandes empreendimentos onde ocorriam os maiores investimentos. Dessa maneira, a regulamentação proposta procurava funcionar como um meio de selecionar os profissionais aptos para o exercício da engenharia nacional.

Capítulo 6

Instrução e emancipação: o caso de Abel da Trindade na escola noturna gratuita da cancela

Higor Ferreira

Um breve conto oitocentista

– Senhor, poderia me informar as horas, por favor?

A pergunta educada que saía da boca do jovem Abel escondia uma certa pressa. Pela feição do entardecer, ele supunha estar chegando naquele limite tênue entre o estar a tempo e o atraso, algo típico daqueles que executam as suas funções no limite do relógio. Não que ao rapaz faltasse virtude ou zelo pelos seus afazeres. Ao contrário, era o excesso deles que lhe cobrava o preço. E como o sol não diminui a velocidade que imprime ao seu curso para prestigiar preferências pessoais, não há outra coisa a se fazer a não ser apertar o passo.

Na contramão de Abel, o jovem senhor interpelado andava vagarosamente. Suas passadas macias revelavam uma espécie de ócio. Após finalizadas suas obrigações na repartição, o que mais lhe agradava era voltar à casa em passo nada pressuroso. Se porventura tivesse o prazer de esbarrar com algum conhecido pelo caminho, um tanto melhor. Sua serenidade contrastava com o agito e a voz levemente ofegante do rapaz que diante dele esperava uma resposta. Sensível ao educado pedido, e notando que o melhor a se fazer seria dispensá-lo prontamente, puxou o pince-nez, fitou os olhos no relógio e disparou:

– Faltam 10 para as 6h!

O rapaz acenou com a cabeça e ensaiou um obrigado que ficou perdido no ar enquanto voltava a apertar o passo. Em seus braços havia alguns materiais. Eram os seus itens escolares. Nada muito pesado, mas tudo pessoalmente valioso, razão pela qual abraçava-os bem junto ao corpo.

Notando a proximidade cada vez maior com a escola, decidiu conferir um aperto final à passada. Ao seu modo ia costurando caminho em meio às pessoas que, na maior parte das vezes, vagueavam tranquilamente pelas calçadas das ruas situadas nas imediações da escola. Consigo falava mentalmente "acho que vai dar tempo!", e seguia.

Enquanto isso, o professor já adentrava na sala de aula. A bem da verdade, o horário ainda lhe permitia tomar um ar fresco no lado de fora. No entanto, para si, entrar mais cedo era uma norma para a qual não abria exceções. Com isso não pretendia penalizar os estudantes atrasados, mas imaginar *in loco* aquilo que lecionaria naquela noite. Assim que pisava na sala, seus passos seguiam uma dança meticulosa. Os movimentos eram calculados. Imaginava silenciosamente como as palavras soariam no espaço. Ali projetava mentalmente as lições que compartilharia à turma de meninos que logo chegariam. Em tudo pensava: no tom, no ritmo, nas ênfases e até nos eventuais gracejos. Em alguns momentos chegava a rir sozinho. Nessas ocasiões olhava rapidamente para a porta na expectativa de ninguém vê-lo com assombro. "Onde já se viu rir sozinho em uma sala vazia?", pensava ele com medo de ser interpretado como louco. Ao final dessa coreografia imaginativa, ele tirava o chapéu e o punha sobre a mesa. A seguir, puxava a cadeira, sentava-se solenemente e arrumava os fios do bigode à espera de cada estudante.

Não demorava muito até que os primeiros aparecessem. Naquele dia, seguindo a dinâmica habitual, eles foram chegando a porta um a um.

– Boa noite, mestre! Com a vossa permissão...

– Boa noite, como vai?

– Tudo bem, espero que o mesmo convosco!

– Perfeitamente! Sente-se, em breve iremos dar início... fique à vontade!

Os meninos sentavam-se tal como o pedido e confabulavam uns com os outros. A conversa dos estudantes costumava ganhar algum volume entre risos, cumprimentos e histórias vivenciadas ao longo do dia. Rapidamente o antes predominante silêncio passava a ser substituído por agito.

O professor costumava aproveitar o clima inicial para estabelecer uma série de interações com os estudantes. Seguindo o costume, dirigiu-se aos alunos naquela noite perguntando-lhes sobre o que de mais recente lhes havia acontecido. Em vista da boa relação, e pelo fato de se sentirem à vontade com o mestre, os meninos costumavam contar seus causos.

Almeida Pernambuco – que raramente assim era chamado pelos estudantes no ambiente da escola – via muito valor nesses momentos iniciais. Ele lecionava na Escola Noturna Gratuita da

Cancela desde a sua inauguração, no ano de 1879, e gozava de boa fama no bairro de São Cristóvão. Ao passar pelas ruas, era a todo momento interpelado. "Doutor Pernambuco" daqui, "Doutor Almeida" de lá. Em sala, por sua vez, era carinhosamente chamado pelo epíteto de Mestre, coisa que o enchia de orgulho e o fazia muitíssimo bem.

Como figura inteirada na política que se faz no cotidiano, reconhecia as mazelas que forjavam a sociedade carioca do seu tempo. A elas não conseguia ser indiferente. Nisto pesava tanto a sua consciência adquirida por meio das experiências pessoais de vida, quanto a influência exercida por alguns dos seus amigos mais próximos. No seu círculo imediato havia figuras atuantes na causa abolicionista brasileira, o que naturalmente lhe provocava profícuas reflexões.

Após confabularem um pouco mais, o Mestre conferiu a hora e preparou-se para colocar a turma em ordem para começar a lição do dia. Antes que pudesse pedir silêncio, já com a boca aberta e os braços ensaiando um movimento, ouviu-se uma batida na porta. Ainda com as palavras na garganta, o professor inclinou o olhar e fitou o último estudante que ainda faltava de pé esperando junto à porta. Era Abel.

– Mestre, posso entrar? – perguntou respeitosamente e confiante da anuência do professor.

– Venha, Abel! Só deixe a porta aberta, por gentileza – redarguiu Almeida, apontando onde ele deveria se assentar.

Aliviado por chegar a tempo, Abel tomou prontamente o seu lugar.

Havia mais de um ano desde que ele ingressara na escola. Com efeito, ele estudava ali desde a sua inauguração, fazendo parte da turma pioneira da instituição. Dela fazia muito gosto. Ali já havia aprendido a ler, escrever e a realizar operações matemáticas mais laboriosas. Seu raciocínio ganhou vigor e celeridade em curto espaço de tempo. A bem da verdade, isto não o tornava um sujeito propriamente satisfeito, posto que sonhava com muito mais. No seu âmago havia um senso de urgência dada a sua idade. Abel não era mais tão menino quanto alguns dos seus companheiros de sala de aula. Os traços do seu rosto já o denunciavam. Seu aspecto era bem mais varonil; típico de moço.

Contra si igualmente pesava a condição jurídica. Tendo sido concebido no cativeiro, Abel experimentava a vida sob a ótica do escravismo. Sua esperança de se livrar de tais amarras era grande, embora incerta. Em seus devaneios – sobretudo naqueles que nos atingem antes do sono da noite – imaginava meios para obter a carta de liberdade. Para ele, cada pensamento perdido que culminava no sonho da emancipação era simbolicamente uma lenha jogada na fogueira. O importante, pensava consigo, era não deixar a chama se apagar. Assim seguia.

Após sua chegada, a aula prosseguiu por alguns poucos minutos sem qualquer sobressalto, até que dois homens surgiram junto à porta. O primeiro deles procurou se posicionar um pouco mais distante do batente. Era como se não quisesse ser visto pelos que estavam no interior da sala. O outro, por sua vez, prontamente surgiu no campo de visão da turma na expectativa de ser notado. Era o diretor da escola, o capitão Emiliano Rosa de Senna. Ao perceberem a sua aproximação, os meninos se entreolharam de pronto. Alguns ficavam nervosos sem motivação aparente; apenas força do hábito. Em geral não ouviam tantas reprimendas, mas cautela e canja de galinha nunca fizeram mal a ninguém. Por essa razão, cada um pensava no seu íntimo – "será que eu fiz alguma coisa?" –, já procurando especular rapidamente o que pudera ter sido de modo a desenvolver uma desculpa consoante à falha.

– Com sua licença, caro Doutor Almeida! – disse o capitão.

– Por favor! – respondeu ao diretor, apontando a mão em direção ao interior da sala.

– Como estão, meninos?

Cada um a seu tempo respondeu que estava bem. Alguns suavam, outros riam de nervoso internamente imaginando que a delicadeza do capitão pudesse ser apenas um modo educado de preceder a correção.

– O aluno Abel da Trindade está presente?

Ao ouvir seu nome, Abel pôs-se de pé.

– Sim, capitão! – disse levantando lentamente enquanto toda a turma o fitava. Embora não pudesse imaginar a razão pela qual era procurado, supunha que o motivo não era adverso. Entre os demais alunos rolava certo burburinho e conversinhas de canto, coisas que logo se desfaziam assim que Mestre Almeida os olhava de soslaio. Erigido, Abel olhava diretamente aos olhos do diretor à espera do desenlace da situação cujo propósito seguia incerto.

– Aconteceu alguma coisa, senhor diretor? – perguntou Almeida, simulando surpresa, como se já não soubesse o que estava prestes a ocorrer.

– Pois que sim, Almeida. Algo de grande importância! Matéria urgente! – respondia com um olhar cuja aflição fingida a poucos convencia.

Sob o olhar dissimulado de consternação do capitão Senna brotava um sorriso leve e comedido que ainda tentava se esconder debaixo daquela tentativa de encenação. Abel seguia sem entender, mas mantinha-se de pé. Não se mexia muito, tampouco ousava falar, apegando-se ao silêncio em face ao que ali se desdobrava.

Senna olhou para Abel, para a turma, para aquele que ainda se escondia junto à porta e por fim para o Mestre Almeida. Neste momento seu olhar já era sereno. Não conseguia mais fingir preocupação. Com efeito, a alegria que tomava o seu peito era grande demais. Querendo deixar de lado a atuação, simplesmente cedeu e com o falar manso pôs-se a dizer.

– Sabe, Almeida... mais cedo fui procurado por um senhor que pretendeu falar-me a respeito de um dos nossos alunos. Ouvi-o atentamente em cada uma de suas considerações! – dizia isso gesticulando muito e cruzando olhares com Almeida e Abel.

– E do que se tratou tal conversa, Senna?

– Não vou falar!

– Não?

– Isso mesmo. Não irei falar. Vou deixar que ele próprio o faça! – Senna virou-se em direção à porta, aguardando a entrada daquele que até então havia se mantido longe do campo de visão alheia.

Abel, que agora já estava ansioso, olhou para a porta e viu por ela adentrar o prestigioso José do Patrocínio. Patrocínio não era figura desconhecida dos estudantes. Muito pelo contrário, todos o conheciam e o estimavam muito bem. Afinal, fora ele o principal promotor da escola, o verdadeiro pai da ideia. Sabia-se entre todos que aquela iniciativa educacional fora feita sob a égide das suas auspiciosas aspirações abolicionistas e republicanas, o que fazia com que a sua presença ali fosse tudo menos incomum. Tal fato transformava toda aquela tentativa de mistério em algo ainda mais curioso. Patrocínio olhou para os presentes, sorriu-lhes e logo começou a falar:

– Olá, Almeida! Senna! Olá, turma! Espero que estejam bem!

– Pois bem, José! Sem mais delongas – porque agora já me quedo ansioso –, diga aos nossos estudantes, e especialmente a Abel, qual é afinal o motivo de sua presença aqui nesta noite.

– Certo! Vejam vocês, hoje estou aqui porque recebi informações de que o nosso querido aluno Abel da Trindade, vosso companheiro de classe, tem ido muito bem nos estudos! Confirma-se, Almeida?

– Certamente, José! Como é de vosso conhecimento, em menos de um ano ele abandonou a condição de analfabeto e hoje já atua comigo como adjunto das classes atrasadas. Tem desempenhado um excelente trabalho. É dedicado e muito contumaz em seus afazeres...

– Permita-me apenas complementar, Almeida – disse Senna. – É imprescindível destacar o quanto ele é estimado pelos seus amigos. Não é mesmo, turma?

– Isso sem mencionar a sua conduta moral! – emendou Almeida.

– Sim, certamente!

Abel ouvia àquela chuva de elogios menos encabulado do que feliz. De todo modo, seguia sem entender a razão daquela paralisação que já havia rompido com todo o procedimento tradicional do dia letivo. Não que disto reclamasse, mas era notório que estava ansioso. O mesmo podia ser dito dos demais estudantes que mal podiam se conter de curiosidade diante daquilo.

Patrocínio retomou a palavra:

– Pois bem, Abel! Ouvistes bem tudo o que fora dito. A bem da verdade, isso não é segredo a ninguém, não é mesmo? Ciente disso, hoje vim aqui no propósito de te parabenizar e entregar um presente, o qual passo agora às mãos do diretor da escola, o capitão Emiliano Rosa de Senna.

Senna recebeu em mãos o documento, olhou para Patrocínio novamente e sorriu:

– Bom, já de antemão quero agradecer ao Patrocínio, a quem tenho também o sabido prazer de chamar de genro, ao Doutor Almeida Pernambuco, que neste momento representa todo o nosso competente corpo acadêmico, bem como a todos os demais professores e cavalheiros que fizeram com que esse presente fosse possível. Sem mais mistérios, gostaria de pedir que você, Abel, viesse aqui a frente para estar junto conosco e recebê-lo.

Abel olhava para os lados e percebia a curiosidade latente enquanto caminhava de modo tímido em direção ao diretor. A ansiedade aumentava à medida da sua aproximação. Ao chegar diante daqueles três ícones que a ele tanta representavam, Abel sorriu. O riso que expressava mesclava alegria, embaraço, incerteza e expectativa. Senna então retomou a palavra pela última vez:

– Abel, na condição de Diretor da Escola Noturna da Cancela, tenho o enorme prazer de entregar em suas mãos a sua carta de liberdade. Doravante você é livre! Nossos parabéns!

A notícia o paralisou. A emoção tomou conta de Abel, que parecia não acreditar naquilo que havia acabado de escutar. Ainda receoso de ter entendido errado, prontamente converteu a atenção para o documento. Não pôde crer! Levantou então o seu olhar para Senna, Patrocínio e Almeida, que puxavam aplausos em meio às lágrimas.

Emocionados com o gesto e com a conquista do amigo, os meninos correram em direção a Abel, celebrando com vivas e júbilos! Os alunos, entre lágrimas, abraçaram o novo cidadão, e suspenderam-se as aulas.

Do conto à realidade
A Escola Noturna da Cancela

Deslocando-nos das linhas do conto – cujo autor é este mesmo que escreve – e adentrando no terreno historiográfico, é fundamental destacar que, embora a maior parte das circunstâncias previamente descritas sejam resultado de um mero exercício de imaginação histórica, o evento específico – relativo à entrega da carta de alforria ao estudante Abel da Trindade, na sala de aula da escola noturna a qual frequentava – é verdadeiro.[1] A situação foi registrada no jornal *Gazeta de Notícias*, no dia 30 de setembro de 1880. Segue trecho na íntegra:

> O diretor da Escola Noturna Gratuita da Cancela entregou anteontem ao aluno Abel da Trindade a carta de liberdade que lhe foi dada pelo Corpo Acadêmico, auxiliado por uma subscrição promovida entre vários cavalheiros. A entrega da carta efetuou-se em plena aula, e falaram os Srs. Capitão E. Rosa de Senna, Dr. Almeida Pernambuco e José do Patrocínio: o primeiro como diretor da escola, agradecendo ao Corpo Acadêmico; o segundo assinalando os méritos do aluno, que, em um ano de estudo passou de analfabeto a adjunto do professor nas classes atrasadas; o terceiro entregando a carta ao diretor da escola em nome do Corpo.
> Em seguida os alunos, entre lágrimas, abraçaram o novo cidadão, e suspenderam-se as aulas. (1880, p. 1)[2]

---

[1] Todas as circunstâncias e ações descritas, à exceção da entrega da carta de alforria, são fruto de uma construção de natureza literária. A despeito disso, é importante destacar que a Escola Noturna Gratuita da Cancela de fato existiu, estando situada na freguesia de São Cristóvão. A respeito dos personagens nominalmente descritos – Abel da Trindade, José do Patrocínio, capitão Emiliano Rosa e Dr. Almeida Pernambuco –, todos eles existiram e se relacionaram em diferentes níveis neste e em outros espaços.

[2] O jornal *Gazeta de Notícias* pertencia ao advogado, jornalista e abolicionista José Ferreira de Menezes. Inaugurado em julho de 1880, o periódico apresentava uma linha editorial centrada no combate à escravidão e na veiculação de notícias associadas à luta pela liberdade. Após a morte de Ferreira de Menezes,

O emocionante evento, que foi imortalizado na página de abertura do periódico, ocorreu na Escola Noturna Gratuita da Cancela, instituição de ensino primário[3] masculino situada na freguesia de São Cristóvão e que fora fundada no ano de 1879[4] a partir dos "esforços de republicanos do Club de São Cristóvão"[5]. Dentre os seus principais fomentadores, destaca-se o nome de José do Patrocínio, membro do Club e importante abolicionista negro, sendo o pai da iniciativa.

Os estudantes que ali desejassem ingressar não precisariam desembolsar qualquer quantia. Sendo assim, a escola dependia exclusivamente de doações para se sustentar. No conjunto dos seus mantenedores havia um traço comum: todos eram comprometidos com a causa abolicionista e reconheciam a importância de articulações coletivas e montagens institucionais na luta em favor da emancipação. Ou seja, o ato de entregar em plena aula a alforria a um estudante em condição escrava não correspondia a algo aleatório ou desprovido de sentido mais profundo, mas denotava uma mentalidade política que notoriamente estava subjacente àquela iniciativa escolar desde a sua fundação. Sob tal perspectiva,

---

em junho de 1881, o jornal acabou sendo adquirido pelo também abolicionista José do Patrocínio, o mesmo que se fez presente na situação descrita na notícia de 30 de setembro de 1880.

[3] As escolas de ensino primário – também conhecidas à época como escolas de *primeiras letras* – ministravam aquilo que atualmente consta no currículo escolar das séries iniciais do ensino fundamental. Os alunos aprendiam a ler, escrever, contar e crer. Ou seja, o ensino focava na gramática da língua portuguesa, nas operações matemáticas e na doutrina cristã a partir da matriz religiosa católica apostólica romana. A depender da escola – bem como do período histórico em que ela estiver inscrita – é possível identificar a presença de outras matérias no quadro disciplinar, como é o caso de geometria, geografia e história. Nas escolas femininas, por sua vez, eram igualmente ministradas lições práticas voltadas para o ensino das prendas domésticas, tais como coser e bordar. Nota-se, portanto, que a instrução primária seguia certos parâmetros de gênero, buscando orientar as crianças para o acúmulo e o cumprimento de determinados saberes e funções úteis ao seu lugar social no futuro.

[4] Foi possível identificar o ano de fundação da escola a partir de uma notícia publicada no periódico *Gazeta de Notícias*, de 23 de setembro de 1880. Conforme ali consta, o primeiro aniversário da escola havia sido celebrado numa festa literária promovida na noite anterior. Sendo assim, conclui-se que a escola fora inaugurada no ano de 1879. (*Gazeta de Notícias*, 23 set. 1880, p. 2)

[5] Ibidem.

a Escola da Cancela deve ser interpretada, portanto, enquanto um espaço de acolhimento e potencialização de estudantes pobres e oriundos dos segmentos subalternizados pela lógica escravista, algo que é possível identificar através dos próprios anúncios escolares por eles publicados no *Almanaque Laemmert*[6], entre os anos de 1882 e 1888. Nele consta: a escola

> Tem o caráter inteiramente popular, pois que ensina às classes da freguesia mais desprovidas da fortuna. Em seu seio admite pessoas de todas as nacionalidades e condições. Ensina pelo método de leitura da cartilha maternal de João de Deus[7], e tem preparado por esse método grande número de alunos. Ensina as matérias elementares de instrução primária mais necessárias às classes proletárias. No seio da escola são banidos todos os preconceitos, e só tem importância o merecimento do aluno, quer no aproveitamento, quer na conduta moral.[8]
> (LAEMMERT, 1882, p. 207, 208)

Ainda de acordo com a propaganda, a escola estava situada na Rua São Luiz Gonzaga, n. 19, sobrado, local onde permaneceu até pelo menos 1888, conforme registrado no Almanaque. O mapa a seguir indica a sua localização aproximada. Infelizmente não foi possível georreferenciar a escola porque não existem mapas daquele período que forneçam os dados de loteamento das casas

---

[6] O *Almanaque Laemmert* (*Almanak Laemmert*) era um almanaque administrativo, mercantil e industrial do Rio de Janeiro em que eram publicados anúncios de serviços da cidade, decretos, informações políticas e dados afins. Todas as suas edições estão disponíveis on-line. O acesso pode ser feito na área da Hemeroteca Digital por meio do site da Biblioteca Nacional.

[7] A *Cartilha Maternal ou Arte de Leitura*, foi uma cartilha de alfabetização produzida pelo poeta português João de Deus, em 1876. Ela obteve êxito editorial em Portugal, sendo posteriormente adotada por diferentes escolas em território brasileiro.

[8] Em todos os anos, o anúncio da escola é rigorosamente o mesmo. A partir do ano de 1883, houve uma pequena atualização. Ao invés de informar que a escola tinha mais de dois anos de existência, o número foi alterado para três. No entanto, após isso nem mesmo essa indicação numérica foi atualizada, sendo mantida idêntica ano após ano.

e comércios presentes na freguesia de São Cristóvão.[9] Deste modo, embora consigamos identificar o logradouro, não podemos precisar a posição da escola no seu interior. À vista desta limitação, optamos pela produção de um mapa que pudesse ao menos apontar a localização da referida rua. Segue adiante:

MAPA 1 - *Localização da Rua São Luiz Gonzaga*
(Marcação feita a partir da *Planta da cidade de Sn. Sebastião do Rio de Janeiro, 1879*)

Ao longo desses anos, a escola contou com diversos professores. O próprio relato do *Gazeta de Notícias* revela o nome de ao menos um deles: o Doutor Joaquim José de Almeida Pernambuco, que além de professor, era presidente do Club Republicano de São Cristóvão.[10] Conforme pudemos rastrear, sua atuação docente fora circunscrita ao ensino primário, segmento educacional priorizado pela escola.[11] Junto a ele, havia ainda um estudante da Escola de Medicina, o universitário João de Bulhões Marros Marcial. Além destes, passaram também por ali os professores José Rodrigues Pacheco Villa-Nova, Gustavo Rodrigues Pacheco Villa-Nova e José Rodrigues de Barros.[12]

O cargo de diretor, por sua vez, foi ocupado ao longo de todo esse tempo pelo Capitão Emiliano Rosa de Senna, o mesmo

---

[9] O melhor mapa para fins de georreferenciamento da cidade do Rio de Janeiro no século XIX cobre exclusivamente o território das freguesias urbanas centrais (Santana, Sacramento, Santa Rita, São José e Candelária). Ele foi produzido pelo engenheiro chefe da *City Improvements Company*, o britânico Edward Gotto (1822-1897). O mapa foi finalizado no ano de 1866 e foi fundamental no processo de construção da primeira rede de abastecimento doméstico de água da cidade, serviço requerido à companhia pelo governo imperial. Nele constam os loteamentos numerados de cada uma dessas freguesias, o que possibilita o desenvolvimento de um trabalho desta natureza.

[10] Conferir os seguintes periódicos: *Gazeta de Notícias*, 18 jul. 1881, p. 2; 23 set. 1880, p. 2.

[11] Por ora ainda não localizamos indicações da presença de turmas secundárias na instituição.

[12] Nomes extraídos dos anúncios presentes no *Almanaque Laemmert* entre os anos de 1882 e 1888.

que recebeu das mãos de José do Patrocínio – seu genro e estimado companheiro de luta abolicionista[13] – a carta de alforria de Abel da Trindade. Assim como Almeida Pernambuco, ambos faziam parte do Club Republicano, o que denota que os três comungavam de certas convicções políticas, circulavam nos mesmos espaços de convivência e gozavam de laços de reciprocidade social, fatores que certamente foram fundamentais no processo de arregimentação da escola.

Quanto ao público estudantil, ainda não há meios para identificar quem eram esses meninos. Na ausência dos mapas escolares da instituição[14] – os quais ainda não foram encontrados –, ficamos impossibilitados de saber seus nomes, idades e relações imediatas de parentesco. A despeito disso, temos meios para estimar o quantitativo de estudantes que frequentavam a escola, o que nos ajuda a refletir a respeito da real extensão dessa iniciativa educacional.

Segundo notícia publicada no *Gazeta de Notícias*, de 23 de setembro de 1880, a frequência diária oscilava "entre 40 e 60 alunos, sendo este o menor número a que tem baixado". O número de matrículas, por sua vez, era bem superior, chegando "a mais de 200 alunos" já no ano de abertura. Não fica esclarecido se a escola teria condições físicas – além de material humano – para comportar e acolher todos esses estudantes simultaneamente, ou se, em vez disso, era necessário promover um processo de seleção seguido da feitura de uma lista de espera. Seja como for, em meio a essas dúvidas, irrompem pelo menos duas certezas: a procura pela escola

---

[13] José do Patrocínio era casado desde 1879 com Maria Henriqueta Sena (Bibi), filha do Capitão Emiliano Rosa de Senna. A proximidade entre Senna e Patrocínio era antiga. Afinal, Patrocínio atuou como professor dos filhos de Senna muito antes de entrar para a família.

[14] Os mapas escolares são documentos nos quais eram registrados os quantitativos de matrículas e frequências escolares. Em alguns casos eles também indicavam o nível educacional dos estudantes, os nomes dos pais, além dos seus respectivos endereços. Ou seja, esses documentos revelavam uma série de aspectos contingentes à escola e ao seu alunado.

era alta, e a retenção estudantil, baixa, algo que provavelmente estava relacionado – em ambos os casos – a questões de natureza socioeconômica. Afinal, a mesma pobreza que faz com que as classes populares percebam a escola enquanto um instrumento de ascensão material e simbólica é aquela que se põe como obstáculo à permanência dessas camadas no seu interior.

A despeito disso, conforme anunciado na mesma edição do jornal, a escola conseguiu promover, já no seu primeiro ano de funcionamento, um total de 27 alunos às classes adiantadas, turmas nas quais os discentes precisavam estar "definitivamente preparados em leitura" a fim de desenvolver novos conhecimentos. Abel certamente estava neste montante. Tal fato está evidenciado na própria notícia que oferece o relato a respeito da entrega da sua alforria em sala de aula. De acordo com o que ali foi destacado, ele teria feito parte da primeira turma da escola e "em um ano de estudo passou de analfabeto a adjunto do professor nas classes atrasadas", o que o insere no grupo de alunos que obteve maior êxito naquele ano inaugural.

Em vista de todo esse cenário, não podem ser negar a influência e o impacto positivos que a Escola da Cancela já havia gerado na vida de Abel. Em curtíssimo tempo, o antes escravo analfabeto tornava-se um liberto alfabetizado. Com efeito, ocorria ali um processo de dupla emancipação, algo que o projetaria a novos horizontes e a possibilidades bem mais interessantes do que as disponíveis outrora.

Alforria e instrução: a dupla emancipação de Abel

> Entre os meus alunos posso citar alguns: Abel da Trindade, Pedro Gomes, Marcolino Lima, Justino Barbosa, Joaquim Vicente, Venâncio Rosa, Estanisláu, Fausto Dias, Vitor de Souza,

Tomé Pedro de Souza, Martinha Benedita, Antônia, Eugênia, Rosa, Vitória e Joana, escravos e ex-escravos. Entre estes alguns há que aprenderam depois mais alguma coisa e hoje governam sua vida muito bem. [grifo nosso] (SENA, 1983, p. 143)[15]

Antes mesmo de integrar o quadro estudantil da Escola da Cancela, Abel da Trindade teria frequentado um curso noturno situado na Rua São Luiz Durão – antiga Rua Almirante Mariatte – no número 19.

MAPA 2 - *Localização da Rua São Luiz Durão*
(Marcação feita a partir da *Planta da cidade de Sn. Sebastião do Rio de Janeiro, 1879*)

A presença de Abel no quadro discente fora constatada por Israel Antônio Soares, escravo nascido em 1843, que se tornou militante da causa negra, além de organizador e professor do curso que funcionou na sua própria casa na década de 1870.[16] Segundo aquilo que relatara a Ernesto Sena, autor da coletânea biográfica *Rascunhos e Perfis*[17] – obra produzida no ano de 1900 que reúne biografias de personalidades relevantes do período oitocentista –, Abel teria sido um dentre os vários alunos que frequentaram as aulas por ele oferecidas.

---

[15] SENA, Ernesto. *Rascunhos e Perfis*. Brasília: Universidade de Brasília, 1983.
[16] Embora não tenha precisado uma data, é possível inferir que o curso funcionou neste período a partir de algumas características do relato de Israel. Segundo ele, as atividades do curso teriam ocorrido na mesma época em que havia sido formada uma sociedade de dança chamada Bela Amante, grupo composto integralmente por escravos que fora inaugurado no início da década de 1870. Ademais, conforme ele mesmo destacou, no início da década seguinte ele compreendeu que "era necessário levantar a tenda para outros arraiais", ingressando em outras iniciativas em favor da causa negra e abolicionista.
[17] *Rascunhos e Perfis* é uma coletânea biográfica redigida por Ernesto Sena, repórter e "figura estimada por ministros, senadores, deputados, militares e sacerdotes." (SENA, 1983: contracapa). Para acessar a biografia de Israel Antônio Soares na sua íntegra, consultar a obra: SENA, Ernesto. *Rascunhos e Perfis*. Brasília: Universidade de Brasília, 1983.

A identificação deste fato é especialmente curiosa por pelo menos três motivos. Primeiramente porque Israel ainda estava em condição escrava quando fundou o curso, situação que só se alteraria em 1882, ao final de um contrato de quatro anos de prestação de serviços que ele precisou cumprir mesmo após o pagamento de 600$000 pela sua carta de alforria.[18] Segundo porque, à época, ainda era proibida a matrícula de escravos nas escolas[19], definição que só seria modificada a partir da reforma de Leôncio de Carvalho, instaurada no ano de 1879.[20] Sendo assim, é de se imaginar que o curso noturno fosse forjado por um caráter informal, atuando enquanto uma iniciativa educacional análoga à escola, o que era uma prática relativamente comum à época.[21] Terceiro porque de acordo com a edição de 30 de setembro de 1880 do *Gazeta de Notícias*, Abel da Trindade teria ingressado na Escola da Cancela totalmente analfabeto, o que levanta algumas questões quanto ao seu tempo de permanência

---

[18] Israel não oferece muitos detalhes sobre esse processo, mas é possível supor que a sua alforria tenha sido arregimentada a partir de um acordo de locação de serviços. Esta era uma forma de alforria condicionada ao cumprimento de um contrato que envolvia a prestação de serviços a um locatário como contraparte ao pagamento pela liberdade. Em termos práticos, o funcionamento era o seguinte: como forma de se libertar do seu senhor, o escravo recorria ao empréstimo de um terceiro que deveria ser reembolsado pelo seu investimento por meio do cumprimento de um contrato de trabalho por parte do beneficiário da alforria. Esta dinâmica revela o caráter complexo de uma sociedade escravista que mesclava no seu interior uma série de experiências laborais bastante difusas.

[19] Tal veto era claramente exposto em algumas das principais legislações e regulamentos educacionais destinados à cidade da Corte (*Regulamento para a reforma do ensino primário e secundário do Município da Corte de 1854*), bem como à província como um todo (Lei n. 1 de 1837 e o *Regulamento sobre instrução na Província do Rio de Janeiro de 1849*), o que reforçava a distância material e simbólica que havia entre os mundos do cativeiro e da liberdade.

[20] O regulamento de Leôncio de Carvalho foi o responsável pela última grande reforma educacional promovida na Corte imperial. Ele foi estabelecido por meio do Decreto n. 7.247, de 19 abril de 1879. De um ponto de vista objetivo, o regulamento pretendia conferir novo formato à instrução em todos os níveis da educação, abrangendo desde o primário até o curso superior. O teor das mudanças propostas já ficava evidenciado a partir do artigo de abertura do referido dispositivo, o qual afirmava que seria "completamente livre o ensino primário e secundário no município da Corte e o superior em todo o Império, salva a inspeção necessária para garantir as condições de moralidade e higiene". Este foi o primeiro regulamento educacional da cidade do Rio de Janeiro a não proibir matrícula e frequência de escravos nas escolas públicas e privadas da cidade.

[21] A forma escolar ainda estava em processo de estruturação no Brasil imperial, o que abria espaço para uma série de experiências educacionais análogas à escola que funcionavam sob a lógica da adaptação, do improviso e da provisoriedade.

e potencial aproveitamento do curso de Israel. Teria ele feito parte do curso em um período próximo ao seu encerramento e depois migrado diretamente para a Escola da Cancela? Quanto tempo ele, de fato, frequentou no curso noturno? Qual foi o período de intervalo entre uma experiência e outra? Uma vez que não fora completamente alfabetizado, que saberes teria Abel acumulado no curso noturno? Qual papel Israel teria cumprido nesse processo formativo?

Tais perguntas permanecem sem respostas. A despeito disso, podemos ter a convicção de que Israel ao menos foi certeiro na sua afirmação de que em meio aos seus ex-alunos houve alguns que "aprenderam depois mais alguma coisa e hoje governam sua vida muito bem". Com efeito, no que diz respeito especificamente a Abel, ele pôde atestar este fato pessoalmente. Afinal, ao longo da década de 1880, Israel acabou tendo a oportunidade singular não apenas de ver o desenvolvimento do seu ex-aluno, mas também de tê-lo como um companheiro mais próximo na luta pela causa abolicionista.

Ambos atuariam juntos na Caixa Libertadora José do Patrocínio[22], associação inaugurada no dia 24 de junho de 1881[23] e que se destacaria, sobretudo, pelo papel exercido na concessão de cartas de alforria a escravos, na articulação coletiva de diferentes associações abolicionistas, bem como no desenvolvimento e promoção de diversas atividades culturais na cidade.[24]

Israel seria eleito para o cargo de presidente da Caixa Libertadora em uma reunião realizada duas semanas após a sua

---

[22] Em vários jornais atendia pelo nome de Caixa Emancipadora José do Patrocínio.
[23] Segundo o relato biográfico de Israel, a Caixa Libertadora José do Patrocínio havia sido fundada no dia 24 de junho de 1880. No entanto, é provável que tenha havido um erro neste registro, posto que há diferentes indicações de celebração de aniversários da entidade, tendo como data de inauguração o dia 24 de junho de 1881. Conferir, a título de exemplo, o seguinte periódico: *Diário de Notícias*, 24 jun. 1885, p. 1.
[24] Conferir os seguintes periódicos: *Gazeta da Tarde*, 21 mar. 1883, p. 3; *Gazeta da Tarde* 03 abr. 1883, p. 1; *Gazeta da Tarde*, 13/ abr. 1883, p. 4; *Gazeta da Tarde*, 03 abr. 1883, p. 1.

fundação. À época, ainda lhe faltavam seis meses para a finalização do contrato que lhe garantiria a plena liberdade. No entanto, à vista da estima dos demais sócios, nisto incluso o próprio José do Patrocínio, tal fato não foi percebido enquanto um problema, razão pela qual ele pôde assumir a função designada sem maiores sobressaltos. A posição de vice, por sua vez, seria ocupada exatamente pelo jovem Abel, cuja idade ainda permanece incerta. A despeito disso, é possível depreender – dado o peso da dignidade que lhe foi concedida – que já estivesse na mocidade. Isso nos ajuda a concluir que o seu processo de alfabetização foi relativamente tardio para os padrões atuais, o que não era um dado incomum à época.[25]

Além de Israel Soares e Abel da Trindade, foram eleitos aqueles que ocupariam os cargos de tesoureiro e secretário, sendo o primeiro assumido pelo capitão Emiliano Rodrigues de Senna, e o último, por João Rodrigues Pacheco Villa-Nova[26]. Ambas as figuras também desempenharam papéis importantes na Escola da Cancela nas posições de diretor e professor, respectivamente. Segue adiante o informe completo a este respeito publicado no *Gazeta de Notícias*, de 5 de julho de 1881 (p. 1):

> A Caixa Libertadora José do Patrocínio celebrou uma assembleia geral, a que compareceram mais de cinquenta sócios, e elegeu a sua diretoria, que ficou composta dos seguintes membros: presidente, Israel Soares (escravo); vice-presidente,

---

[25] As escolas primárias podiam ser muito abrangentes no que diz respeito à faixa etária do seu público. Em alguns casos é possível encontrar registros tanto de crianças com 5 anos de idade, quanto de adolescentes na faixa dos 15.
[26] O capitão Emiliano Senna e João Rodrigues Pacheco-Villa Nova ficariam pouco tempo no cargo. Ambos abdicariam das suas posições após passado um pouco mais de um ano desde o pleito que os elegera. Israel e Abel da Trindade seguiram nos seus cargos. Ver mais: *Gazeta da tarde*, 14/08/ ago. 1882, p. 2.

Abel da Trindade; tesoureiro, Capitão Emiliano Rodrigues de Senna e secretário, João Rodrigues Pacheco Vilanova.

Pouco tempo depois desses eventos, Abel passaria a gozar de um reconhecimento ainda maior em meio aos seus pares. Em anúncio emitido pela associação, na edição do jornal *Gazeta da Tarde*, do dia 26 de junho de 1883, ele foi diretamente mencionado como "a encarnação da abolição [...] e alma da associação em todos os seus cometimentos". Reconhecimento ainda mais significativo viria no jornal *Cidade do Rio* – periódico que também pertenceu a José do Patrocínio – emitido no dia 12 de maio de 1897, edição que antecipava o aniversário de 9 anos da abolição da escravatura no Brasil a ser completado no dia seguinte. Como forma de celebrar a data, o jornal apresentava uma longa listagem com os nomes daqueles que supostamente seriam os principais colaboradores do movimento abolicionista no país. Abel da Trindade era citado ao lado de figuras como a Princesa Isabel – chamada de "a Redentora" –, João Clapp, André Rebouças, Ângelo Agostini, Joaquim Nabuco, Ernesto Sena, visconde do Rio Branco, Luiz Gama, José Bonifácio, além do próprio Israel Soares e dezenas de outros mais.[27]

Quanto aos nomes destacados, é digno de atenção o fato de todos serem instruídos. Tal homologia é bastante interessante, uma vez que ela ajuda a demonstrar como as práticas de alfabetização e letramento exerceram um papel importante na montagem dos quadros políticos daqueles que se comprometeram com a causa abolicionista. Com isso não pretendemos dizer que o saber ler e escrever tenha sido um fator indispensável na luta promovida no cotidiano, mas que foi fundamental ao menos entre aqueles

---

[27] A numerosa lista é predominantemente masculina.

que se destacaram em atuações políticas articuladas em nível institucional, inclusive nos órgãos administrativos do Estado. Sendo assim, o acesso à instrução notoriamente conferia um poder de fortalecimento desses indivíduos, dando-lhes autonomia e possibilitando-lhes uma maior circulação e prestígio social. Sob tal lógica, Abel e tantos outros ex-escravos que obtiveram a liberdade, bem como a chance de se instruir, puderam não apenas desfrutar de uma autonomia jurídica, mas também usufruir de um poder maior de emancipação resultante da projeção específica que pôde ser alcançada por meio da educação.

A menção de Abel como parte desse grande panteão de figuras históricas foi a última referência de maior valor que dele pudemos localizar. Por ora, não obtivemos indicações quanto à sua sorte futura, tampouco quanto aos vínculos que manteve no restante da sua vida. A despeito disso, é de se imaginar que ele tenha sustentado o seu apego à causa negra no contexto pós-abolição por meio da promoção de ações que puderam satisfazer pessoas cujas trajetórias eram, de algum modo, semelhantes à sua. Lamentavelmente, nas atuais circunstâncias, tal impressão mantém-se apenas como especulação. Seguimos, portanto, na expectativa de que novas pesquisas possam nos premiar com a localização de fontes que nos permitirão perscrutar ainda melhor a sua vida e as suas redes de sociabilidade forjadas no cotidiano carioca.

Capítulo 7

Nas entrelinhas da escravidão: literacia e agência histórica oitocentista[1]

Leandro Duarte Montano

[...]
DURVAL: Bravo! A pequena não é tola... tem mesmo muito espírito! Eu gosto dela, gosto! *Mas é preciso dar-me ao respeito.* (vai ao fundo e chama) Bento! (descendo) Ora depois de dois anos como virei encontrar isto? Sofia terá por mim a mesma queda? É isso o que vou sondar. É provável que nada perdesse dos antigos sentimentos. Oh! decerto! Vou começar por levá-la ao baile mascarado; há de aceitar, não pode deixar de aceitar! Então, Bento! mariola?
BENTO: (entrando *com um jornal*) Pronto.
DURVAL: Ainda agora! Tens um péssimo defeito para boleeiro[2], é não ouvir.
BENTO: *Eu estava embebido com a interessante leitura do Jornal do Comércio:* ei-lo. Muito mudadas estão estas coisas por aqui! Não faz uma ideia! E a política? Esperam-se coisas terríveis do parlamento.

---

[1] Este capítulo faz parte da minha pesquisa (em andamento) de doutoramento em Educação pela UFRJ.
[2] BOLIÉIRO, s. m. (De bolêa). Homem que vae sentado na bolêa. que dirige um trem; cocheiro. Metaphoricamente: *Levar uma cousa de boléo*, fazer uma cousa com muita pressa, e sem consideração.

DURVAL: Não me maces, mariola! Vai abaixo ao carro e traz uma caixa de papelão que lá está... Anda!
BENTO: Sim, senhor; mas *admira-me que V. S. não preste atenção ao estado das coisas*.
DURVAL: Mas que tens tu com isso, tratante?
BENTO: Eu nada; mas creio que...
DURVAL: Salta lá para o carro, e traz a caixa depressa!
[...]
DURVAL: Pedaço d'asno! Sempre a ler jornais; sempre a tagarelar sobre aquilo que menos lhe deve importar! (vendo Rosinha) Ah!...és tu? Então ela... (levanta-se).
(ASSIS, Machado. *Hoje avental, amanhã luva*, 1860)

A cena que inicia esse texto foi escrita por Machado de Assis e publicada originalmente no jornal *A Marmota*, do Rio de Janeiro, em 20 de março de 1860.[3] No texto *Hoje avental, amanhã luva* – uma comédia em um ato – quatro personagens são apresentados (Durval, Bento, Rosinha e Sofia de Melo), mas apenas três interagem entre si, na época do carnaval de 1859. Na história, Durval, um homem de 48 anos de idade, com posses e nome[4], retorna do interior para a Corte[5], após dois anos para reencontrar uma antiga pretendente, Sofia de Melo, a qual ele tem por intenção convidar para um baile de máscara e, possivelmente, juntar-se a ela futuramente.[6] Na trama, dois personagens interferem em seus planos, Rosinha e Bento, dois escravos (ela de Sofia e ele de Durval) que se articulam para impedir os planos do pretendente e, no caso de Rosinha (responsável pela

---

[3] BIBLIOTECA Nacional Digital do Brasil. *A Marmota (RJ) 1859-1864*. Disponível em: <http://memoria.bn.br/docreader/DocReader.aspx?bib=706922&pagfis=508>.
[4] "ROSINHA: (...) Sr. Durval é um homem interessante, rico (...)."
[5] "A roça, não há coisa pior! Passei lá dois anos bem insípidos – em uma vida uniforme e matemática como um ponteiro de relógio: jogava gamão, colhia café e plantava batatas."
[6] "DURVAL: (...) Ora depois de dois anos como virei encontrar isto? Sofia terá por mim a mesma queda? É isso o que vou sondar. É provável que nada perdesse dos antigos sentimentos. Oh! decerto! Vou começar por levá-la ao baile mascarado; há de aceitar. (...)."

ideia), conseguir uma vingança pela forma como esta foi tratada por Durval no passado.[7]

No trecho recortado, há a interação entre os personagens Durval e Bento, um senhor e um escravo numa situação em que o primeiro se irrita, pois o segundo não estaria disponível quando era chamado. Bento estaria ocupado lendo um periódico, o mais prestigiado da Corte, o *Jornal do Comércio*, e não só lia, como se comunicava a partir dos fatos relatados, demonstrando conhecimento do que acontecia ao fazer análises a partir deles. Além disso, ele parece surpreso que seu senhor não se importe e não saiba sobre o que ocorre a sua volta. Durval afirma que Bento estaria "sempre a ler jornais; sempre a tagarelar sobre que menos lhe *deve* importar".

O que é apresentado para o leitor da segunda metade do século XIX é uma inversão de papéis dentro da ordem escravista. Isto é, de um lado, temos a presença de um escravizado, Bento, que seria letrado, teria o hábito de ler jornais e, a partir disso, desenvolveria a capacidade de se comunicar ("tagarelar") sobre assuntos como política e, para o desagrado de seu senhor, Durval, assuntos esses que "nao lhe deve importar". Esse último ponto é importante. Do outro lado, temos Durval, um senhor de escravos, cuja preocupação maior parece ser realizar seus projetos pessoais – a conquista de sua pretendente, Sofia de Melo, e galantear uma antiga *paixão*, Rosinha – e, ao mesmo tempo, demonstra a sua posição de mando, ou seja, de determinar o que Bento deveria fazer com

---

[7] "ROSINHA: Muito bem, Sr. Durval. Então voltou ainda? É a hora de minha vingança. Há dois anos, tola como eu era, quiseste seduzir-me, perder-me, como a muitas outras! E como? mandando-me dinheiro... dinheiro! – Media as infâmias pela posiçao. Assentava de... Oh! mas deixa estar! vais pagar tudo... Gosto de ver essa gente que não enxerga sentimento nas pessoas de condição baixa... como se quem traz um avental, não pode também calçar uma luva!"

o seu tempo, devendo estar disponível para atender às solicitações de Durval quando fosse necessário.

Ressaltando o fato de Bento *ler* quando deveria estar ocupando-se das vontades de seu senhor, usando o seu tempo de acordo com seus próprios interesses para além daquilo que o seu senhor estabelecia e, por isso, para além das expectativas deste sobre o que uma pessoa em sua condição deveria ser, observam-se duas expectativas distintas que se relacionam e se contrapõem. No cenário desenhado, de um lado, tem-se um escravo leitor que se ocupa de *assuntos que não lhe deveriam importar* (por ser escravo) em escapadas dos olhos de seu senhor (e de suas tarefas impostas), construindo assim uma margem de liberdade no meio de sua condição. E, de outro, um senhor que tenta fazer valer a sua vontade impondo o controle de como Bento deveria se portar. Mais adiante no texto, Bento volta a ler o jornal – mesmo após o aparte de Durval – e diante de Rosinha, que não parece mostrar muita preocupação com o que ele faz, o que indicaria uma ação possivelmente corriqueira do escravo. Esse assunto, no entanto, será retomado depois.

Há uma metáfora de grande força sobre a escravidão na segunda metade do século XIX. Uma metáfora na qual a estrutura escravista de soberania da vontade senhorial e da imagem de fragilidade, de *bestialidade (pedaço de asno!)* e da subordinação do escravo estariam sendo colocadas em questão pelas ações dos personagens da história. Uma experiência nas relações escravistas em que a estrutura sob a qual a ordem escravista brasileira estaria sendo fragilizada pela ação do escravizado ao se contrapor (rotineiramente) à vontade de seu senhor e, ao fazê-lo, criava brechas para fazer valer a sua vontade – de ler, de conversar, de usar o seu tempo como quisesse –, mesmo sob o olhar e o controle de seu proprietário.

Mas o que Bento faz com seu tempo livre? Ele lê, mesmo sob os protestos de seu senhor. Aliás, ele não apenas lê, como também compreende e articula, a partir da leitura, cenários complexos com a política e está atento, através dos jornais, sobre o que acontece no país, tanto no Parlamento quanto nas ruas. Vejamos outro trecho.

> [...] BENTO (tirando o jornal do bolso): Fica entregue, não? Ora bem! Vou continuar a minha interessante leitura... Estou na gazetilha — Estou pasmado de ver como vão as coisas por aqui! — Vão a pior. Esta folha põe-me ao fato de grandes novidades.
> ROSINHA: (sentando-se de costas para ele) Muito velhas para mim.
> BENTO: (com desdém) Muito velhas? Concedo. Cá para mim têm toda a frescura da véspera.
> ROSINHA (consigo): Quererá ficar?
> BENTO (sentando-se do outro lado): Ainda uma vista d'olhos! (abre o jornal)
> ROSINHA: E então não se assentou?
> BENTO (lendo) Ainda um caso: "Ontem à noite *desapareceu uma nédia e numerosa criação de aves domésticas*. Não se pôde descobrir os ladrões, porque, desgraçadamente havia uma patrulha a dois passos dali."
> ROSINHA (levantando-se): Ora, que aborrecimento!
> BENTO (continuando) *"Não é o primeiro caso que dá nesta casa da rua dos Inválidos."* (consigo) Como vai isto, meu Deus! [...]

O trecho é longo, mas é importante para entender o ponto. A leitura de Bento revela não apenas o que ele faz em seu tempo "livre", ou melhor, na brecha de tempo que ele construiu para se libcrar das obrigações de sua condição. Ele relata para Rosinha o que acontecia na Rua dos Inválidos, Rio de Janeiro, em que "desapareceu uma nédia e numerosa criação de aves domésticas". É bem provável que Machado tenha materializado outra metáfora sobre a libertação de escravos, uma fuga, talvez. Mais uma experiência de liberdade. Diante de nós temos dois tipos de experiências de liberdade em um texto dentro do texto: Bento lê sobre a (suposta) fuga de escravos (aves domésticas) em seu tempo de liberdade conquistada dentro da ordem senhorial. Ele lê uma notícia sobre aves domésticas que desapareceram mesmo sob os olhos das autoridades. Ou seja, *mesmo a dois passos*, nada pôde ser feito a respeito do sumiço das aves.

E como Rosinha, escrava de Sofia de Melo, responde ao fato? Com desagrado – "Ora, que aborrecimento!". Rosinha não parece se interessar pelo relato das aves que se libertaram (com uma fuga), concentrando-se no espaço doméstico, em seu plano, para lidar com o assédio de Durval, que quer conquistá-la e, ao mesmo tempo, se aproximar de sua senhora. Assim como Bento, Rosinha demonstra uma capacidade de leitura dos fatos a sua volta e, a partir disso, cria um plano elaborado com o intuito de enganar Durval sem que ele perceba o que está acontecendo, de modo que ele faça aquilo que ela quer. Para isso, ela conta com a ajuda de Bento. Assim, observamos que Machado lida com características atribuídas a escravizados nos romances de época, a dissimulação e a capacidade de manipulação, mas não como parte da natureza deles, e sim como uma consequência de suas experiências e de sua formação. Isto é, as experiências que tiveram até ali, e não a sua natureza, é que determinam suas escolhas.

Rosinha e Bento são similares entre si e diferentes das aves (metafóricas): não escolhem fugir ou se rebelar, mas lidar com as circunstâncias criadas pela escravidão e fazer com que funcionem a seu favor. A empáfia senhorial em idiotizar os escravos ou as mulheres/escravas faz com que Durval não enxergue o que acontece a sua volta, mas veja o mundo com a materialização de sua vontade. Os planos para capturar as mulheres e manter o controle de todas as situações relatadas, além do apelo sexista para o brio masculino por ser ridicularizado por Sofia ao fazer pouco caso dele, fazem com que ele seja apanhado no plano executado por Rosinha e por Bento. Ambos conseguem levar a termo a manipulação devido à forma como Durval lida com as experiências a sua volta e ao conhecimento de mundo que ambos os escravos têm do mundo senhorial. Saber como eles pensam e antecipar seus movimentos facilita transitar entre o que é aceitável ou não, entre o que seria permitido a ambos fazerem dentre de uma ordem social em que são subordinados.

  Rosinha enxerga em sua vingança a oportunidade de ascensão social, algo pouco provável a uma escrava, e tenta fazer com que (sem saber) Durval a escolha em detrimento de sua senhora, que ela desenha como uma pessoa de poucos atrativos dentro da lógica senhorial e patriarcal. O fato de ter encenado a possibilidade de um fidalgo espanhol que a estaria cortejando é a *cereja do bolo*, pois isso mexe com o brio senhorial de Durval, que acaba optando por ela, na vã ilusão de estar se vingando de Sofia, que teria feito pouco caso dele.[8] Rosinha consegue, no final, aquilo que queria, e seu plano funciona. Um plano que leva em conta as circunstâncias em que ela e os demais personagens se encontram. Como uma mulher escrava em uma sociedade senhorial, suas chances de mobilidade social eram restritas e menores em comparação às de sua senhora (branca e de posses), mesmo que ambas tenham tido

---

[8] "DURVAL: – A matar! a matar! (à parte) A minha vingança começa, Sra. Sofia de melo! (a Rosinha) Estás esplêndida! Deixa dar-te um beijo?"

a mesma educação, como fica expresso no texto.[9] A educação e as capacidades apresentadas por Rosinha a colocavam em pé de igualdade ou superioridade à sua senhora. Todavia, as circunstâncias a tornaram uma criada e fizeram de Sofia de Melo uma senhora. A escravidão, portanto, a conduz a uma posição de desvantagem que ela contrabalança com a sua inteligência e faz uso disso para concretizar seus objetivos. Há um elemento inicial de vingança e de justiça poética, mas, no fim, a intenção não era apenas revidar o fato de Durval tê-la tentado conquistar com dinheiro, inclusive, no passado, mas a de alcançar uma posição social melhor, algo improvável a partir de sua condição.

Temos dois personagens escravos e dois personagens livres, dois homens e duas mulheres, com características e formas diferentes de ver as experiências nas quais estão inseridos. Suas histórias se cruzam e agem a partir disso. Suas posições são demarcadas pela ordem senhorial, patriarcal e escravista, mas ainda assim eles conseguem fugir ao lugar-comum e imprimir a sua marca na história. Uma questão importante é como o poder de escolha dos personagens livres é moldado pelas situações (e pelos escravos), assim como a dos escravizados, que teriam (em princípio) uma margem de ação menor, mas que conseguem fazer com as circunstâncias (e os outros personagens) se adequem às suas expectativas. Bento, por exemplo, lê seus jornais quando não está sob os olhos de seu senhor e, a partir deles, toma conhecimento do mundo a sua volta e se manifesta a partir deste; Rosinha joga com os desejos de Durval e com a situação de sua senhora. Ambos

---

[9] "DURVAL: Obrigado. Dize-me cá. *Por que diabo sendo uma criada, tiveste sempre tanto espírito e mesmo...* ROSINHA: – Não sabe? Eu lhe digo. Em Lisboa, donde viemos para aqui, fomos condiscípulas: estudamos no mesmo colégio, e comemos à mesma mesa. Mas, coisas do mundo!... Ela tornou-se ama e eu criada! É verdade que me trata com distinção, e conversamos às vezes em altas coisas."

estão atentos aos sinais em seu entorno e sabem de sua condição e das limitações que isso lhes impõe. Mesmo assim, eles criam estratégias para atingir seus objetivos, mesmo contra a vontade de seus senhores ou contra a ordem estabelecida.

Bento não apenas sabe ler, como também sabe escrever e com grafias diferentes,[10] além da capacidade de mudar o seu tom de voz e como fala.[11] Fica claro pelo texto que ele faria uso dessas suas habilidades para lidar com seu senhor e com as circunstâncias de sua vida, embora esses fatos sejam negligenciados por Durval, como evidenciado no texto. Ocultar essas características no jogo de dissimulação com o qual tinha de lidar na negociação diária com a ordem senhorial seria parte de suas experiências. Acioná-las para enganar a percepção do senhor e chegar a um objetivo, no caso, em comum, foi uma consequência do aprendizado que Bento trouxe de suas experiências como escravo. Para Durval, ele é apenas um serviçal, um "tratante", um "pedaço d'asno", um "palerma". Ele é inferiorizado e subalternizado na interação e deve ser aquilo que é determinado pelo seu senhor. Mas Bento é mais do que aquilo que o seu senhor tenta fazer parecer ou acredita ser. Ele é inteligente, é articulado e sabe mais coisas para além de sua função social de condutor de carruagem ou de carregador de coisas, pois é capaz de variar de sotaque com facilidade, fazendo também outras leituras, como no caso de livros.[12] Ele representa o papel de boleeiro, mas da

---

[10] "ROSINHA (indo a uma gaveta buscar um papel): *O Sr. Durval conhece a tua letra?* / BENTO: *Conhece apenas uma. Eu tenho diversos modos de escrever.* / ROSINHA: Pois bem; copia isto. (dá-lhe o papel) *Com letra que ele não conheça.* / BENTO: Mas o que é isto? / ROSINHA: Ora, que te importa? És uma simples máquina. Sabes tu o que vai fazer quando o teu amo te indica uma direção ao carro? Estamos aqui no mesmo caso."

[11] "ROSINHA: Subscritada para mim. À Sra. Rosinha. (Bento escreve) Põe agora este bilhete nesse e leva. Voltarás a propósito. *Tens também muitas vozes?* / BENTO: *Vario de fala, como de letra.* / ROSINHA: *Imitarás o sotaque espanhol?* / BENTO: *Como quem bebe um copo d'água!*"

[12] "BENTO: *Fala como um livro! Aqui vai.* (escreve)"

sua forma, que não é a mesma dos demais (amáveis e serviçais)[13], pois deixa claro para Rosinha que só serve a um senhor e apenas na boleia e que não deixa de ser amável, o que dá ensejo para o entendimento de que opta pela maneira como lida com suas atividades e com seu senhor.[14]

No tocante à Sra. Sofia de Melo, uma mulher branca que é a ama de Rosinha, e, portanto, ocupa uma posição social específica, ela não tem diálogo no texto, só fala através de outros personagens, no caso, de Durval e de Rosinha. Isso parece ser proposital, aliás. Afinal, qual seria o papel das mulheres no Brasil da década de 1850? E qual a importância de se perceber isso para entender o papel de Rosinha ali? Do ponto de vista de Durval, que também está em uma posição social de prestígio, Sofia deveria ser conquistada, assim como Rosinha, embora em sentidos distintos. Ela deveria cumprir um determinado papel que ele define. Ela é objetificada e deve servir a um fim. Mas ao ser apresentada por Rosinha, Sofia parece também transcender as expectativas do sistema patriarcal brasileiro (e de Durval), pois ela faz as suas escolhas, tem suas opiniões e predileções. Rosinha tem voz, e Sofia também (através da primeira), o que é importante, porque ambas fogem ao lugar-comum imposto pela sociedade. Todavia, na forma como Rosinha tenta demonstrar, ironicamente sua ama estaria nas suas mãos[15] – tanto física quanto mentalmente –, o que revela a centralidade desta personagem na história. A afirmação anterior teria um duplo sentido, como a maior parte das falas de Rosinha, mas no contexto em que é colocado o diálogo, dá a entender que Rosinha exerceria

---

[13] "ROSINHA: Pois hás de me servir. Não *és então um rapaz como os outros boleeiros, amável e serviçal...*"
[14] "BENTO: Vá feito... não deixo de ser amável; é mesmo o meu capítulo de predileção."
[15] "ROSINHA (levantando-se): Ilusão! Tudo isso é tabuleta do Desmarais; *aquela cabeça* passa pelas minhas mãos. É uma beleza de pó de arroz: mais nada."

um poder sobre Sofia, ou pelo menos é o que ela (e Machado) tenta mostrar nas entrelinhas.

Conforme os diálogos vão avançando no conjunto da narrativa, Durval muda de opinião sobre a pretendente de acordo com os fatos apresentados por Rosinha a ele. A seguir, vemos a mudança de sua perspectiva sobre Sofia:

> DURVAL (passeando): É demais! E então quem fala! uma mulher que tem umas faces... Oh! é o cúmulo da impudência! É aquela *mulher furta-cor, aquele arco-íris que tem a liberdade de zombar de mim!*... Se eu me tivesse conservado na roça, ao menos lá não teria dessas apoquentações!... Aqui na cidade, o prazer é misturado com zangas de *acabrunhar o espírito mais superior*!

Esse momento seria o *clímax* das investidas de Rosinha, supostamente lendo uma carta de sua senhora a uma amiga em que descreve Durval com vários predicados, em sua maioria ofensivos ao próprio. No trecho, há uma mudança que demonstra duas situações: a primeira em que Sofia fez pouco caso de Durval, o que ensejou um sentimento (posterior) de vingança deste; e a segunda em que ela teria voz dissonante da expectativa dele, a "liberdade de zombar" dele e de irritar um "espírito mais superior". Ou seja, Sofia revela, ou melhor, é demonstrada como uma pessoa com opiniões próprias, porém, leva também a imagem de uma mulher pouco confiável, cumprindo as expectativas de Rosinha em seu plano de atrapalhar a união de ambos. O dessabor conduz à vontade de se vingar das ofensas e ao desinteresse de Durval por uma mulher que não seria de acordo com aquilo que esperava. Há um anticlímax. Daí voltamos à questão patriarcal, que ele conhece e aciona a todo momento, e Rosinha também. Esta *joga* com estas circunstâncias para conseguir aquilo que quer e fazer com que ele tome decisões que a beneficiem, mesmo ocupando uma posição de desvantagem diante de sua senhora e de Durval. Há uma questão *shakespeariana* presente, comprovada pela associação (posterior) de Rosinha a Cleópatra ou mesmo a Helena (de Troia), ambas inteligentes personagens envolvidas em tramas complexas de paixões e de política.

Um ponto interessante associado à última afirmativa é que as cores das mulheres da história mudam conforme a visão de Durval e de acordo com o que ele considera bom ou ruim. Sofia passa de uma mulher clara, branca,[16] para uma pessoa com cores variadas[17] que estariam relacionadas à sua nova condição de uma pessoa de várias faces, não mais na esfera de interesse de Durval. Rosinha, por outro lado, vai se clareando[18] e assumindo formas de mulheres famosas na história, para convencer (a si mesmo?) de que ela seria a escolha mais acertada. Assim, Rosinha é associada a personagens como Cleópatra, rainha do Egito, que esteve envolvida em laços amorosos com dois políticos de destaque do Império Romano, como Júlio César e Marco Antônio, sendo este último caso eternizado por uma tragédia de Shakespeare[19]. Machado relaciona, deste modo, Rosinha à figura feminina egípcia, que teria como principais características: a inteligência, a astúcia e a capacidade de jogar com a política e os sentimentos de seus pretendentes para atingir seus objetivos, além de ser africana e, portanto, diferente

---

[16] "DURVAL: Hein? E o *corado daquelas faces, o alvo daquele colo*, o preto daquelas sobrancelhas?"

[17] "DURVAL: (...) É aquela mulher furta-cor, aquele arco-íris (...)"

[18] "DURVAL: Mal sabes que tens as mãos, como as de uma patrícia romana; parecem calçadas de luva, se é que uma luva pode ter estas veias azuis como rajadas de mármore."

[19] *Antônio e Cleópatra* é uma tragédia de William Shakespeare, produzida em 1607, que tem como tema a relação entre o militar romano Marco Antônio e Cleópatra, uma das mais famosas governantes do Egito. Divide-se em cinco atos repletos de intrigas políticas mescladas com fervorosas declarações de amor, cenas cômicas e partes sensuais, em que está presente toda linguagem monumental de Shakespeare.

de Durval (seu Marco Antônio), que pertencia à elite do Império (de Roma). Durval seria, deste modo, o seu Antônio, um "bobo" que é manipulado pela primeira; e Sofia seria Otávia[20], com quem Antônio se casaria, mas que Cleópatra (Rosinha) ressaltaria seus defeitos[21]. Na realidade, há várias referências à obra clássica.[22] Com isso Machado retrata a Antiguidade, mas mira o mundo em que a maioria das pessoas de seu tempo, incluindo ele, estariam inseridas. Um mundo de escravidão, de aparências, de intrigas e de jogos de poder. Esses "jogos de poder" envolvem personagens de classes sociais, de gêneros e de raças distintas.

 A aproximação do texto de *Antônio e Cleópatra* ajuda a compreender melhor alguns pontos na construção da história pelo autor. Na obra de Shakespeare, Antônio se submete à direção de Cleópatra, e há inversão dos papéis sexuais e de dominância – da posição de dominante para a de dominado – como convencionalmente compreendido pelo mundo patriarcal romano, o que gera uma desordem interna em Marco Antônio. Como Enobarbo amargamente conclui, Antônio "deixou à vontade / Mandar na razão" e então subverteu seu "julgamento" à paixão. Como Antônio, Durval acaba deixando de lado o que seria esperado dele (e por ele), cedendo à vontade de ter Rosinha em seus braços, e assim o seu desejo se sobrepõe ao que seria "racional", a sua união com Sofia (Otávia), que representa a segurança e o compromisso com a tradição e a cultura da qual ele faz parte, brasileira (e no caso de Antônio, a romana). Ao contrário da tragédia de Shakespeare, a obra Machadiana não termina com a morte dos amantes e o

---

[20] OTÁVIA era a irmã de César e, no decorrer da história, se torna esposa de Antônio.
[21] "É o que penso. Tola de fala e anã."
[22] "CLEÓPRATA: Continuo na mesma decisão, sem coisa alguma de mulher ter em mim. *Tal como o mármore*, sou da cabeça aos pés: inabalável. A lua incerta não é o meu planeta. (Cena II)"

insucesso dos planos da personagem feminina, mas com um final em que sai triunfante.

Segundo ato... o texto a contrapelo

Na primeira parte do texto foram apontados elementos variados que ajudam a remontar o cenário histórico da Corte da segunda metade do século XIX, a partir do qual foi produzido o texto base que, por sua vez, serviu como ponto de partida desta análise. Essa etapa inicial auxilia a apreender alguns pontos importantes do texto e do contexto examinados e, a partir desse entendimento, a aprofundar temas específicos, como o universo da educação e da escrita que permitem aos personagens Rosinha e, mais diretamente, Bentinho, interagir com mundos variados que, a princípio, não seriam os deles. Nesse sentido, na segunda parte serão explorados pontos específicos apontados no texto e que possivelmente encontram interlocução com a realidade tangível ao autor e aos personagens. Mas antes de retomar a análise propriamente dita, seria interessante entender qual seria a relação entre literatura e realidade para Machado de Assis, tentando assim olhar através dos olhos dele e, para isso, é preciso conhecer quem era o autor.

Hoje avental, amanhã luva é uma comédia passada na cidade do Rio de Janeiro no ano de 1859, mais precisamente no Carnaval, e que é assinada pelo próprio Joaquim Maria Machado de Assis e publicada no jornal *A Marmota*[23] dessa cidade. Na edição em que

---

[23] O jornal *A Marmota* teve três nomes diferentes que representam suas três fases: na primeira, chamava-se *A Marmota na Corte* (1849-1852); na segunda, *Marmota Fluminense* (1852-1857), e, na última, apenas *A Marmota* (1857- 1861 e 1864). Machado de Assis teve colaboração nas duas fases finais, momento que coincide com o seu ingresso no mundo jornalístico e com o declínio dessa folha. Pertencia a Francisco

ela foi publicada – número 1.136 de uma terça-feira, 21 de fevereiro de 1860 –, é anunciado logo abaixo do título do periódico: "temos o prazer de anunciar aos nossos leitores que o Snr. Machado de Assis – faz hoje parte da colaboração da Marmota". Não era a primeira, aliás, pois ele teria contribuído nos anos anteriores com o periódico, com poesias. Ao divulgar como uma "comédia em um ato imitada do francês", logo abaixo do título, poderia indicar que se tratava da adaptação de uma obra francesa, afinal, ele se destacava por saber francês e inglês, atuando como tradutor de obras consagradas.[24] Mas, sem dúvida, há um apelo shakespeariano, como visto anteriormente, de quem ele era admirador[25], e poderia ser uma oportunidade de experimentação para o jovem escritor, uma forma de se conectar com os livros e autores que lia e admirava. A comédia foi escrita no início de sua carreira nos jornais, nos idos da década de 1850, aos vinte anos.

Machado de Assis era um jovem *mulato* de origem pobre, tendo nascido e residido em sua juventude no Morro do Livramento (na época, chácara com esse nome). Era filho de trabalhadores, de Maria Leopoldina Machado de Assis, nascida na ilha de São Miguel, no arquipélago de Açores – veio muito jovem para o Brasil e, na

---

de Paula Brito (1809-1861), uma figura envolvida com o mercado editorial da cidade, possuindo além de uma tipografia responsável pela impressão de sua e de mais oitenta outras folhas, lojas dentre as quais a *de Paula Brito*, uma *livraria*, no antigo Largo do Rossio (atual Praça Tiradentes), nas proximidades do Teatro de S. Pedro de Alcântara (atual João Caetano) – que fora reaberto em 1857. Paula Brito participava dos círculos culturais da cidade não apenas através de seus jornais, mas também pela forma como promovia encontros e debates nas dependências de sua loja, um verdadeiro ponto de encontro de intelectuais, artistas, políticos e viajantes, que lá se reuniam para discutir de tudo. Ele abriu as portas para jovens escritores e intelectuais, como Martins Pena, Gonçalves Dias e o próprio Machado de Assis. Ver: GRINBERG, Keila et al. *Para conhecer Machado de Assis*. Rio de Janeiro: Zahar Editora, 2005; GRANJA, Lúcia. *Machado de Assis – Antes do livro, o jornal:* suporte, mídia e ficção. São Paulo, Editora UNESP Digital, 2018.

[24] Consta que, em 1859, ele traduziu, com outros colaboradores, *O Brasil Pitoresco*, de Charles Ribeyrolles

[25] Como observa Grinberg et al (2005, p. 30), Machado de Assis "gabava-se de ser íntimo de escritores ingleses como Shakespeare, de cujas obras sabia trechos de cor! Ele se perguntava se algum dia conseguiria escrever como eles, se ficaria famoso como os escritores que admirava".

época de nascimento e infância dele, trabalhava na casa de dona Maria José de Mendonça Barroso Pereira, proprietária da chácara e senhora de escravos; e de Francisco José de Assis, livre de origem escrava, pintor e dourador.[26] Nesse ambiente, conviveu com pessoas livres e escravizadas, algumas dessas que habitavam o mesmo local. Começou a trabalhar cedo devido às condições difíceis de vida e teve acesso a algum nível de ensino, embora de forma precária. Neste último ponto, alguns biógrafos informam que seus pais sabiam ler,[27] algo incomum dadas as suas origens, mas pode ter contribuído para a sua persistência nos estudos.

A história do autor se entrecruza com as histórias das personagens que constrói em seus inúmeros textos e isso faz com que ele consiga transitar por espaços sociais diversos, porém conectados, como aqueles das elites e das classes populares do Império. As suas origens não o definem em absoluto, mas deixam marcas em suas escolhas e nas suas experiências posteriores. Retratar personagens variados em complexidade de detalhes, com personalidades marcantes através de dramas sociais ou de problemas mundanos, demonstrava não apenas o seu conhecimento da cidade e de seu povo, mas dos leitores que visava atingir. Ele jogava com esse conhecimento e lidava com as expectativas de seu público, com seus preconceitos, com seus tabus e com toda sorte de elementos culturais e psicológicos em suas experimentações textuais. Não foi diferente com o texto de *Hoje avental, amanhã luva*.

Embora produzido no início de sua carreira, o texto traz

---

[26] Sua mãe, Maria Machado da Câmara, nascera em 1812 e migrou para a América Portuguesa junto com os pais (José e Ana Rosa, avós maternos de Machado de Assis) e um irmão, em 1815, no movimento de imigração açoriana incentivado por D. João VI. GRINBERG, op. cit.; BIOGRAFIA cronológica de Machado de Assis. Disponível em: <https://www.machadodeassis.org.br/abl_minisites/cgi/cgilua.exe/sys/start35d2.html?sid=5&UserActiveTemplate=machadodeassis>. Acesso em: 19 jul. 2021.
[27] GRINBERG *et al*, 2005.

características que seriam marcantes na sua obra. Ao transportar os leitores e as leitoras para seus próprios universos e os de outros indivíduos ou grupos através de suas personagens e histórias, Machado operava com uma dualidade entre similitude e alteridade, entre a proximidade e o distanciamento e, com isso fazia com que as pessoas refletissem sobre o que ele escrevia, mesmo que não o fizesse de forma aberta. Como chama a atenção Gledson (2006), Machado era um escritor profundamente irônico, que inscreveu de forma intencional, por vezes, níveis de sentido que contrariam de maneira sistemática o que é dito na superfície, cabendo ao leitor juntar as peças, para extrair um ou vários sentidos que muitas vezes se estabelecem na contramão das percepções dos próprios narradores. Mas não era só a ironia que estava nas entrelinhas, mas também as próprias características e vicissitudes da sociedade que ele descrevia.[28]

    Os dois personagens escravizados/escravos, Bento e Rosinha, transitam entre dois mundos, o seu próprio da escravidão (aquilo que é esperado deles) e aquele que seria restrito aos homens e mulheres livres, senhores e senhoras, brancos e de origem abastada. Além disso, jogam com as circunstâncias para alcançar aquilo que almejam. Em nenhum momento é mencionado diretamente que eles são escravos, mas os detalhes apresentados pela história levam a crer que sejam,[29] e esse seria um dos méritos do texto. Machado *joga*, assim como seus personagens *jogam* com as percepções e as visões de mundo daqueles que interagem na/com a história.

    Há uma intertextualidade que leva a uma operação de significação que mexe com as percepções do público leitor, no caso

---

[28] GLEDSON, John. *Por um novo Machado de Assis:* ensaios. São Paulo, Cia das Letras, 2006.
[29] A ocupação de Bento e a forma como Durval se dirige a ele, e o fato de ser mencionado que Rosinha era criada, o que era associado à escravidão no período. Além disso, os nomes Bento e Rosinha sugerem a sua condição pela forma como alguns escravos eram nomeados.

do jornal, composto por homens e mulheres.[30] Mas para que fizesse sentido para eles, são usados elementos linguísticos e culturais do Brasil do período para capturar a atenção, gerar envolvimento do seu público e, ao fazê-lo, Machado dá abertura para que seja acessado esse mundo da escravidão que ele tenta retratar, de forma indireta. Este autor é caracterizado em seus textos como um profundo observador do mundo a sua volta e usa esses elementos para imprimir suas avaliações da sociedade brasileira, numa operação complexa em que história e ficção não estão dissociadas.

Como observa Chalhoub (2003), os textos de Machado de Assis nunca são despretensiosos, afinal, para ele a literatura busca a realidade, a interpreta e a enuncia, sem que tenha que apresentar de forma direta ou clara aquilo que está sob sua mira.

> "Voltemos os olhos para a realidade, mas excluamos o Realismo..." Ou seja, a literatura busca a realidade, interpreta e enuncia verdades sobre a sociedade, sem que para isso deva ser a transparência ou o espelho da "matéria" social que representa e sobre a qual interfere. A Machado de Assis, como John Gledson já sugeriu, interessava desvendar o sentido do processo histórico referido, buscar as suas causas mais profundas, não necessariamente evidentes na observação da superfície dos acontecimentos. A representação literária desses sentidos mais cruciais da história exigia uma narrativa mais sinuosa, cheia de mediações e nuances; na experiência do leitor, assim como na do dependente, a verdade não se lhe apresentava tal qual, o sentido dos acontecimentos não era evidente — distanciamento crítico e observação perseverante tornavam-se requisitos básicos.[31]

---

[30] SIMIONATO, Juliana Siani. *A Marmota e seu perfil editorial*: contribuição para edição e estudo dos textos machadianos publicados nesse periódico (1855-1861). Dissertação de Mestrado, PPGCC, USP, 2009.
[31] CHALHOUB, Sidney. *Machado de Assis, historiador*. São Paulo, Cia das Letras, 2003. p. 35.

O autor de *Hoje avental, amanhã luva* estaria interessado em explorar processos psíquicos e culturais das pessoas através de seus textos e, ao fazê-lo, humanizava-as. Os processos sociais e históricos experimentados por elas (e através delas) permitiam compreender um mundo em transformação e, ao mesmo tempo, resistir a elas. O próprio Machado seria um agente desse processo de conservação/transformação experimentado pela geração de afrodescendentes à qual pertencia. A década de 1850 é um período de mudanças conjunturais, com a extinção definitiva do tráfico, a criação do sistema ferroviário no Brasil[32] e, ao mesmo tempo, um momento em que a população afrodescendente vivencia a formação de um sistema cada vez mais excludente, passando por uma suspeição generalizada[33] e pela proibição legal da oferta de educação a eles, em 1854.[34] É nesse contexto que Machado passa parte da sua juventude e que se lança na vida profissional. Num momento de tensão entre a pressão por transformação, por liberdade em escala micro e macro e por conservação do modelo de sociedade.

Pensando no autor enquanto agente histórico, os espaços sociais frequentados por ele já nesse período, literários, artísticos, políticos etc., construiriam uma trama social[35] da qual ele fazia parte e que lhe possibilitava transitar por mundos culturais e sociais diversos, mas interdependentes. Suas experiências (pregressas e

---

[32] Em 1854, é criada a primeira Estrada de Ferro do Brasil por Irineu Evangelista de Souza, futuro Barão de Mauá, e em 1858, a Estrada de Ferro D. Pedro II, ambas partindo da Corte em direção ao interior.

[33] CHALHOUB, Sidney. *A força da escravidão*. São Paulo, Cia das Letras, 2018.

[34] Através da chamada Reforma Couto Ferraz (Decreto n. 1331-A, de 17 de fevereiro de 1854), foi regulamentado o ensino primário e secundário no Município da Corte e capital do Império, no qual fica definido que é proibida a matrícula e frequência de escravos nas escolas e dá outras providências.

[35] Machado de Assis teve uma vida cultural e social bastante ativa já nos anos de 1850 e 1860, quando frequentava a Loja de Paula Brito e as reuniões *da Sociedade Petalógica*, local frequentado por "toda gente, os políticos, os poetas, os dramaturgos, os artistas, os viajantes, os simples amadores, amigos e curiosos, onde se conversava de tudo, desde a retirada de ministros até a pirueta da dançarina da moda". GRINBERG et al, 2005, p. 23.

contemporâneas) lhe permitiam perceber, por exemplo, como se portavam e pensavam tanto os membros da alta sociedade, representados através dos personagens Durval e Sofia, quanto as pessoas das camadas sociais não privilegiadas, como é o caso de Rosinha e de Bento. Ele traria essas experiências para o seu texto e o enriqueceria com cores e sensações que mexeriam com as percepções de quem os lesse.

Ainda que o Machado de Assis de 1878[36] não seja o de 1860, no texto em questão é possível perceber um estilo que transita entre realidade e ficção e que marcaria a sua trajetória. A sua literatura busca a realidade com a liberdade da ficção e, através dela, ambiciona construir pontes que conectem os leitores aos personagens e estes ao que se passa no Brasil e, no caso, no Rio de Janeiro de 1859. Há camadas no texto não diretamente anunciadas atreladas a elementos apresentados de forma clara. Elas podem ser percebidas se houver uma correlação entre a história, seus personagens e cenários e o contexto retratado/produzido.

Bento é um escravo que sabe ler, e não só sabe ler, como consegue fazer seu uso de forma mais complexa, acessando universos de leitura como jornais (*Jornal do Commercio*) e livros, algo que faz em seu tempo livre, ou seja, seria um hábito, que utiliza para o seu deleite e para fins práticos, mesmo sob protestos de seu senhor. Além de ler, ele escreve e, pelo visto, de formas não usuais, pois conhece mais de uma maneira de escrita e de grafia, estilo e forma, o que o dotaria de características úteis a ele e a Rosinha. E parece que um escravo saber ler e escrever não seria nenhuma coisa absurda dentro do contexto do texto, afinal, este personagem age

---

[36] Período aludido por Sidney Chalhoub no trecho citado.

com naturalidade quando interpelado sobre o assunto. Ele sabe ler e isso lhe permite entender o que acontece a sua volta, nas ruas, e na política do país. Seu senhor não tinha conhecimento de todas as suas habilidades, como demonstrado na trama, talvez porque Bento as ocultasse oportunamente, ou porque o preconceito senhorial contra um serviçal fizesse com que Durval não achasse que aquele fosse capaz de coisas para além do que a ideologia senhorial esperava, ou possivelmente as duas coisas. Na verdade, Durval não ignora que ele sabe ler, mas faz questão de impedi-lo de fazer isso, além de tratá-lo com violência simbólica, considerando-o inferior e que, por isso, não deveria se ocupar de assuntos como a política, por exemplo.

Durval não se interessa por temas retratados nos jornais, para espanto de Bento, que acompanhava as notícias do Parlamento, entre outras. E não apenas estava bem-informado, como fazia questão de se comunicar a partir delas, oralizando as notícias e expressando suas ideias sobre elas. Bento expressa sua opinião sobre a política para seu senhor e sobre o sumiço de *pássaros domésticos* a Rosinha, além de ler o jornal para ambos. Durval se incomoda com isso e Rosinha também, de formas diferentes. Todavia, o fato de Bento ter adotado essas atitudes leva a pensar sobre o porquê teria agido dessa forma. Por que não teria mantido as notícias e suas ideias para si? Porque achou que podia e devia fazê-lo. Talvez fizesse isso em outros lugares. Talvez lesse os jornais para outras pessoas que não soubessem ler, talvez escrevesse também. Saber ler e escrever num universo em que a alfabetização era restrita (e cada vez mais a partir de 1854) era uma vantagem considerável, sobretudo no trato com o mundo dos senhores e senhoras e com as autoridades.

E Bento não apenas lê, como escolhe o que e para quem lê.

Para Durval, ele se ocupa da política parlamentar; para Rosinha, fala sobre os *pássaros domésticos* que "sumiram" na Rua dos Inválidos, algo que já teria acontecido antes na região. Em ambos os casos, Bento indica acompanhar ambas as notícias de forma retrospectiva, talvez seja esse o porquê do interesse. Ele se interessa pelo parlamento, pela política dos senhores, das elites, mas também por fatos fora do parlamento, das ruas. Mas por que ele teria interesse na fuga de aves domésticas? A resposta passa pelo entendimento de que se tratava de uma metáfora criada por Machado para aludir ao sumiço de escravos, algo recorrente nos periódicos da Corte. Os termos "sumiço" e "desaparecimento" eram também utilizados por senhores para se referir aos escravos que fugiram ou que foram raptados, como pode ser conferido nos periódicos da época, no *Jornal do Commercio*, inclusive. Há muitos exemplos de escravos fugitivos nos jornais do Rio de Janeiro, sendo muito comum encontrar descritas as circunstâncias da fuga, as características dos fugitivos (físicas, personalidade etc.) e os dados do proprietário para que fosse realizada a devolução mediante uma recompensa. Havia profissionais que se ocupavam da tarefa de recapturá-los, como o próprio Machado de Assis retratou em outro de seus textos, "Pai contra Mãe", escrito décadas depois, no alvorecer da República.[37] No conto em questão, o autor descreve a ação de quem "perdia um escravo", conforme a seguir.

---

[37] "Pai contra mãe" é um dos contos mais sombrios e profundos desse autor. Publicado originalmente em 1906 no livro *Relíquias da Casa Velha*, ele é ambientado no Rio de Janeiro da segunda metade do século XIX, antes da abolição da escravidão, tendo no sistema escravista e a cidade do Rio de Janeiro o *pano de fundo* para apresentar a história de indivíduos escravizados e indivíduos livres pobres que se entrecruzam nas experiências de subalternidade, pobreza, dependências e controle social. Os dois personagens principais Cândido Neves e Arminda, o primeiro um "caçador" de escravos e a segunda uma escravizada grávida que foge de seu senhor, protagonizam uma história de perseguição em que são demonstrados os dilemas e dificuldades presentes nas vidas de ambos e de muitos outros indivíduos de seu tempo. ASSIS, Machado. Relíquias de Casa Velha. In: *Obra completa de Machado de Assis*. v. II.. Rio de Janeiro: Nova Aguilar, 1994.

> Quem perdia um escravo por fuga dava algum dinheiro a quem lho levasse. Punha anúncios nas folhas públicas, com os sinais do fugido, o nome, a roupa, o defeito físico, se o tinha, o bairro por onde andava e a quantia de gratificação. Quando não vinha a quantia, vinha promessa: "gratificar-se-á generosamente", — ou "receberá uma boa gratificação. Muita vez o anúncio trazia em cima ou ao lado uma vinheta, figura de preto, descalço, correndo, vara ao ombro, e na ponta uma trouxa. Protestava-se com todo o rigor da lei contra quem o acoutasse.[38]

Não apenas a descrição da busca ao escravo fugitivo, mas as circunstâncias que o levavam a optar por isso foram apresentadas pelo autor. Aliás, essa é uma parte importante da trama que ajuda a entender porque alguns escravos fugiam e alguns indivíduos livres e pobres se propunham a persegui-los.[39] Afinal, "há meio século, os escravos fugiam com frequência. Eram muitos, e nem todos gostavam da escravidão", ou seja, nem todos se submetiam a certos tratamentos quando os consideravam abusivos. As notícias sobre fugas, rebeldia ou outras circunstâncias da escravidão tomaram as folhas antes mesmo dos periódicos manifestadamente contrários a esse sistema de exploração as publicarem. Curiosamente, a história se passaria justamente no contexto da obra originalmente analisada aqui, meio século antes (1906)[40], portanto, na década de 1850, conforme apresentado no trecho supramencionado.

De todo modo, não apenas as notícias e crônicas são fontes importantes para a análise historiográfica, como os próprios anúncios

---

[38] *Ibid.*, 1994.
[39] "Ora, pegar escravos fugidios era um ofício do tempo. Não seria nobre, mas por ser instrumento da força com que se mantêm a lei e a propriedade, trazia esta outra nobreza implícita das ações reivindicadoras."
[40] José Galante de Sousa afirma, na sua *Bibliografia de Machado de Assis*, que "Pai contra mãe" juntamente com "Marcha Fúnebre", "Um capitão de voluntários", "Suje-se gordo!" e "Umas férias" são todos textos inéditos, o que não indica que teriam sido escritos em 1906, mas pode ter sido esse o caso. Ver: ASSIS, Machado de. *Relíquias de casa velha*. Disponível em: <http://www.machadodeassis.net/hiperTx_romances/obras/reliquiasdecasavelha.htm>.

nos jornais que indicam uma infinidade de possibilidades, dentre as quais, acompanhar a vida dos escravos/escravizados e de seus senhores. Como veremos no caso a seguir, retirado do *Jornal do Commercio*.

> Aos senhores pedestres,
> Anda foragido desde 18 de outubro próximo o escravo crioulo Fortunato, de 20 e tantos anos de idade, tem falta dos dentes da frente, é feio, baixo e reforçado, picado de bexigas[41], *fala apressado e com a boca cheia olhando para o chão*; costuma *andar calçado, intitulando-se forro*. Sabe cozinhar, o tem-se alugado talvez para esse mister, mesmo fora da cidade. Quem o levar a seu senhor na rua da Quitanda n. 77, receberá 50$000 de alviçaras.[42]

O anúncio acima foi publicado em 1855 no *Jornal do Commercio*, o mesmo que Bento costumava ler, e nele vemos um escravo que sabe cozinhar, portanto, com uma prática da economia doméstica, com vinte e tantos anos de idade, ou seja, adulto. Bento devia achar interessante o fato de que escravos como o do anúncio se faziam passar por outros, como no caso de se passar por forro, i.e., que já tinha adquirido a sua liberdade, afinal, ele mesmo demonstrou essa capacidade de representar outros papéis, conforme a história. A habilidade de emulação seria uma estratégia para transitar em um mundo para além daquele em que o escravo se encontrava. O fato de Fortunato andar calçado, algo que o direito costumeiro proibia aos escravos[43], poderia ser uma forma de ocultar a sua condição

---

[41] Marcas características da Varíola.
[42] *Jornal do Commerio*, 22 fev. 1855, "Anúncios". Alviçaras = recompensas.
[43] Eduardo Silva informa que não havia nenhuma legislação ou postura municipal no Rio de Janeiro que impedisse aos escravizados usarem calçados, mas que se tratava de um código não escrito, costumeiro, estabelecido pelos senhores em relação aos seus escravizados. Um detalhe curioso é que, em uma litografia de Debret de 1835, escravos são retratados trabalhando em uma sapataria em que realizam as suas tarefas descalços. Ver: DEBRET, Jean Baptiste. 1768-1848. Boutique de cordonnier [Sapataria]. Paris: Firmin Didot Frères, 1835. Disponível em: <https://digital.bbm.usp.br/bitstream/bbm/3690/1/006245-2_IMAGEM_057.jpg>.

para obter êxito em sua fuga, escapando, assim, dos olhares das autoridades e de seu senhor, por exemplo. Aliás, usar estratégias para enganar ou fazer com que os senhores acreditassem em uma determinada "verdade" passava pela *micropolítica* capturada por Machado de Assis em *Hoje avental, amanhã luva,* algo explorado por Bento e Rosinha na execução dos planos da última. Essa *micropolítica*, ou a política para além do parlamento e dos palácios, presente nos espaços privados dos lares, mas também nos espaços públicos das ruas, seria uma forma de enxergar de que maneira se davam as correlações entre indivíduos e grupos para além daquilo que era esperado deles. Com os jornais, as experiências dos escravizados eram socializadas de uma maneira mais dinâmica e ampla e provavelmente dilatavam a dimensão geográfica da percepção de suas histórias e de outras além daquilo que era imediatamente vivenciado. Através dela era possível a Bento identificar o que acontecia no parlamento e aquilo que ocorria nas ruas, ou seja, na *macropolítica* e na *micropolítica* cotidiana, respectivamente.

Ele não precisaria dos jornais para ter contato com as ruas, afinal, a sua profissão (boleeiro) permitia que transitasse por elas e, dentro de algumas circunstâncias, conversasse com outras pessoas além de seu senhor (como ficou manifestado no seu diálogo com Rosinha). Todavia, a comunicação via periódicos tornava possível um grau mais amplo de circulação de ideias e de fatos, dando a ele (e a muitos outros) a possibilidade de acompanhar o que acontecia (ainda que limitado pela visão de outros) mesmo quando estava trabalhando. O fato de Bento ler jornais mesmo sob protestos de Durval e de conversar sobre os relatos com outras pessoas e, sobretudo, com Rosinha, pode ser visto como uma oportuna metáfora para representar formas de resistência[44] à ordem senhorial através de criação de estratégias que confrontavam as limitações impostas a escravizados. Assim, por meio de determinados mecanismos (saber ler e escrever) e de brechas (gerência de seu tempo[45] e da leitura) construídas cotidianamente, demonstram-se formas elaboradas de negociação na *micropolítica* entre senhores e escravos. Nesse sentido, aprender a ler para um escravo/escravizado serviria a esse propósito específico, mas não apenas a ele, evidentemente.

As expressões da cultura escrita que circulavam entre escravos e livres pobres e a consequente difusão de ideias entre essas populações em ambientes urbanos, na segunda metade do século XIX no Brasil, como observou Wissenbach (2002), devem ser compreendidas a partir de suas intersecções com outras formas de sociabilidade urbana, dentre as quais "a maneira pela qual as notícias

---

[44] James C. Scott, a partir de sua pesquisa entre camponeses da Malásia, desenvolve o conceito de "resistência cotidiana", que seria uma forma de expressão da luta prosaica e constante entre os integrantes das classes dominadas e aqueles que deles buscam extrair trabalho, comida, imposto etc. As formas de resistência cotidiana, que segundo ele seriam as mais comuns, se dariam através de "corpo mole", "dissimulação", "falsa aquiescência", "furto", "ignorância fingida", "calúnia", "incêndio", "sabotagem", entre outros. Estas não seriam menos importantes do que as formas de resistência clássica, como greves, rebeliões, revoltas, i.e., ação direta e coletiva, mas seriam formas específicas e elaboradas construídas num contexto daquilo que era identificado como aceitável dentro das lógicas de dominação e de exploração. Portanto, a ausência de formas mais visíveis de oposição política não representaria uma "hegemonia" ideológica e a aceitação passiva da ordem estabelecida pelos dominados, e sim circunstâncias – que são mais a regra do que a exceção – em que uma ação aberta e organizada seria demasiado perigosa. Ver: SCOTT, James C. Exploração normal, resistência normal. *Revista Brasileira de Ciência Política*, Brasília, n. 5, jan.-jul.,2011, p. 217-243.

[45] E. P. Thompson estudou as mudanças na concepção do tempo e a disciplina do trabalho nas transformações da sociedade inglesa dos séculos XVIII, em meio ao processo de industrialização que teria levado a um controle cada vez maior do tempo dos trabalhadores e trabalhadoras, o tempo que destinavam ao ócio e o que deveriam fazer com ele. A gerência do tempo e quem o gerenciava teve impactos sobre a vida dos setores laborais, uma vez que representou a perda de parte da liberdade que gerações experimentaram durante séculos. Pensando no contexto da escravidão, e, no caso, da urbana brasileira no século XIX, João Reis identifica, através da análise da Greve Negra em Salvador, de 1857, que as autoridades tentaram controlar diversos aspectos dos trabalhadores ganhadores da cidade (incluindo a gestão do tempo), o que gerou paralisação das atividades. Ver: THOMPSON, E. P. Tempo, disciplina de trabalho e capitalismo industrial. In: *Costumes em comum*: estudos sobre cultura popular tradicional. São Paulo: Companhia das Letras, 2005, p. 267-304; REIS, João José. *Ganhadores*: a greve negra de 1857 na Bahia. São Paulo: Cia das Letras, 2009.

se espalhavam entre essas populações, os hábitos de leitura em voz alta, o diz-que-diz, o ouvir falar, as novidades que iam e vinham das cidades em direção às fazendas do interior e vice-versa, propagadas nos novos ritmos trazidos pela estrada de ferro".[46] Esse tipo de situação nos ajuda a entender a construção de um personagem como Bento, que é letrado[47], acessa os jornais e se comunica a partir deles, lendo as notícias e conversando a partir delas. Esse conjunto de fatores não causou espanto em seu senhor ou em Rosinha e, portanto, como o texto deixa observar, seria algo que ele fazia antes da história narrada, sendo, dessa forma, um hábito, que ele provavelmente trazia dessa cultura coletiva da qual fazia parte.

Essa forma de "resistência cotidiana" de Bento e de Rosinha às lógicas patriarcais e misóginas da ordem escravista e senhorial se somaria a outras maneiras de oposição presentes nos jornais, o que os leva ao caso de Fortunato. Este teria fugido de seu senhor e demonstrava formas específicas de resistência na micropolítica cotidiana, como usar sapatos e se fazer passar por forro ou – como o anúncio relata – o fato de que "fala apressado e com a boca cheia olhando para o chão", o que poderia ser uma estratégia para dificultar o entendimento do que falava em alguns foros. Quanto a dirigir

---

[46] WISSENBACH, Maria Cristina Cortez. Cartas, procurações, escapulários e patuás: os múltiplos significados da escrita entre escravos e forros na sociedade oitocentista brasileira. *Revista Brasileira de História da Educação*, n. 4, jul./dez., 2002. Curiosamente, o próprio Machado de Assis chama a atenção para a estrada de ferro no seu texto, algo que seria uma coisa que ele e os personagens estariam vivenciando de forma dúbia, maravilhados e com receio, afinal, em 1854 foi criada a primeira estrada de ferro, pelo visconde de Mauá e, em 1858, houve a inauguração da Estrada de Ferro D. Pedro II. Ambas faziam conexão para fora da área central da Corte com o interior da província (para o pé da região serrana inicialmente) do Rio de Janeiro e, no caso da segunda, com as freguesias de fora. Foi possível localizar no *Jornal do Commercio*, de 10 de julho de 1859, um acidente grave da Estrada de Ferro D. Pedro II que provavelmente chamou a atenção não apenas do autor, como dos habitantes da cidade sobre os riscos da maravilha industrial que representaria a civilização e o progresso.

[47] Letrado: indivíduo que além de dominar o código de leitura e de escrita, reconhece as suas diferentes funções sociais. Ver: SOARES, Magda. *Letramento*: um tema em três gêneros. Belo Horizonte: Autêntica, 2009.

seu olhar para baixo, poderia ser uma forma de ocultar sua face ou mesmo mostrar submissão em determinadas circunstâncias. Esses fatos conectam-no aos personagens machadianos e, ao mesmo tempo, ao contexto global da *macropolítica* da relação entre senhores/autoridades e escravizados na cidade do Rio de Janeiro daquele período.

A questão levantada da macro e micropolíticas é um jogo de escalas para compreender as relações sociais no contexto de escravidão ainda presente que se traduziam através de complexas tramas fundadas em reciprocidades paternalistas, por meio das quais senhores exerciam o controle e o domínio sobre seus subordinados, fossem eles escravizados ou não. Todavia, a exemplo do que Thompson (2005) demonstra em sua análise sobre os trabalhadores e trabalhadoras dos séculos XVIII e XIX, esse processo não pressupunha a ausência de conflito, mas a sua delimitação dentro de parâmetros aceitáveis para as elites inglesas.[48] Fortunato teria escolhido fugir, talvez porque tivesse encontrado oportunidade em outro lugar ou a partir da expectativa de melhorar sua condição. Talvez seu senhor não quisesse ceder a algumas coisas que ele achava importantes; talvez Fortunato tenha ultrapassado algumas linhas aceitáveis, ou ambos. São muitas as hipóteses, mas a fuga em si não significa que ele não tenha tentado negociar com seu senhor nas relações cotidianas da micropolítica. Seja como for, houve um desgaste na relação entre Fortunato e seu senhor, e isso levou à fuga. Como a historiografia da escravidão tem demonstrado há mais de três décadas[49], a dominação senhorial sobre seus

---

[48] THOMPSON. E. P., 2005. Patrícios e plebeus; Costume, lei e direito comum. In: THOMPSON, op. cit., p. 25-85; 86-149.
[49] Para um balanço historiográfico sobre o assunto, ver: SCHWARTZ, Stuart B. A historiografia recente da escravidão brasileira. In: SCHWARTZ, Stuart B. *Escravos, roceiros e rebeldes*. Bauru: EDUSC, 2001,

escravizados não se daria apenas a partir da coerção, da imposição física, mas também do domínio cultural e simbólico, de muita negociação em que as partes deveriam entender seus papéis para que tudo funcionasse, e isso passava também pelo entendimento daquilo que cada um considerava razoável. A quebra desse equilíbrio era um risco constante na ordem paternalista senhorial e tinha consequências, como a fuga ou mesmo ações judiciais de liberdade[50]. Recorrer a autoridades judiciais brasileiras seria uma forma de usar a lei a seu favor contra o poder senhorial, mas também de usar o entendimento da razoabilidade de que um tratamento considerado "exagerado" ensejaria o pedido de liberdade, ou seja, a quebra na relação entre senhor e escravo. Aqui a micropolítica e a macropolítica se entrecruzam na mesma trama.

Do ponto de vista senhorial brasileiro, na segunda metade do século XIX, como chama a atenção Chalhoub (1989), a decisão de comprar ou de vender escravos e, principalmente, de alforriá-los não envolvia apenas cálculos econômicos restritos, mas também a avaliação de elementos afetivos e em consideração de segurança individual. Para ele,

> Nas décadas de 1850 e 1860 na Corte, vender para o interior e alforriar escravos podem ter sido ainda questões de segurança

---

p. 21-82; GOMES, Ângela de Castro. Questão social e historiografia no Brasil do pós-1980: notas para um debate. *Estudos Históricos*, Rio de Janeiro, n. 34, jul./dez., 2004, p. 157-186; CHALHOUB, Sidney; SILVA, Fernando Teixeira da. Sujeitos no imaginário acadêmico: escravos e trabalhadores na historiografia brasileira desde os anos 1980. *Cadernos AEL*, v. 14, n. 26, 2009; MARQUESE, Rafael de Bivar. A história global da escravidão atlântica: balanço e perspectivas. *Esboços*, Florianópolis, v. 26, n. 41, jan./abr., 2019, p. 14-41.

[50] Casos como a ação impetrada pela escrava Felicidade do Rosário contra a sua senhora Miquelina Quintela de Mendonça, em 1869, em que ela requer a sua alforria alegando que sua senhora, a apelante, a maltrata além de ter estipulado valor para a sua alforria. BR RJANRIO 84.0.ACI.7565 – Dossiê. Casos envolvendo o tema de alforrias impetrados por escravos contra seus senhores e contra outras pessoas livres para que fossem respeitados direitos (costumeiros ou legais) são numerosos no Arquivo Nacional do Rio de Janeiro (ANRJ) e podem ser facilmente localizados. Esse caso foi pinçado por se tratar de um conflito específico que envolvia maus-tratos e dificuldades de se conseguir a alforria infligidas pela proprietária à sua escrava.

coletiva para senhores que andavam sobressaltados com a ameaça de insurreições, e que viviam no cotidiano a crescente dificuldade de acompanhar os movimentos dos cativos numa cidade cada vez mais desconhecida, autônoma e impermeável às tentativas de domesticação — uma cidade, em suma, cada vez mais negra e, naquela época, ainda predominantemente africana.[51]

O Rio de Janeiro retratado na obra de Machado de Assis era uma sociedade fortemente marcada pela presença africana e escrava. Segundo dados do Censo de 1849, por exemplo, 41% da população da cidade era escrava/escravizada e 60% dela era composta por africanos e africanas de origens variadas.[52] Essa população numerosa ocupava as ruas e praças, construía laços de solidariedade e de conflito para além das relações de produção a que era submetida por sua condição. No texto de Machado de Assis, não apenas os escravos estavam presentes como tinham centralidade na história contada, sem, todavia, negligenciar as circunstâncias estruturais em que se encontravam. Bento e Rosinha desafiavam a ordem senhorial, mas não abertamente ou sem ocultar o que faziam. No entanto, os desafios mais diretos também estão presentes, como a fuga de escravos informada através de uma metáfora anunciada por Bento a Rosinha a partir das páginas dos jornais. Por certo que na história retratada Durval, o senhor, não parecia estar preocupado com a revolta ou fuga de seu escravo ao tratá-lo mal ou com violência simbólica, talvez porque considerasse que não estaria ultrapassando nenhum ponto do acordo simbólico com Bento.

---

[51] CHALHOUB, Sidney. *Visões de liberdade: uma história das últimas décadas da escravidão na Corte*. São Paulo: Cia das Letras, 1989, p. 198.
[52] HOLLOWAY, Thomas. Haddock Lobo e o recenseamento do Rio de Janeiro de 1849. *Boletim de História Demográfica* (julho/2008). Disponível em: <http://Historia_Demografica.tripod.com/bhds/bhd50/bhd50.htm#>.

Talvez pensasse que o fato de tolerar a *indolência* deste ao *ler durante os serviços e tagarelar sobre assuntos que não seriam de sua conta* seria um contraponto a essas faltas dentro da lógica de equilíbrio entre a autoimagem de soberania da vontade senhorial e a expectativa daquilo que seu empregado poderia fazer. Como vimos através da história, isso era uma espécie de jogo sobre o qual deveriam saber jogar para obter sucesso. Manter seu criado na linha era uma forma de demonstrar a ordem das coisas a partir de seu ponto de vista (ideologia senhorial). Quanto aos escravos, nesse caso Bento, mostrar que aceitava isso (mesmo agindo em várias oportunidades de acordo com aquilo que achava mais conveniente) era uma maneira de se equilibrar entre as exigências de seu senhor e aquilo que queria. No fim, todos eles transitam, mesmo que para alguns seja através das sombras ou das entrelinhas.

    Em meio às *negociações e conflitos* que envolviam senhores e escravizados, havia brechas que eram exploradas de diversas formas pelos últimos, com cautela e de acordo com aquilo que era possível de se fazer nas circunstâncias em que se encontravam e de acordo com as ferramentas que contavam.[53] No caso de Bento e de Rosinha, a *leitura* simbólica do mundo senhorial lhes possibilitava agir de maneira calculada, embora com objetivos distintos, para evitar punições das autoridades e de seus senhores por estarem procedendo com mais liberdade do que lhes seria permitido. A "leitura do mundo" assume, portanto, um duplo sentido em *Hoje avental, amanhã luva*, afinal, Bento sabe ler e, a partir da leitura, consegue entender e intervir no mundo que compreende não apenas pela leitura, mas pela cultura que aprendeu com seus pares

---

[53] CHALHOUB, 1998; 2003.

nas ruas. Ele lê de forma concreta (lê e compreende jornais e livros) e metafórica (enxerga o funcionamento das relações sociais na ordem escravista e na política do país) e junta as duas habilidades ao atuar na micropolítica da relação com alguém hierarquicamente acima dele, Durval, e alguém que estaria no mesmo nível, no caso, Rosinha. O conhecimento das letras, o fato de serem letrados, criava oportunidades que seriam aproveitadas para mediar de forma mais exitosa as relações construídas cotidianamente.

Até alguns anos atrás, não era comum se falar de educação quando se trata de indivíduos escravizados.[54] Como visto anteriormente, Rosinha recebeu instrução e educação formais[55], como pode ser depreendido do texto por ter mencionado que teve escolarização formal[56]. No caso de Bento, não há essa informação, mas, como muitos escravos localizados na documentação consultada[57], esse sabia ler e escrever com habilidade de mudar a sua letra. Onde teria aprendido? De certa forma, isso se justifica

---

[54] FONSECA, Marcus Vinícius. Educação e escravidão: um desafio para a análise historiográfica. *Revista Brasileira de História da Educação*, n. 4, jul./dez. 2002.

[55] É preciso diferenciar os termos educação e instrução, que nos tempos atuais podem ser considerados sinônimos, mas para as autoridades e parte da população na primeira metade do século XIX, significavam coisas diferentes. Segundo Ilmar L. de Mattos, essa distinção expressa a influência que a intelectualidade francesa exercia no Império do Brasil e, no caso específico, de Marie Jean Antoine Nicolas de Caritat, o Marquês de Condorcet (1743-1794), para quem a educação era a formação de valores religiosos e políticos que não deveriam estar a cargo dos governos; e a instrução, por sua vez, consistia em conhecimentos práticos e necessários do ponto de vista instrumental. Analisando a documentação do período, como relatórios de Ministros de Estado do Império (anos de 1858, 1859 e 1860) e dados estatísticos, como o Recenseamento de 1872, nota-se que o ato de saber ler, escrever e contar (que fazia parte do ensino primário, conforme lei de 1854) era considerado uma consequência da instrução formal.

[56] "Não sabe? Eu lhe digo. Em Lisboa, donde viemos para aqui, fomos condiscípulas: estudamos no mesmo colégio, e comemos à mesma mesa. Mas, coisas do mundo!... Ela tornou-se ama e eu criada! É verdade que me trata com distinção, e conversamos às vezes em altas coisas."

[57] "FUGIO no dia 7 de setembro [1841], da casa n. 227 na rua do Sabão, um moleque de idade pouco mais ou menos 15 anos, que sabe ler, escrever e contar, de nome Antonio, nação Mina, o qual levou calça de picote azul, em mangas de camisa, e está de algodão americano, e colarinho de morim fino, com um dente da frente do lado esquerdo quebrado; que dele der notícias ou o levar à rua acima ou a cocheira da travessa S. Domingos n. 7, receberá boas alvissaras." Foram cotejados na Hemeroteca Digital da Biblioteca Nacional alguns anúncios publicados no *Diário do Rio de Janeiro*, nas seguintes edições (em sequência cronológica): 28 jan. 1822; 20 set. 1822; 28 jan. 1823; 02 jul. 1830 e; 11 set. 1841.

por uma tradição de entendimento posterior que tende a associar a educação ao processo de escolarização formal. Historicamente, as práticas educativas voltadas para a formação dos trabalhadores escravos em nada se assemelhavam à escolarização como a concebemos modernamente. Este tipo de educação não era feito nas escolas. Além disso, como lembra Fonseca (2002), baseado em um entendimento equivocado da história da educação e partindo da leitura de uma legislação educacional do Império, mas especificamente da Reforma de Couto Ferraz, de 1854, e dos silêncios sobre o assunto, interpretou-se que essas pessoas não tinham acesso à educação formal e, portanto, não saberiam ler nem escrever.[58]

Na primeira metade do século XIX, a educação formal, sobretudo aquela praticada em instituições do governo ou subvencionadas por ele,[59] desempenharia um papel específico e central em um projeto de formação da nação e de seu povo. Dentro da perspectiva Saquarema, por exemplo, como chama

---

[58] Segundo Marcus Vinícius Fonseca, sobre a história da educação do Brasil, sobretudo a parte circunscrita ao século XIX, havia uma ideia cristalizada na academia sobre o papel dos negros e negras nos processos educacionais do Brasil (ou melhor, um não papel), em que estes eram reduzidos à sua condição de escravo, proibidos legalmente de frequentar escolas. Haveria um duplo apagamento: por um lado, não se considerava a existência de indivíduos pretos e pardos que não mais se encontravam nessa condição (forros, libertos etc.); e por outro, não se consideravam as experiências dos escravizados em relação à educação formal. Segundo este autor, a "formulação mais vigorosa dessa representação encontra-se em uma ideia amplamente difundida pela historiografia educacional, a de que, no Brasil, até o século XIX, os negros não frequentaram escolas. Ver: FONSECA, Marcus Vinícius. A população negra no ensino e na pesquisa em História da Educação no Brasil. In: FONSECA, Marcus Vinícius; BARROS, Surya Aaronovich Pombo de. (Org.). *A História da Educação dos negros no Brasil*. Niterói: EdUFF, 2016, p. 24.

[59] Desde a década de 1830 há a defesa de uma fiscalização maior sobre a educação, sobretudo a pública, no sentido de controlar o que era ensinado nas escolas e a forma como os profissionais de educação atuavam no exercício de suas atividades. Havia uma preocupação curricular (conteúdos e valores) passada aos alunos e disciplinar em relação ao corpo discente e docente. Esse fato foi levado em consideração na reforma proposta por Couto Ferraz entre 1851 e 1854, que acabou se tornando lei neste último ano (BRASIL. Decreto n. 1.331-A, de 17 de fevereiro de 1854 – Aprova o Regulamento para a reforma do ensino primário e secundário no município da Corte). Sobre a tendência observada na década de 1830, ver: BRASIL. Ministério do Império. Relatório do ministro José Ignacio Borges do ano de 1835 apresentado a Assembléa Geral Legislativa na sessão ordinária de 1836. (publicado em 1836).

a atenção Mattos (2004)[60], ela exerceria um papel na formação de um corpo social adequado às pretensões da elite dirigente na construção de seu modelo de civilização nos trópicos.[61] Este não foi o único projeto, obviamente, mas para compreender os significados múltiplos que a educação assumiu historicamente não apenas no Brasil, é necessário que entendamos o contexto de seus usos e a forma como as pessoas a enxergavam.

A preocupação sobre a temática da educação aqui não recai sobre a sua dimensão de formação para o trabalho, o que se daria, inclusive, no exercício das suas atividades laborais, algo, aliás, experimentado também por indivíduos livres.[62] Essa seria, aliás, uma parte das experiências de aprendizado com que se deparam milhões de africanos que foram traficados para a América durante mais de três séculos. A preocupação é com a aquisição das letras e os significados que assumiu nos anos em questão para as populações escravizadas e seus descendentes. Uma tarefa hercúlea que não cabe a um texto desse tamanho, evidentemente. Devido à complexidade das circunstâncias que levariam à aquisição das letras por pessoas em posição de subalternidade e sobre as quais recaíam, sobretudo a partir de 1830, uma suspeição frequente – ao mesmo tempo, possuíam um valor comercial mais elevado se apresentassem a prerrogativa de saber ler e escrever no mercado de aluguel e venda de escravos do Rio de Janeiro[63] –, colocam-se desafios à interpretação

---

[60] MATTOS, Ilmar Rohloff de. *O tempo Saquarema: a formação do estado imperial*. 5. ed. São Paulo: Hucitec, 2004.
[61] GONDRA, José Gonçalves; SCHUELER, Alessandra Frota. *Educação, poder e sociedade no império brasileiro*. São Paulo: Editora Cortez, 2008.
[62] As atividades de aprendizagem de ofícios e a aquisição de leitura e da escrita não são pensadas de forma estanque, afinal, muitos indivíduos ágrafos podem ter adquirido estas habilidades com outras pessoas em experiências cotidianas.
[63] Saber ler e escrever e/ou contar habilitava o escravizado a realizar atividades diversificadas que aumentavam o seu valor no mercado de trabalho, tanto para um(a) proprietário(a) quanto para o próprio escravizado que vivia ao ganho.

dessa situação. Para os escravizados, aprender a ler e escrever podia significar muitas coisas como, por exemplo:

> obtenção de um ganho melhor; podia permitir a concorrente com imigrados portugueses; podia permitir o acesso e a ascensão nos cargos de irmandades religiosas; podia representar a identificação de companheiros fugidos nos anúncios dos jornais ou a prestação de serviços "literários" ou contabilísticos para outros cativos ou iletrados; podia permitir a falsificação de alforrias e, pós-1841, de passaportes.[64]

Além disso, saber ler e escrever poderia ajudá-los também a localizar a forma como os seus senhores estariam anunciando o seu paradeiro nos jornais. Dessa forma, tentariam se antecipar e evitar a captura, ou mesmo entender o que estaria escrito em sua carta de alforria, por ocasião de sua aquisição e, possivelmente, se resguardar de fraudes cometidas pelo seu senhor ou por seus herdeiros. Acessar o mundo das letras expandia as possibilidades desses homens e mulheres, e foi isso que ficou expresso no texto machadiano. Permitia-lhes, de certo modo, transitar pelo mundo senhorial, a quem se destinavam as letras, os negócios e a administração pública, e enxergar por seus olhos para poder criar estratégias de sobrevivência e de sucesso.

Porém, aprender a ler e escrever não seria uma tarefa das mais fáceis se você fosse pobre e, sobretudo, escravo. Folheando os relatórios do ministro do Império do período, percebemos as dificuldades de se construir uma capilaridade educacional que atendesse a uma população cada vez maior e dispersa por um imenso território. Mesmo na cidade do Rio de Janeiro, capital do

---

[64] SILVA, Adriana Maria P. da. *Aprender com perfeição e sem coação:* uma escola para meninos pretos e pardos na Corte. Brasília: Editora Plano, 2000, p. 110.

Império e sob responsabilidade do Estado Imperial, as dificuldades eram imensas. Vejamos um trecho do relatório do ministro do Império de 1835, José Inácio Borges:

> É lamentável o estado em que se acham as nossas Escolas Primarias, e mais lamentável ainda se se recorda o princípio de que em tais Escolas é que se lançam as *sementes de moral, costumes e bons hábitos,* que tem de formar o cidadão digno de merecer tal nome. Se no seu seio, além do ensino de *ler escrever e contar,* se não adquire o *hábito da obediência regrada, o gosto de estudar, a emulação da competência do mérito, os preceitos da Moral filosófica e cristã,* não poderemos ter juventude preparada para maior instrucção, ou para satisfazer os encargos da Sociedade em que tem de viver.[65]

Percebemos preocupações com uma formação ampla, e não apenas de letras e números. Esse relatório foi emitido no ano posterior ao ato adicional de 1834 e oito anos após a Lei de 15 de outubro de 1827, que regulamenta o atendimento do ensino público a partir do que determinava a Constituição de 1824. A lei é mencionada no relatório por ter seu mérito de tentar resolver a falta de escolas e de docentes para atender uma população cada vez maior e dispersa, embora o mesmo relato afirme que não foram proporcionados os remédios pelos legisladores, cabendo ao poder executivo tentar remediar os males. Passados mais de vinte anos – a partir de uma consulta dos relatórios de 1858 e de 1860 –, notamos que apesar do aumento no número de vagas nas escolas públicas e no atendimento aos alunos, persistem as críticas à falta de edificações adequadas e suficientes, havendo também escassez de

---

[65] BRASIL. Ministério do Império. Relatório do ministro José Ignacio Borges do anno de 1835 apresentado a Assemblea Geral Legislativa na sessão ordinária de 1836. (publicado em 1836).

pessoal capacitado e em quantidade ideal para atender as demandas da população escolar. Esses dois relatórios foram publicados poucos anos após o Reforma Couto Ferraz (1851-54), que criou regras mais rígidas para o atendimento escolar, ampliou a fiscalização das atividades educacionais, proibindo, assim, a matrícula e frequência de estudantes escravizados.

Os dados sobre a população livre e liberta da cidade indica que dos 155.864 habitantes, 54% (ou 84.438 pessoas) estariam abaixo dos 25 anos. Nesse interior, pelo menos 14% (20.680) estariam em idade escolar (8 a 14 anos). Nos dados do relatório de 1860 sobre a frequência escolar nas escolas públicas e privadas no município da Corte, vemos 5.295 alunos atendidos no ensino primário, e 3.052, no ensino secundário. Ou seja, 11 anos depois dos dados do final da década de 1840, quase 3/4 daquela população em idade escolar estaria fora da escola. As projeções eram de aumento populacional, portanto, apesar da evolução no atendimento escolar[66], não se conseguia acompanhar o crescimento da população. Evidentemente que esses dados precisariam de um tratamento mais cuidadoso, mas conseguem indicar que o atendimento escolar estava distante de ser amplo. Um detalhe importante é que tanto os números do censo quanto os dados de frequência escolar se referem à população livre/liberta. Não foi

---

[66] No relatório de 1849, o ensino público contava com 17 escolas para o sexo masculino e 8 para o sexo feminino, atendendo 1.434 estudantes, 915 do sexo masculino e 519 do sexo feminino. Dez anos depois, em 1860, os relatórios apresentavam 40 escolas públicas primárias (24 para o sexo masculino e 16 para o sexo feminino) com 2.983 alunos (1.892 do sexo masculino e 1.091 do sexo feminino) e 1 colégio secundário com 303 alunos. O ensino privado contava com 49 escolas ou colégios de instrução primária (28 para meninos e 21 para meninas) com 2.312 alunos (1.405 meninos e 907 meninas) e 29 colégios ou aulas de instrução secundária (17 para meninos e 12 para meninas) com 2.749 alunos (1.847 meninos e 902 meninas). Ver: BRASIL. Ministério do Império. Relatório de 1835, op. cit.; BRASIL. Ministério do Império. Relatório do ministro José Antônio Saraiva do anno de 1860 apresentado a Assembléa Geral Legislativa na 1ª sessão da 10ª legislatura. (publicado em 1861) - inclui anexos.

possível observar a faixa etária da população escrava, que não é apresentada, no primeiro caso, e não é mencionada a presença dessa população nas escolas porque a sua frequência em ensino regular era proibida. Provavelmente os números seriam ainda mais críticos se essa população fosse levada em conta e acrescida daquela que não teve a escolarização na idade certa, algo que só seria enfrentado de forma mais direta na década de 1870.

A partir de ambos os dados (de 1849 e 1860, respectivamente), não é possível verificar a raça, a nacionalidade nem a origem social e familiar (que permitiriam identificar os filhos de escravizados nascidos livres ou libertados) da população em idade escolar e que frequentou as aulas no período.[67] Mas conforme as análises da historiografia sobre educação das décadas em questão,[68] o atendimento escolar da população pobre e de cor seria problemático na rede pública em parte pelos obstáculos colocados a essa população, o que levou à busca por escolas e professores que pudessem oferecer educação às crianças pretas e pardas da cidade, como é o caso do professor Pretextato dos Passos e Silva[69], que se autodenominava "professor preto". Vale lembrar que até meados desse século, a cidade do Rio de Janeiro poderia ser considerada uma cidade negra e africana, com uma população preta e parda numerosa.[70] Portanto, não fica difícil de se imaginar as dificuldades para a escolarização dessa população. Todavia, como o caso do

---

[67] Para isso, seria necessária a avaliação das listas de matrícula e de frequência dos professores que deveriam ser cruzadas com outros dados, as quais, devido à pandemia global de covid-19, não estavam disponíveis para consulta.
[68] SILVA, 2000, op. cit.
[69] Pretextato fundamentava seu pedido na ânsia dos pais de família da freguesia, subscritores de um abaixo-assinado que rogava aos poderes públicos a licença para o funcionamento da escola particular de meninos pretos e pardos, mantida às suas expensas.
[70] CHALHOUB, 1989, op. cit.; KARASCH, Mary. *A vida dos escravos no Rio de Janeiro (1808-1850)*. São Paulo: Companhia das Letras, 2000.

professor Pretextado demonstra, os obstáculos não eram sinônimos de impedimento absoluto, pois as populações egressas da escravidão buscavam meios de burlar as limitações legais e simbólicas a sua frequência. E mesmo pelos idos de 1835, Eusébio de Queiroz, então chefe de polícia da Corte, teria mandado investigar uma casa na rua Larga de São Joaquim, na freguesia de Santana, "na qual há reuniões de pretos Minas a título de escola de ensinar a ler e escrever".[71]

    Nesse sentido, quantos Bentos e Rosinhas não estariam no anonimato, mas foram eternizados nas linhas do texto machadiano? O próprio Machado de Assis, uma figura ímpar, era um exemplo claro das limitações e de obstáculos e da busca por alternativas em um mundo que lhes era hostil. Mas como seus personagens e como muitos outros agentes históricos da cidade, ele conseguiu transitar pelo mundo dos brancos e proprietários e, para isso, rompeu barreiras através da aquisição de meios que lhe possibilitassem transgredir as limitações impostas às pessoas pobres e de cor do Império. As tramas de história e ficção se entrecruzam e se fazem presentes na história do autor.

---

[71] No caso citado, haveria uma associação entre religiosidade muçulmana (Malê) e o letramento num contexto em que se temiam as revoltas escravas a exemplo da Revolta dos Malês na Bahia no mesmo ano. Ver: CHALHOUB, *op. cit.*, p. 187.

Capítulo 8

Para não "cavilar os sentidos" ou "sem designar cores": narrativas, eventos e sujeitos no (do) ensino de história – notas sobre racialização e cidadania no Brasil Império

Iamara da Silva Viana e Flávio dos Santos Gomes

O que a história nos ensina em relação às experiências do passado e às reflexões sobre o *tempo presente*? Historiadores sempre fizeram escolhas. Não como falseamentos, papel de impostor ou falsificador de verdades absolutas ou que se supõem politicamente corretas. Fala-se do papel do historiador nos arquivos – na busca da memória e de suas faces – e suas indagações. O que procura o historiador? Verdades absolutas? Sombras do passado? Justiças pretéritas?

Há silenciamentos do passado com os quais os historiadores são obrigados a lidar diante de suas perguntas, métodos e suportes teóricos. Não apenas o que se encontra "naturalmente" escondido, mas fundamentalmente aquilo que se quer revelar. Estariam nos limites em que *eventos* ou *acontecimentos* – escolhidos, ordenados, transformados em objetos: objetivos, racionais e universalizados – criariam imediatamente *não eventos* ou não acontecimentos, isto é, aquilo supostamente menos importante, subjetivo, irracional e sem determinação histórica. E mais: como seria possível falar de uma história universal, por exemplo, considerando a inclusão de eventos como a revolução do Haiti ou processos como a escravidão atlântica, para além do Iluminismo, a Revolução Francesa e da Revolução Industrial?[1]

Neste artigo examinam-se algumas possibilidades analíticas de ensino sobre a história do Brasil. Com o uso de diferentes fontes, consideram-se as experiências adquiridas e as reflexões sobre o *tempo presente*, especialmente o papel do historiador, indo dos arquivos às abordagens didáticas na sala de aula.

Ensino e seus protagonistas

Propõe-se avançar em caminhos mais seguros, repensando a história, seus conteúdos, dilemas e o papel do professor. Segundo Fonseca (2017), a disciplina escolar é definida hoje como "o conjunto de conhecimentos identificado por um título ou rubrica e dotado de organização própria para o estudo escolar, com finalidades específicas ao conteúdo de que trata e formas próprias para sua apresentação".[2] Nas últimas décadas, vários pesquisadores têm investido em abordagens sobre *como* ensinar história. Talvez a melhor definição esteja em *como construir* o conhecimento histórico escolar. Como traduzir conhecimentos resultantes de pesquisas acadêmicas para o ensino básico? Representariam as traduções do conhecimento acadêmico ações baseadas no *ler* e *escrever* para contar, como já destacara Mattos (1998). Refletir sobre o

---

[1] TROUILLOT, Michel-Rolph. *Silenciando o passado:* poder e a produção da história. Curitiba: Huya, 2016; SCOTT, David. Antinomies of Slavery, Enlightenment, and Universal History. *Small Axe*, n. 33, nov. 2010, p. 152-162.
[2] FONSECA, Thais Nívia de Lima e. *História e ensino de história*. Belo Horizonte: Autêntica, 2017.

ensino de história em sua historicidade se faz urgente para que se compreendam as mudanças significativas na sociedade brasileira contemporânea, bem como sua relação com o passado e com seus usos e sentidos construídos.[3]

O fazer cotidiano do historiador – na universidade ou na escola básica – reivindica diferentes competências, metodologias e domínios teóricos. É fundamental, em sua prática, conhecer os vários tipos de registros dos quais se pode e se deve lançar mão – documentos oficiais, poemas, romances, cordéis, biografias, diários, livros de memória, letras de música (fontes textuais), filmes, pinturas, iconografias e mapas (fontes imagéticas), relatos orais, lendas e mitos, cultura material, paisagens e museus –, bem como dominar métodos e diferentes procedimentos teóricos necessários para a leitura de cada fonte e, ainda, apontar problemas e análises ao reler tais materiais.[4] Críticas também devem ser apresentadas no cotidiano escolar por meio da aula e de suas reflexões.

Sendo o professor *autor* de suas aulas, o investimento em pesquisa é fundamental.[5] Não por acaso, ao serem mobilizadas as fontes, o domínio de métodos e teorias é primordial no processo de formação do historiador: pesquisador e professor. A Lei n. 10.639/2003[6], sob diferentes aspectos, foi essencial

---

[3] Sobre ensino de história, ver: BITTENCOURT, Circe Maria Fernandes. *Ensino de História:* fundamentos e métodos. São Paulo: Cortez, 2011; ROCHA, Helenice; MAGALHÃES, Marcelo; GONTIJO, Rebeca. (Org.) *O ensino de História em questão:* cultura histórica, usos do passado. Rio de Janeiro: FGV, 2015.

[4] MATTOS, Ilmar Rohloff de. A propósito de uma experiência original. In: MATTOS, Ilmar Rohloff de. (Org.). *Ler e escrever para contar:* documentação, historiografia e formação do historiador. Rio de Janeiro: Access, 1998; MONTEIRO, Ana Maria. Professores e livros didáticos: narrativas e leituras no ensino de história. In: ROCHA, Helenice Aparecida Bastos; REZNIK, Luís; MAGALHÃES, Marcelo de Souza. (Org.). *A História na escola:* autores, livros e leituras. Rio de Janeiro: FGV, 2009.

[5] A reflexão acerca do professor autor foi desenvolvida em: MATTOS, Ilmar Rohloff de. "Mas não somente assim!" Leitores, autores, aulas como texto e o ensino-aprendizagem de História. *Tempo* [on-line], v. 11, n. 21, p. 5-16, 2006.

[6] A Lei n. 10.639, ao modificar o artigo 26 da Lei de Diretrizes e Bases de 1996, torna obrigatório o ensino da História da África e da cultura afrodescendente.

para modificações no que tange a um olhar específico acerca de conteúdos canônicos que abordam a diversidade, por exemplo, da história da África. Abriu também espaço para debates em diferentes instituições. Não poucas publicações sugeriram estratégias possíveis e ofereceram reflexões sobre a importância da lei, da cultura afrodescendente, da consciência da história social do racismo e da luta antirracista, desde o momento pós-abolição até o tempo presente.[7] Contudo, ainda se está aquém do que pode ser realizado. Continua-se a discutir mais sobre a lei (ou sobre os aniversários dela) do que reavaliar materiais didáticos e pedagogias envolventes. Atendendo às exigências do Ministério da Educação (MEC) e das Leis n. 10.639/2003 e n. 11.645/2008, os livros didáticos atuais, por meio do Programa Nacional do Livro Didático (PNLD), têm apresentado modificações significativas. O programa criado em 1985 consiste na distribuição gratuita de livros didáticos para alunos das escolas públicas brasileiras. De responsabilidade do MEC, gerenciado pelo Fundo Nacional de Desenvolvimento da Educação (FNDE), o PNLD sofreu alterações em 1995, passando a ser responsável também pela análise e avaliação do conteúdo pedagógico por meio da criação do *Guia de Livros Didáticos*.[8] Este oferece a educadores parâmetros acerca dos conteúdos e do modo

---

[7] ALBERTI, Verena. *Algumas estratégias para o ensino de história e cultura afro-brasileira*. In: PEREIRA, Amilcar Araújo; MONTEIRO, Ana Maria. (Org.). *Ensino de História e culturas afro-brasileiras e indígenas*. Rio de Janeiro: Pallas, 2013; DOMINGUES, Petrônio; GOMES, Flávio dos Santos. História dos quilombos e memórias dos quilombolas no Brasil: revisitando um diálogo ausente na Lei 10.639/03. *Revista da Associação Brasileira de Pesquisadores(as) Negros(as) - ABPN*, v. 5, 2013, p. 5-28; SILVA, Ana Carolina Lourenço; GOMES, Flávio dos Santos. A Lei 10.639/03 e a patrimonialização da cultura: quilombos, Serra da Barriga – primeiros percursos. *Revista Teias*, v. 14, 2013, p. 1-11; XAVIER, Giovana. "Já raiou a liberdade": caminhos para o trabalho com a história da pós-abolição na Educação Básica. In: PEREIRA; MONTEIRO, op. cit., 2013.

[8] MENEZES, Ebenezer Takuno de. Verbete PNLD (Programa Nacional do Livro Didático). *Dicionário Interativo da Educação Brasileira – Educabrasil*. São Paulo: Midiamix, 2001. Disponível em: <http://www.educabrasil.com.br/pnld-programa-nacional-do-livro-didatico/>.

como devem ser abordados, o que facilita o processo de escolha visando atender peculiaridades de cada região no Brasil.

Os livros didáticos já apresentam conteúdos sobre Áfricas, da antiguidade clássica à contemporaneidade. Mas, como tais conteúdos se conectam com as complexas experiências históricas envolvendo africanos escravizados e seus descendentes no Brasil? Como podem aparecer como sujeitos de sua própria história? Trata-se disso também e, sobretudo, de parte substantiva da formação daquilo que chamamos Brasil, muitas vezes de forma a-histórica. E o protagonismo desses sujeitos? E seu cotidiano, sua cultura material e sua memória? Há outras imagens e narrativas que apresentem a complexidade da formação daquilo que conhecemos por Brasil? Bem como dos diferentes sujeitos históricos que também o compõem?

Identificou-se a necessidade de se considerar o *protagonismo negro* – agentes e sujeitos históricos –, que nem sempre consta nos manuais didáticos. Ressignificar essas experiências históricas – em imagens, narrativas, falas, memórias e fontes – no processo de construção do conhecimento escolar pode, em certa medida, colaborar para a ampliação de visões positivadas sobre o negro, de formatos de inclusão, memória e cidadania de discentes negros e não negros. Da mesma forma, contribuir com intervenções contra o racismo e preconceitos forjados no processo histórico de formação social brasileira, em grande parte, reproduzido nas salas de aula ou nos manuais didáticos disponibilizados. O que significaria tal *protagonismo negro* como ferramenta pedagógica? Derivado do grego *protagonistes*, em que *protos* significa principal ou primeiro e *agonistes* lutador ou competidor, protagonista designa a pessoa que desempenha ou ocupa papel principal num acontecimento. Os escravizados e a sociedade envolvida, nesse sentido, foram protagonistas em suas diversas e complexas histórias. Ressignificaram suas identidades, linguagens, parentescos, cosmologias e culturas. Se o protagonismo de milhares de homens e mulheres negros foi fundamental em suas histórias, como produzir estratégias pedagógicas para transformar – inverter signos – imagens e narrativas sobre seu passado histórico, em que eles aparecem invisíveis ou negativados nos manuais didáticos, mesmo após a promulgação da Lei n. 10.639 em 2003? A legislação que tornou obrigatório o ensino de história da África e da história dos africanos e seus descendentes no Brasil – fruto de movimentos sociais, intelectuais negros e organizações antirracistas – foi estendida também à população indígena.[9] A educação formal e escolar – o saber ler, escrever, conhecer e contar – tem sido, há muito tempo, o meio pelo qual a população negra tem buscado acessar saberes hegemônicos. A estes, devem ser somados diferentes saberes, lógicas e cosmogonias trazidos de várias regiões, microssociedades e estruturas sociais de origens africanas ou construídas em complexas *diásporas* em permanentes transformações.

Histórias e memórias

Para as temáticas conectadas à escravidão, raça e cidadania, é possível fazer algumas incursões com base em experiências empíricas originais (fruto de pesquisas em andamento). Embora episódios – muitas vezes excepcionais – iluminem locais, expectativas e debates de transformações e permanências naquilo

---

[9] Ver uma experiência didática em: SANTOS, Lucimar Felisberto; GOMES, Flávio dos Santos. Personagens e paisagens da escravidão no Brasil. In: SANTOS, Patrícia Teixeira. (Org.). *Os africanos dentro e fora da África*. v. 1. Curitiba: Positivo, 2016. p.15-48.

que chamamos de história do Brasil. Em 22 de novembro de 1860, chegava ao Conselho de Estado do Império uma consulta sobre a legislação eleitoral. Com ela, um ofício do Juiz Municipal da Cidade de Mariana, província de Minas Gerais, datado de 13 de setembro do mesmo ano. Diante de boatos, polêmicas e interdições ocorridas em eleições locais, logo se indagava no título "Eleições – se os libertos podem ser vereadores". O tema era delicado e silencioso em várias faces e fases da história do Brasil: exclusões, interdições e racialização da população livre.

Afinal, quem podia votar e quem votava no Brasil desde o século XIX? As eleições foram iniciadas no Brasil em 1821, estabelecendo o critério censitário. Segundo os historiadores do tema, o sufrágio amplo da legislação eleitoral brasileira oitocentista não significava uma política democrática e não facilitava a participação efetiva da população brasileira. Havia muita distância entre quem podia votar e quem de fato votava no Brasil império.[10] Ambiguidades e silêncios da legislação eleitoral certamente abriram brechas para exclusão, assim como podem ter criado possibilidades de participação ainda pouco exploradas. A participação de agregados e protegidos nas eleições rurais pode ter sido a porta de entrada para a participação de setores da população livre, cujas identidades sociais, econômicas e étnicas ainda desconhecemos. Seria necessário consultar listas eleitorais com inventários e processos-crimes, esquadrinhando setores sociais que faziam parte de algum modo dos "teatros" eleitorais. Rituais de reconhecimento, indumentárias e sapatos combinavam classes, interesses e

---

[10] Para um panorama histórico das eleições no Brasil, ver: CARVALHO, José Murilo. *A construção da ordem: elite política imperial. Teatro de sombras: a política imperial*. Rio de Janeiro: Civilização Brasileira, 2007. p. 391-416.

expectativas nesses períodos. Por exemplo, em 1860, a freguesia de Santana conheceu um verdadeiro tumulto quando apareceu um negro para votar. Era um conhecido escravo cocheiro, vinha bem-vestido e usava sapatos, mas admitia-se que pudesse ter sido trazido pelo seu senhor para votar na facção política dele.[11] Talvez houvesse uma clivagem racial mais detalhada em diferentes áreas, em que a participação eleitoral não fosse efetiva, mas considerável, tanto no uso dos fazendeiros como com lógicas específicas dela.

Na consulta de 1860 ao Conselho de Estado, o tema parecia estar em evidência, talvez escondido, no tocante às polêmicas que poderia causar. Os pareceristas – Visconde de Sapucaí, Marquês de Olinda e José Antônio Pimenta Bueno – do Conselho de Estado surpreenderiam pela veemência:

> [...] A questão é a seguinte: Os libertos podem ser vereadores? A secção parece facílima a solução pedida. O artigo 98 da Lei Regulamentar das Eleições reza assim.
> "Podem ser vereadores todos os que podem votar nas Assembléias Paroquiais, tendo dois anos de domicílio dentro do termo"
> Os libertos podem votar nessas Assembléias na forma dos Artigos 91 e 92 da Constituição. Por onde, se tiverem a outra condição do domicílio no termo, sem dúvida nenhuma podem ser vereadores. [...] Não obsta a esta decisão a razão alegada pelo consultante de que a Constituição exclui os libertos do cargo de eleitor.[12]

Embora não mencionasse raça ou cor, permanecia um subtexto sugerindo que a exclusão da população negra livre não estava assegurada pela lei, mesmo para aqueles que tinham sido

---

[11] GRAHAM, Richard. *Clientelismo e política no Brasil do século XIX*. Rio de Janeiro: Editora UFRJ, 1997.
[12] Arquivo Nacional, Conselho de Estado, Caixa 525, pacote 1, documento 7.

escravos, no caso dos libertos. Mas, como em outros temas – políticas públicas de moradia e erradicação de epidemias –, na segunda metade do século XIX, começava a se reproduzir uma ideologia da racialização invisível, posto que não se mencionava raça, mas se excluía racialmente. Embora houvesse ausência de termos sobre cor e raça desde a Constituinte de 1823, os direitos civis da população negra – especialmente dos libertos – eram limitados. Segundo Malheiro (1976), era "altamente restringida" a condição política dos libertos, havendo mesmo "preconceito mais geral contra a raça africana".[13]

Naquele contexto, pode-se pensar que os pareceristas do Conselho de Estado estariam admitindo que este fosse o centro da consulta. Nas décadas de 1860, 1870 e 1880, proliferaram consultas ao Conselho de Estado sobre estatutos de sociedades de oficiais, trabalhadores, professores etc. Uma cultura de associativismo se espalhava no último quartel do século XIX, e nem por isso as questões de racialização e exclusão estariam ausentes. Na década de 1870, numa consulta sobre os Estatutos da Sociedade Proctetora dos Barbeiros e Cabelereiros da Corte, houve ressalva sobre um dos artigos. Na proposta dos sócios, rezava no artigo 9, capítulo 1, do estatuto, que a sociedade poderia ser composta pelo "número indeterminado de sócios sem exclusão de nacionalidades", isto é, "todos pertencentes à classe". Porém "exceto a cor preta". Espalhados pela cidade, parcela significativa de barbeiros negros, africanos e crioulos livres e libertos, fora os ainda escravizados e libertos, estariam sendo excluídos. Tal exclusão indireta talvez

---

[13] Ver: MALHEIRO, Perdigão. *A escravidão no Brasil:* ensaio histórico, jurídico, social. Petrópolis: Editora Vozes, Instituto Nacional do Livro, 1976 [edição original 1866-1867], 2 volumes, volume 1, p, 141, citado em: CHALHOUB, Sidney. The politics of silence: race and citizenship in nineteenth-century Brazil. *Slavery and Abolition*, v. 27, n. 1, abr. 2006, p. 76.

tenha sido percebida pelos conselheiros na ocasião da emissão do posicionamento sobre tal estatuto. O parecer do Visconde de Sapucaí e Bernardo de Souza Franco sentenciou:

> No artigo 9 seria mais conveniente à Sociedade que, sem designar cores, Ela excluísse individualmente na adoção dos sócios o que lhe não convenha. Esta alteração, porém deve ser deixada ao prudente arbítrio da Assembléia Geral dos Sócios.[14]

Na ocasião anterior, na consulta do Juiz de Mariana sobre a participação eleitoral dos libertos, os conselheiros de Estado seriam ainda mais veementes. Se, nesse caso destacado, apenas não era "conveniente" – explicitando o estatuto – "designar cores", lá parecia haver a avaliação que se estava tentando dar sentido legal às exclusões porventura feitas.

> Toda a disposição que exclui absolutamente o cidadão do exercício de um direito político eleitoral é mais ou menos odiosa, e por isso não deve de modo algum ser ampliada, nem aplicada aos casos que não estiverem expressamente designados na lei. [...] Não obstam as considerações feitas pelo Juiz Municipal, porque havendo disposição de lei tão clara e positiva não é lícito cavilar o sentido dela.[15]

No caso em tela, "cavilar" sentidos e significados seria tentar hierarquizar – o que devia sempre acontecer – em bases legais as interdições e exclusões de vários setores sociais, fossem em eleições, fossem em direitos civis ou de propriedade etc.

* * * * * *

---

[14] Arquivo Nacional, Conselho de Estado, Seção Império, Caixa 549, pacote 4, documento37.
[15] Arquivo Nacional, Conselho de Estado, Caixa 525, pacote 1, documento 7.

Várias questões estariam colocadas em múltiplos cenários e diversos personagens no Brasil oitocentista, desde a política de silêncio até as dimensões explícitas de exclusão. Como destacou Albuquerque no contexto da abolição – e podemos ampliar para um longo tempo histórico já a partir do segundo quartel do século XIX –, "racializar, ou seja, pôr a ideia de raça em ação, estabelecer distinções a partir de concepções de raça, foi exercício político recorrente".[16] Podemos pensar numa ideologia de racialização no século XIX, considerando o controle sobre a população livre.[17] Foram várias as tipologias raciais construídas ao longo do século XIX, evocadas em periódicos, reproduzidas na literatura e depois cristalizadas – só algumas delas – nos censos.[18] Seria fundamental aprofundar pesquisas sobre o sistema de classificação racial do século XIX.[19]

Na importante e mais recente onda historiográfica sobre as temáticas da escravidão e da pós-abolição, saltam aos olhos a força da investigação empírica, o diálogo atlântico – intelectual e acadêmico – e as reflexões conectadas com os debates atuais. Ambiências das

---

[16] Ver: ALBUQUERQUE, Wlamyra. A vala comum da "raça emancipada": abolição e racialização no Brasil, breve comentário. *História Social*, v. 19, 2010, p. 104. Para os debates mais contemporâneos, ver: PAIXÃO, Marcelo; GOMES, Flávio dos Santos. Raça, pós-emancipação, cidadania e modernidade no Brasil: questões e debates. *RevistaMaracanan*, v. IV, 2008, p. 171-194; PAIXÃO, Marcelo; GOMES, Flávio dos Santos. Razões afirmativas: relações raciais, pós-emancipação e história. *Interesse Nacional*, v. 3, 2008b, p. 39-46; PAIXÃO, Marcelo; GOMES, Flávio dos Santos. O pós-emancipação e o triste binômio: educação e exclusão racial no Brasil. *Saúde e Educação para Cidadania, v. 2, 2006, p. 31-40*.
[17] FLORY, Thomas. Race and social control in independent Brazil. *Journal of Latin American Studies*, v. 9, n. 2, nov. 1977, p. 199-224.
[18] BARICKMAN, Bert. J. As cores do escravismo: escravistas "pretos", "pardos" e "cabras" no Recôncavo baiano, 1835. *População e Família*. Centro de Estudos e Demografia Histórica da América Latina. São Paulo, Humanitas/FFLCH/USP, 1988; LIMA, Ivana Stolze. *Cores, marcas e falas:* sentidos da mestiçagem no Império do Brasil. Rio de Janeiro: Arquivo Nacional, 2003.
[19] Para um debate a respeito das perspectivas de racialização no Brasil império, ver: FERREIRA, Roquinaldo; GOMES, Flávio dos Santos. A miragem da miscigenação. *Novos Estudos CEBRAP*, v. 80, 2008, p. 141-162; MARQUESE, Rafael Bivar; BERBEL, Marcia, R. A ausência da raça: escravidão, cidadania e ideologia pró-escravista nas Cortes de Lisboa e na Assembléia Constituinte do Rio de Janeiro (1821-1824). In: CHAVES, Cláudia Maria das Graças; SILVEIRA, Marco Antonio (Org.). *Território, conflito e identidade.* Belo Horizonte. Argumentum, 2007. p. 63-88 e MATTOS, Hebe. Racialização e cidadania no Império do Brasil. In: CARVALHO, José Murilo; NEVES, Lúcia Maria Bastos Pereira das. *Repensando o Brasil do Oitocentos:* cidadania, política e liberdade. Rio de Janeiro: Civilização Brasileira, 2009. p. 349-392.

indagações e das escolhas, quais sejam, os cenários e os agentes de uma *história intelectual* sobre tais temas. Tanto considerando explicações mais gerais, macroeconômicas, estruturais, como recortando e redesenhando biografias, personagens e eventos. Emergem experiências, movimentos e processos históricos. Eles devem ser reduzidos ou ignorados? Como os professores de história podem levar fontes (textuais, imagéticas e outras) para a sala de aula, convidando os alunos a refletir sobre a natureza das diversas narrativas? Quem produziu? Seus silêncios. O que evocam? O que elas podem revelar e esconder a respeito de processos históricos de mudanças econômicas, políticas e sociais? Afinal, o que se deve aprender em história? Ou seria melhor indagar o que se deve ensinar em história?

Mais recentemente, tem sido um desafio para os historiadores tratar das experiências coloniais e pós-coloniais dos séculos XVI, XVII, XVIII, XIX e da primeira metade do século XX. Diante deles, aparecem faces de sociedades que conviveram – inventaram e refundaram – com a escravização, com o trabalho compulsório e com a racialização das mentalidades e mundos sociais[20] por um *longo tempo* de experiências históricas multifacetadas e conectadas. Sob diferentes *tempos* e *espaços,* deve-se ler, conhecer, ensinar e aprender sobre: 1) A *história da África* – ou melhor seria falar *histórias das Áfricas,* embora não se aprenda a ensinar uma *história da Europa.* Outras nomenclaturas utilizadas são "África pré-colonial" ou "África

---

[20] Ainda se faz necessário um ensaio a respeito da história intelectual da historiografia brasileira sobre a escravidão, considerando ciclos, abordagens, influências, debates públicos, inflexões teóricas e conjunturas. Para uma abordagem consistente – embora antiga – nesses termos para a historiografia norte-americana sobre a escravidão, ver: PARISH, Peter. *Slavery:* History and Historians. Nova Iorque: Harper &Row Publishers, 1989. Para um repertório atualizado sobre as perspectivas de alguns dos principais historiadores no Brasil, ver as entrevistas editadas em: PARISH, 1989, e GOMES, Flávio dos Santos. História, historiadores, ensino e pesquisa em história da escravidão e da pós-emancipação. *Revista da Associação Brasileira de Pesquisadores(as) Negros(as)–ABPN,* v. 8, 2016, p. 296-315.

colonial", totalmente estranhas, já que também não empregamos "Europa pré-colonizadora" ou "Europa colonizadora"[21] –; 2) *História da escravidão moderna* – e talvez fosse mais interessante falar de trabalho compulsório, uma vez considerados de modo mais abrangente vários setores dos mundos do trabalho conectados: indígenas, africanos, europeus – com seus personagens e cenários[22]; e 3) *História do pós-emancipação, um tempo histórico* alargado em transição do século XIX até a primeira metade do século XX (ainda estamos estabelecendo contornos teóricos e metodológicos – como um novo campo de estudo – para pensar onde começa e onde termina o que consideramos pós-emancipação).[23]

---

[21] MATTOS, Wilson Roberto; GOMES, Flávio dos Santos. Em torno de Áfricas no Brasil: bibliografias, políticas públicas e formas de ensino de História. In: FEITOSA, Lourdes Conde; FUNARI, Pedro Paulo; ZANLOCHI, Terezinha Santarosa. (Org.). *As veias negras do Brasil:* conexões brasileiras com a África. Bauru, Editora da Universidade do Sagrado Coração, 2012. p.45-78; SLENES, Robert. A importância da África para as ciências humanas. *História Social,* Campinas, v. 19, 2010, p. 19-32.
[22] GOMES, Flávio dos Santos. Escravidão. In: SANSONE, Livio; FURTADO, Claudio Alves. (Org.). *Dicionário crítico das Ciências Sociais dos países de fala oficial portuguesa.* Salvador: EdUFBA, 2014. p. 165-186.
[23] MACHADO, Maria Helena; GOMES, Flávio dos Santos. Da Abolição à pós-emancipação: ensaiando alguns caminhos para outros percursos. In: CASTILHO, Celso Thomas; MACHADO, Maria Helena. (Org.). *Tornando-se livre:* agentes históricos e lutas sociais no processo de Abolição. São Paulo: EdUSP, 2015. p. 19-42.

Biografia dos autores

Alexandre Ribeiro Neto

Em 1999, concluiu graduação em História pela Universidade do Estado do Rio de Janeiro (UERJ/ FFP). Em 2006, concluiu Pós-graduação em Psicopedagogia pela Universidade Castelo Branco. Em 2007, foi aprovado na seleção do mestrado na UNIRIO - Universidade Federal do Estado do Rio de Janeiro. Começou o mestrado em 2008 e terminou em 2010, defendendo a dissertação sobre a história das instituições escolares. Em 2010, foi aprovado na seleção do doutorado no PROPEd/UERJ. Iniciou o curso em 2011 e terminou em 2015, defendendo a tese sobre o processo de escolarização de crianças negras em Vassouras. Atualmente é Professor Adjunto do Departamento de Formação de Professores da Faculdade da Baixada (UERJ/FEBF) e também do Programa de Pós-Graduação em Educação, Cultura e Comunicação em Periferias Urbanas na mesma instituição. Coordenou o Núcleo de Relações Étnico Raciais do Promovide - Programa de Movimentos Sociais e Diferenças, no qual desenvolve pesquisa sobre o processo de escolarização dos negros no Brasil e temas correlatos. Atualmente é assessor acadêmico da PR4: Pró-reitoria de Política e Assistência Estudantil da Universidade do Estado do Rio de Janeiro, trabalhando com a implementação de política de reserva de vagas e permanência estudantil.

Antonio Carlos Higino da Silva

Graduação e Licenciatura Plena em História pela Universidade Federal do Rio de Janeiro (2005), realizou o mestrado (2009) e doutorado (2020) em História Comparada no Programa de Pós-Graduação de História Comparada da UFRJ (2009). Em 2019 realizou intercâmbio em nível de doutorado pelo Programa Erasmus +, integrando-se ao Laboratório do Centre de la Méditerranée Moderne et Contemporaine da Université Nice Sophia, atual Université Cotê d'Azur. Atualmente é Pós-doutorando no Programa de Pós-graduação de História da Universidade Federal do Ceará. Atua, principalmente, nos seguintes temas: processo de modernização do Estado brasileiro na capital federal no século XIX, Abolicionismo, Associacionismo, Redes de Sociabilidade, distribuição de concessões de serviço público, relações público-privada no contexto da modernização; escravidão urbana, aquisição, controle e distribuição de novas tecnologias no Brasil Imperial.

Bárbara Canedo Ruiz Martins

Possui bacharelado (2003), licenciatura (2004) e mestrado em História Comparada pela UFRJ e Doutorado em Educação pela UFF (2018). Iniciou sua carreira de historiadora investigando as mulheres escravas e suas estratégias de resistências. Aprofundou os estudos sobre as relações de trabalho das amas-de-leite, enfocando os valores e costumes em disputa durante o século XIX. Especializada em História da escravidão, especialmente em ofícios femininos, como por exemplo amas-de-leite e quitandeiras, no século XIX. Atualmente, investiga os sentidos e significados da instrução para homens e mulheres trabalhadores, no pós-abolição, no Rio de Janeiro, sobretudo a organização dos cursos e aulas noturnas na geopolítica urbana.

Flavio dos Santos Gomes

Bacharel em Ciências Sociais (UFRJ, 1990) e licenciado em História (UERJ, 1989). Concluiu Mestrado (1993) e doutorado (1997) pela Unicamp. Entre 1994 e 1997 foi professor do departamento de história da Universidade Federal do Pará. Desde 1998 leciona na UFRJ. Tem publicado artigos, livros e capítulos sobre escravidão e história atlântica.

Higor Figueira Ferreira

Graduado em História pelo Instituto de História da UFRJ (2008-2011), Mestre em Educação pelo Programa de Pós-graduação em Educação da UFRJ (2012-2014), Doutor em História pelo Programa de Pós-graduação em História Comparada da UFRJ (2016-2020). Professor do quadro efetivo do Colégio Pedro II (desde 2015). Neste sentido, tem atuado enquanto docente em turmas de Ensino Médio (Campus São Cristóvão 3), bem como na Pós-graduação em Ensino de História da África, programa no qual também exerce a função de coordenador de curso (Campus Centro). Em nível acadêmico, tem se dedicado a investigar a interface entre os temas da escravidão, escolarização, cartografias escolares, currículo escolar e uso da instrução letrada por escravos, libertos e livres de cor na cidade do Rio de Janeiro no século XIX. Pesquisador associado ao Laboratório de História Atlântica (LEHA) e colaborador do projeto ImagineRio e ImagineRio Narratives da Rice University of Texas.

Iamara da Silva Viana

Professora da Universidade do Estado do Rio de Janeiro e da Pontifícia Universidade Católica do Rio de Janeiro. Possui Graduação e Licenciatura em História pela UFRJ (2004), mestrado (2009) e doutorado com estágio na École de Hautes Études en Sciencias Sociales/Paris (2016) pela UERJ, Pós-doutorado em História Comparada pela UFRJ (2019). Desenvolve pesquisas sobre escravidão brasileira no século XIX e suas conexões atlânticas, doenças e morte de escravizados, Corpos africanos escravizados, Ensino de História e Patrimônios Negros. Tem publicado artigos e capítulos sobre escravidão, patrimônios negros e ensino de história.

Isadora Moura Mota

Professora assistente de História na Princeton University nos Estados Unidos. Possui graduação em História pela Universidade Federal do Rio de Janeiro (2003), mestrado em História Social pela Unicamp (2005) e doutorado em História pela Brown University, EUA (2017). Mota desenvolve pesquisas sobre a escravidão brasileira no século XIX, abolicionismo transatlântico, revoltas escravas e quilombos, assim como sobre o letramento negro no Brasil.

Leandro Duarte Montano

Historiador e pesquisador da área educacional, graduado em História pela Universidade Federal do Rio de Janeiro (2006) e Mestre em História Comparada pela UFRJ (2009). Atualmente está cursando o Doutorado em História da Educação pelo Programa de Pós-Graduação em Educação da UFRJ. Foi professor de História do Ensino Fundamental e Médio de instituições públicas e privadas nos anos de 2010 e 2011 e atualmente é servidor público federal de nível superior na Universidade Federal do Rio de Janeiro atuando como Técnico em Assunto Educacionais. Desde 2017 vem desenvolvendo pesquisas na área educacional sob a perspectiva histórica, dando prosseguimento às análises preliminares desenvolvidas no período do Mestrado, atuando nos seguintes campos de pesquisa: História do Brasil Império, especificamente nos seguintes temas: escravidão e pós-emancipação, racismo, cidadania, história intelectual, Rio de Janeiro, século XIX, educação e movimentos sociais.

Esta obra foi composta em Arno Pro Light 13 para a editora Malê
e impressa em setembro de 2022 na gráfica PSI7 em São Paulo.